QPEX Ver.4.0 マニュアル

QPEX Ver.4.0リリースにあたって

　私が、室蘭工業大学建築工学科に赴任したのは1977年(昭和52年)のことです。当時はオイルショックのまっただ中で、灯油価格が暴騰する中、住宅は大騒ぎになっていました。何しろ北海道では灯油を年間2000リットルも消費するものですから、家を建てる人は灯油を節約したいと、断熱材を2倍以上も詰め込み、それでも家が暖かくなるわけでもなく灯油の消費量は殆ど減らないばかりか、その新築住宅の床が1～2年で腐って抜けてしまうという事件が多数発生しました。当時、北海道の建築学会では寒地住宅研究会という委員会が設置されており、その中に私も入れてもらい、にわか勉強を始めました。私は、建築の中で構法系の人間で、環境工学ではなかったせいか、少し他の人とは違う視点を持っていたのでしょう。寒地住宅研究会の中で議論されていた通気層構法の実大実験を始めました。その研究を5~6年続けて、ようやく問題点がはっきりして、在来木造に断熱材を施工する改良された構法を提案し、「高断熱・高気密住宅」と名付け、その工法の普及活動にのり出したのです。(1984年昭和59年)

　灯油の消費量を増やさずに、家全体を暖房して快適な冬の暮らしを送れるようにと願って、普及させるためにはコストアップを極力抑える必要性から、暖房エネルギーを色々な仕様で、卒論生と一緒に計算に明け暮れたのです。当時、北海道大学の荒谷 登先生を中心に簡単に計算できる方式とデータがそろえられていて、それを勉強して計算を繰り返しました。私は、日本中の住宅が同じ問題を抱えていて、「高断熱・高気密住宅」はやがて日本中で必要になるだろうと確信していましたから、暖房エネルギーの計算を、北海道のみならず全国の立地を想定して行ったのです。

　この計算がもっと簡単にできたらとの思いから、研究室の修士課程に在籍していた竹内浩一君に、表計算プログラムExcelで、住宅のデータを入力すれば自動的に暖房エネルギーが計算できるような仕組みを作ってくれるように依頼しました。彼は一年がかりで今のQPEXの原型を完成させました。なんと、画面に描かれた図面を見ながら、しかるべきデータを入力して、マウスでボタンをクリックすると自動的に次のシートが現れ、それを繰り返せば暖房エネルギーが自動的に計算されるようになっていたのです。これなら、Excelの操作方法を知らない人でも使えてしまうのです。もちろん、難しいコンピューターのプログラムの知識など全く不要です。これが2004年(平成16年)のことです。その後、2008年(平成12年)には、卒論生として研究室に配属された大橋貴文君が、新しいアメダス標準気象データに更新し、計算できる地点が124地点から一挙にに842地点に拡大し、色々な基礎断熱工法に対応できるようになど色々な機能更新を行い、Ver.2として発表しました。(新住協技術情報第38号2008.5.12) その後、大橋君は修士課程に進学し、その間改良を繰り返し、2011年にはVer.2.07にまでなりました。

　この頃から、新住協の会員間でもQPEXがよく使われるようになり始めました。建築のことはよくわかっているが、Excelなんか使えない工務店の社長さんと、普段からExcelを使い慣れている会社の事務担当の方の二人で、なんとかQPEXに入力するという微笑ましい光景が実現しました。

　かねてから、QPEXで冷房負荷も計算できるようにして欲しいと要望を受けていましたが、冷房は暖房に比べて格段に難しく私達の手に余るものでした。ちょうどこの頃三協アルミの研究開発部からQPEXについて共同研究の申し入れがあり、この助けを借りて冷房負荷計算が出来るQPEX Ver3.0は2012年に完成しました。研究室では、卒論生の平瀬あかね君が、冷房負荷計算の色々な推定式を立てるために、AE Sim/heatという大きなプログラムで、都合2万ケースもの計算をしてくれました。一つの計算に30～50分も掛かることから、研究室のパソコンは総動員されました。

　このような経緯を経て、今年、気象データを2001～2010年の最新の気象データに更新し、めまぐるしく変わる省エネ基準にも対応したQPEX Ver.4.0を発表できました。新住協の会員のみならず、最近は会員以外にも購入者が増え、多くの人達に使われています。計算結果は、実際に建設された住宅の実績値にも良くあっているようで、これからの日本の高性能省エネ住宅が広がっていく上で、大きな役割を果たしてくれると思います。コンピュータプログラムらしからぬ使いやすさが好評です。

　　　　　　　　　一般社団法人新木造住宅技術研究協議会　代表理事　鎌田 紀彦

目　次

第1章

....

QPEXで何が出来るか

1-1　QPEX Ver.4.0について

　QPEXはマイクロソフト社の表計算ソフトExcelをベースとしたプログラムで、Excelの初歩的な操作方法を知っていれば、誰でも容易に使いこなすことが出来ます。しかも、省エネ基準の基本的な面積計算の方法を理解している方なら、殆どこのマニュアルを読んでいなくても、直感的に使えるように構成されています。

　QPEXが最初に開発されたのは2004年のVer.1ですが、2008年にはVer.2、2012年に冷房負荷計算を取り入れたVer.3へと改良されてきました。特に、Ver.3への改良からは三協アルミ社商品技術部と共同の体制を組み、日射計算の厳密化や冷房負荷計算の最適化が、膨大なエネルギーを掛けて行われ、精度の高いプログラムに発展しました。新住協の会員には無償配布されていますが、2015年から三協アルミ版の配布も始まり、日本では最もユーザーの多い暖冷房エネルギー計算プログラムです。2021年4月に発表されたVer.4.0（図1-1）はこれまで使われてきた「拡張アメダス気象データ1981-2000：日本建築学会編」から、「拡張アメダス気象データ　標準年EA気象データ2010年版：（株）気象データシステム」に更新され、より近年の温暖化傾向に対応する計算が出来るようになりました。

　このQPEXは、非常に簡単に操作ができ、慣れてくると１時間もあればデータの入力も出来るので、私達は住宅の設計ツールとして大いに役立てています。設計初期の段階で、大まかな面積入力をして、床壁天井、開口部などの仕様を想定し、住宅の熱性能の目標とその仕様を検討したり、設計の終盤で、詳細なデータを元に住宅の各部の仕様を熱性能目標とコストなどを関連付けながら決定したりするのに使います。

　具体的にQPEXの出来ることの主なものを列挙します。

○ 各部位のU値、住宅のQ値、UA値の計算と検討
○ 暖冷房エネルギーの計算
○ 開口部性能の詳細な分析
○ 換気熱損失の詳細な分析
○ Webプログラム（一次エネルギー計算）との連携
○ Q1.0住宅のレベル-1〜4の判定
○ 計算結果を要約したプレゼンテーション資料の作成

等ですが、是非とも高性能な省エネ、快適住宅の設計に役立てて欲しいと思います。

図1-1　QPEXのタイトル画面

外壁の実質熱貫流率

記号	No.	建材名	厚さ	熱伝導率	部分記号	A	B	C	D
					部分名	充填断熱付加断熱	充填断熱付加下地	構造部材付加断熱	構造部材付加下地
			d	λ	熱抵抗	熱抵抗	熱抵抗	熱抵抗
			mm	W/m·K	d/λ	d/λ	d/λ	d/λ
						㎡K/W	㎡K/W	㎡K/W	㎡K/W
-		室内側表面熱伝達抵抗 Ri	-	-	0.110	0.110	0.110	0.110
a	1	なし	-	-				
b	99	せっこうボード	12.5	0.220	0.057	0.057	0.057	0.057
c	5	HGW16K	105	0.038	2.763	2.763		
d	60	木材 1種	105	0.120			0.875	0.875
e	91	合板	9	0.160	0.056	0.056	0.056	0.056
f	5	HGW16K	105	0.038	2.763		2.763	
g	60	木材 1種	105	0.120		0.875		0.875
-		外気側表面熱伝達抵抗 Ro			0.110	0.110	0.110	0.110
		熱貫流抵抗	ΣR=Σd/λ		5.859	3.971	3.971	2.083
		熱貫流率	Un=1/ΣR		0.171	0.252	0.252	0.480
		熱橋面積比	a		0.79	0.04	0.12	0.05
		実質熱貫流率＝平均熱貫流率	U=Σ(a·Un)		0.199			

※緑のセルは熱橋面積比が変わる場合のみ変更してください。

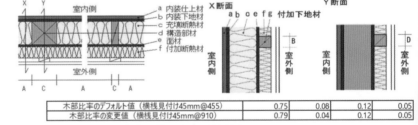

木部比率のデフォルト値（横桟見付け45mm@455）	0.75	0.08	0.12	0.05
木部比率の変更値（横桟見付け45mm@910）	0.79	0.04	0.12	0.05

図1-2　外壁の熱貫流率計算画面

1-2　各部位のU値、住宅のQ値、UA値の計算

　QPEXでは、各部位の熱貫流率が簡単に計算できます。図1-2に外壁で、GW105mmの付加断熱の例を示します。付加断熱下地を@910mmと通常より下地間隔を広げて、下地の木部比率を変更した例です。U値が下段に赤字で0.199と表示されています。ここで付加断熱材を変更したり、その厚さを変えたりすることは簡単で、その結果もたちどころに表示されます。詳しい説明は、2章-6で解説しています。

　省エネ基準の技術情報Ver.3.0では、付加断熱の熱抵抗に、下地がある場合は一律に断熱材の熱抵抗に0.9を掛けることになります。QPEXの計算よりU値が小さい値になるようですが、計算の精度が落ちることを心配しています。

各部位のU値の入力や換気の入力が終わると、住宅全体の熱損失の集計が可能になり、計算結果画面に、表1-1の Q値、UA値集計が表示されるようになります。この表を分析することはとても大事です。部位の中で熱損失が大きいところを把握し、その部位の仕様を変更することでどの位熱損失が削減できるか

表1-1　計算結果画面のQ値、UA値集計表

計算結果	練馬	部位面積	熱貫流率	係数	熱損失	熱損失係数	外皮熱損失
部位	断熱仕様	A[㎡]	U[W/㎡K]	H[-]	A・U・H[W/K]	[W/㎡K]	A・U・H[W/K]
天井	吹き込みGW 13K・18K 300mm	67.90	0.166	1.0	11.305	0.094	11.305
外壁	HGW16K 105mm	138.64	0.409	1.0	56.674	0.472	56.674
床	HGW16K 105mm	62.10	0.362	0.7	15.728	0.131	15.728
基礎断熱部1	押出法PSF3種bA 50&15mm	2.48	-	-	3.294	0.027	3.294
基礎断熱部2	押出法PSF3種bA 50&15mm	3.31	-	-	3.758	0.031	3.758
開口部		33.64	-	1.0	60.205	0.501	60.205
換気	85.4% 熱交換換気	52.25	0.350	1.0	18.288	0.152	-
熱損失合計					169.25	-	150.96
延床面積 / 外皮表面積					-	120.07	308.07
熱損失係数 / 外皮平均熱貫流率					-	1.410	0.490

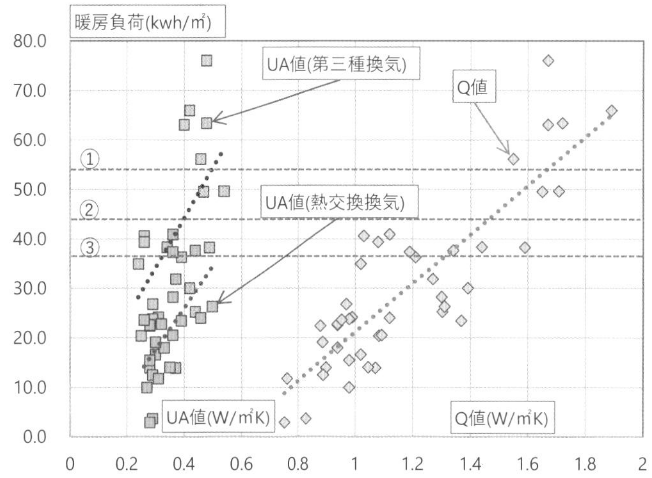

を予測したり、実際にQPEX上で変更したり、この画面の下の方に表示される暖冷房エネルギーの計算結果（表1－3）も参考にしながら、設計する住宅の熱性能目標を設定したり、目標を達成できるかを検討していきます。

この表1-1には赤字で住宅のQ値、UA値で表示されていますが、日射熱取得率ηAH、ηAC値もこの表の下には表示されていて、省エネ基準をクリアしているかがわかります。

○ UA値を小さくすることと暖冷房エネルギーを小さくすることは比例しない。

最近はすっかり省エネ住宅の指標としてUA値を使うようになりましたが、省エネの本来の目的は、暖冷房エネルギーを小さくすることです。脱炭素が叫ばれ始め、住宅でもこれからは太陽光発電の設置により、今のZEHではなく本当の意味でのゼロエネルギー住宅が求められ始めています。図1-3は、最近の高性能省エネ住宅について、暖房エネルギーとUA値、Q値の関係をグラフ化したものです。UA値が同じでも暖房エネルギーには　2～3倍の開きがあります。むしろ、多少のばらつきは有

北関東の高断熱住宅第8号、北信越の
高断熱住宅第1号に掲載された住宅
3地域：3戸　　4地域：17戸
5地域：20戸　6地域：4戸

①：3地域軽井沢のQ1.0住宅レベル-1
②：4地域長野のQ1.0住宅レベル-1
③：5地域新潟のQ1.0住宅レベル-1

図1-3　住宅実例に見る暖房エネルギーとUA値、Q値の関係

りますがQ値の方が暖房エネルギーとの相関が高いようです。UA値を小さくすることを目標に住宅の設計をするのではなく、QPEXを使って暖冷房エネルギーを直接的に小さくする住宅を目指すべきだと思います。

1-3　暖冷房エネルギーの計算

全ての入力が終わると、計算結果画面が完成し、その中に表1-3の暖冷房エネルギーの詳細計算結果が表示されます。その他に各部位の熱貫流率計算画面や開口部入力、換気入力などの画面にも、計算結果のダイジェスト版の表（表1-2）も表示されています。そして、各入力画面で、断熱材厚さを変更したり、開口部のガラスを変えたり、換気方式を変更したりすると、即座にこのダイジェスト画面の計算結果も変わり、それらの変更が暖冷房エネルギーにどの程度影響するかがわかります。

これが、QPEXの威力です。住宅の熱性能を決めていくときの判断材料としては十分です。この変更によるコストの影響は、各自判断できるでしょう。尚、この表にはUA値、Q値も表示されています。

表1-2　各部位の熱貫流率計算画面に表示される計算結果

練馬	外皮熱損失[W/K]	熱損失[W/K]	暖房負荷・エネルギー		冷房負荷[kWh]	
	UA値[W/㎡K]	Q値[W/㎡K]	負荷[kWh]	電気[kWh]	全期間	必須期間
住宅全体	151	169.3	2173	724	2978	2437
1㎡当り	0.49	1.41	18.1	6.03	24.8	20.3

表1-3　計算結果画面の暖冷房エネルギーの詳細計算結果

年間暖冷房用消費エネルギー		暖房		冷房(必須期間)		暖冷房合計(必須期間)		冷房(全期間)		暖冷房合計(全期間)	
		住宅全体	1㎡当たり	住宅全体	1㎡当たり	住宅全体	1㎡当たり	住宅全体	1㎡当たり	住宅全体	1㎡当たり
熱負荷[kWh]		2,173	18.10	2,437	20.30	4,610	38.40	2,978	24.80	5,151	42.90
灯油消費量[ℓ]	(効率85%)	248	2.07	-	-	-	-	-	-	-	-
都市ガス消費量[㎥]	(効率83%)	217	1.81	-	-	-	-	-	-	-	-
ＬＰガス消費量[㎥]	(効率83%)	86	0.72	-	-	-	-	-	-	-	-
電気消費量[kWh]	(暖房：COP=3.0 / 冷房：COP=3.0)	724	6.03	812	6.77	1,536	12.80	993	8.27	1,717	14.30
CO_2発生量 [kg]	※2009年データ(東京電力)	278	2.32	312	2.60	590	4.91	381	3.17	659	5.49

QPEXの中で、どのようにして、暖冷房エネルギーが計算されているかを、図1-5に示します。（計算の詳細については　5章-5、6を参照ください）

暖房時においては、住宅から逃げる熱と、室内に入ってくる日射や室内で発生する電気やガスの熱及び人間の発熱、そして暖房器具から出る熱がバランスしていれば、室温が保たれます。冷房時には、住宅に入ってくる熱及び日射や室内で発生する熱とエアコンで冷やす熱がバランスすれば、室温が保たれます。

この関係は厳密には1時間の単位で計算します。気象データも1時間単位で得られています。しかし日射の熱は日中しか入らず夜はありません。そうすると昼と夜ではバランスが大きく異なり、日中の熱が住宅に蓄えられたり、夜には放熱するという蓄熱の効果や、外気温はいつでも変動していて逃げる熱や入ってくる熱も大きく変動するわけで、こうした要素を詳細に計算していくには、コンピューターが必要になります。

これを簡単にするために、日射や外気温を一日の平均を使います。一日単位で計算するのです。日射量の平均値を使うことにすると、夜も日射があることになり少し変です。また蓄熱による効果は無視されることになってしまいます。そこで、日射利用効率を設定して計算結果に掛けて、実際の住宅の状況に近似させるという方法をとります。QPEXでは、省エネ基準やHeat20でも使われている AE Sim/heatという計算プログラムを使って、この日射利用効率を設定しています。何しろ、このプログラムは、高性能なパソコンを使っても、データを入力して1年分の計算をすると、30〜50分位掛かります。

これを省エネ基準の地域区分毎に代表的な複数の都市を決めて、断熱性能レベルを色々変え、冷房時の日射遮蔽や通風条件なども変え、全部で2万ケースもの計算を行い、その結果から、日射利用効率をはじめとして、蓄熱、通風などの効果を修正する係数を算出して、簡単にした計算結果を、より実際の住宅のエネルギー消費量に近づけています。この計算には、私の研究室のパソコンを総動員して、夜昼計算を続け半年以上掛かりました。

この結果、QPEXで計算した、暖冷房エネルギー消費量は、かなり実際の住宅の実績値によく合っています。

○ 冷房計算期間の問題

ここで問題が生じました。Q1.0住宅のような高性能住宅でも、省エネ基準住宅と冷房エネルギーが殆ど変わらないのです。この結果を、「高断熱にすると熱がこもって冷房負荷が増える。」という研究者もいましたが、そんなはずはないと、いろいろ調べてみると、春秋の窓を開けて快適に暮らしエアコンを殆ど使わない時期に、高性能住宅は冷房負荷が増えていたのです。高性能住宅では少しの熱で、室温が上がりますから、当たり前のことで、この期間も計算期間に含めることにしている省エネ基準がおかしかったのです。そこで、図1-4のように実際にエアコンをフル稼働させる冷房必須期間を定めて。問題は解決しました。高性能住宅では実際もそうですが、冷房負荷もしっかり減らすことが出来るのです。

1月	2月	3月	4月	5月	6月	7月	8月	9月	10月	11月	12月	1月
暖房期間			冷房期間（暖房期間以外の期間）								暖房期間	
			冷房不要期間		冷房必要期間				冷房不要期間			
						冷房必須期間						

図1-4　暖房期間と冷房期間

暖房時・冷房時の熱収支と暖冷房エネルギーの計算

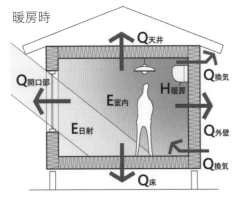

暖房時　　　　　　　　　　　　　　　　　　　**冷房時**

図のQは、内外温度差1℃の時の各部位を移動する熱量を示します。

Q部位＝部位の熱貫流率×部位の面積。

換気だけは次式になります。

Q換気＝0.35×住宅の気積×換気回数

移動する熱量は全部で

Q全部＝Q天井＋Q外壁＋Q床＋Q開口部＋Q換気

となり、

これに内外温度差を掛けたものが暖房時は家から逃げていく熱、冷房時は外から入っていくる熱です。

暖房時は、逃げる熱と暖める熱が同じなら室温が保たれますから、

Q全部＝H暖房＋E日射＋E室内発生熱　となります。

従って

H暖房＝ Q全部 −（E日射＋E室内発生熱）　となります。

このことから、暖房エネルギーを減らすには

1．断熱材を厚く施工してQを小さくする。
2．換気の熱回収をする。
3．日射熱を増やす（南の窓を大きくする）

冷房時は、室内を暖める熱とエアコンで冷やす熱が同じなら、室温が保たれますから

H冷房＝Q全部＋E日射＋E室内発生熱　となります。

暖房時とは逆に E は冷房負荷を増やします。この他に水蒸気潜熱負荷も冷房時は加わります。このことから、冷房エネルギーを減らすには、

1．断熱材を厚く施工してQを小さくする。
2．換気の冷熱回収をする。
3．日射熱を減らす（東西の窓を減らす。日除けをする）

図1-5　暖冷房エネルギーの計算方法とその削減手法

1-4　開口部性能の詳細分析

暖冷房エネルギーの計算方法が理解できると、開口部からの日射取得熱が重要な効果を持つことがおわかりでしょう。さらに、熱損失の中でも、開口部は大きな割合を占めます。そして、例えばHGW105mm充填の外壁のU値は標準的な構法で0.409W/㎡Kですが、開口部のU値は、メーカーによっても窓の大きさによっても違いがありますが、PVCサッシに高性能なArLowE16mmペア硝子を入れても2.0W/㎡Kであり、外壁とは一桁違います。

開口部は、日射熱を取得し、一方大きく熱が逃げる部位でもあるのです。このバランスが、暖冷房エネルギーに大きく関わってきます。日射熱取得は方位によって大きく変わり、冬の間の日射取得を南面で100％とすると、東西で50％北では殆ど0％になり、このバランスは方位によっても変わります。更には、住宅の建設地点が、冬の日射量の大きな地域なのか、日本海側のように小さな地域なのかも影響します。

こうした複雑な要素を、QPEXは一瞬に判断できます。方位別に入力された、開口部の寸法、サッシ枠の種類、ガラスの種類、サッシの開閉方式から，これらを入力すると同時に、その窓の熱貫流率や、日射取得熱を計算し、(図1－6)　同時の住宅の暖冷房エネルギーを、この画面の下に、表1-2の形式で表示されている暖冷房エネルギーの計算結果が変わります。

つまり選択した開口部の要素が、不利側なのか、有利側なのかがわかるわけです。具体的にいくつかの例を挙げます。

○ 南の窓には温暖地でも寒冷地向けのLow-Eペアガラスが良い。

○ 東西の窓には日射遮蔽型のガラスを使うと、暖房エネルギーは少し増えるが、冷房エネルギーは大きく減少する。

○ 温暖地では、樹脂サッシとAL-PVCサッシとでは、熱損失は減るが、暖房エネルギーは余り変わらない。

○ 温暖地ではトリプルガラスを使っても暖房エネルギーは殆ど減らないか、逆に増えることもある。

これらはほんの一例ですが、QPEXを使うと、総合的に開口部の選択方法の善し悪しが判断できます。またそのための操作は簡単で、短時間で済みます。

表1-2　各部位の熱貫流率計算画面に表示される計算結果(再掲)

練馬	外皮熱損失[W/K] UA値[W/㎡K]	熱損失[W/K] Q値[W/㎡K]	暖房負荷・エネルギー 負荷[kWh]	電気[kWh]	冷房負荷[kWh] 全期間	必須期間
住宅全体	151	169.3	2173	724	2978	2437
1㎡当り	0.49	1.41	18.1	6.03	24.8	20.3

表1-4　QPEXの開口部入力画面

取付位置	方位	記号	サッシ寸法[mm] W(幅)	H(高)	サッシ・ドア選択	ガラス選択	開閉方式選択	内窓選択	断熱戸選択
外壁A	南	W1	1,690	2,030	3 アルミ樹脂1(三協 ア 2 ステンカラー 21	サンバ ランスピ ュアクリアE Ar16 2 樹脂	3 引違2枚建 テラス(半外)	1 なし	1 なし
		W2	1,690	2,030	3 アルミ樹脂1(三協 ア 2 ステンカラー 21	サンバ ランスピ ュアクリアE Ar16 2 樹脂	3 引違2枚建 テラス(半外)	1 なし	1 なし
		W3	2,600	1,830	3 アルミ樹脂1(三協 ア 2 ステンカラー 21	サンバ ランスピ ュアクリアE Ar16 2 樹脂	3 引違2枚建 テラス(半外)	1 なし	1 なし
		W4	1,690	1,830	3 アルミ樹脂1(三協 ア 2 ステンカラー 21	サンバ ランスピ ュアクリアE Ar16 2 樹脂	3 引違2枚建 テラス(半外)	1 なし	1 なし
		W5	1,690	1,830	3 アルミ樹脂1(三協 ア 2 ステンカラー 21	サンバ ランスピ ュアクリアE Ar16 2 樹脂	3 引違2枚建 テラス(半外)	1 なし	1 なし
		W6	1,690	1,170	3 アルミ樹脂1(三協 ア 2 ステンカラー 21	サンバ ランスピ ュアクリアE Ar16 2 樹脂	3 引違2枚建 窓(半外)	1 なし	1 なし
	東	W7	1,690	1,370	3 アルミ樹脂1(三協 ア 2 ステンカラー 21	サンバ ランスピ ュアクリアE Ar16 2 樹脂	1 引違2枚建 窓(半外)	1 なし	1 なし
		W8	1,235	570	3 アルミ樹脂1(三協 ア 2 ステンカラー 21	サンバ ランスピ ュアクリアE Ar16 2 樹脂	9 ふり出し他 単窓	1 なし	1 なし
		W9	780	1,170	3 アルミ樹脂1(三協 ア 2 ステンカラー 21	サンバ ランスピ ュアクリアE Ar16 2 樹脂	9 ふり出し他 単窓	1 なし	1 なし
	西	W10	640	970	3 アルミ樹脂1(三協 ア 2 ステンカラー 21	サンバ ランスピ ュアクリアE Ar16 2 樹脂	9 ふり出し他 単窓	1 なし	1 なし
		W11	1,235	1,170	3 アルミ樹脂1(三協 ア 2 ステンカラー 21	サンバ ランスピ ュアクリアE Ar16 2 樹脂	9 引違2枚建 窓(半外)	1 なし	1 なし
		W12	405	970	3 アルミ樹脂1(三協 ア 2 ステンカラー 21	サンバ ランスピ ュアクリアE Ar16 2 樹脂	9 ふり出し他 単窓	1 なし	1 なし
	北	W13	640	970	3 アルミ樹脂1(三協 ア 2 ステンカラー 21	サンバ ランスピ ュアクリアE Ar16 2 樹脂	9 ふり出し他 単窓	1 なし	1 なし
		W14	640	970	3 アルミ樹脂1(三協 ア 2 ステンカラー 21	サンバ ランスピ ュアクリアE Ar16 2 樹脂	9 ふり出し他 単窓	1 なし	1 なし
		W15	640	970	3 アルミ樹脂1(三協 ア 2 ステンカラー 21	サンバ ランスピ ュアクリアE Ar16 2 樹脂	9 ふり出し他 単窓	1 なし	1 なし
		W16	1,235	970	3 アルミ樹脂1(三協 ア 2 ステンカラー 21	サンバ ランスピ ュアクリアE Ar16 2 樹脂	9 ふり出し他 単窓	1 なし	1 なし
		W17	640	970	3 アルミ樹脂1(三協 ア 2 ステンカラー 21	サンバ ランスピ ュアクリアE Ar16 2 樹脂	9 ふり出し他 単窓	1 なし	1 なし
		W18	780	2,070	3 アルミ樹脂1(三協 ア 2 ステンカラー 21	サンバ ランスピ ュアクリアE Ar16 2 樹脂	9 ふり出し他 単窓	1 なし	1 なし
ドア		D1	940	2,330	39 木製玄関ド ア(ガ テ				

上の表の右に続く

U値[W/㎡] 計算値	断熱戸 補正U値	面積 A[㎡]	熱損失 U・A[W/K]	屋根勾配	Ug	ηg	暖房日射係数 方位係数	日射取得	ガラス率 既定値	ηw値	窓面透過日射	平均日射取得熱[W]
1.86	-	3.43	6.370		1.18	0.62	0.936	1.10	0.805	0.51	1.13	106.75
1.86	-	3.43	6.370		1.18	0.62	0.936	1.10	0.805	0.51	1.13	106.75
1.75	-	4.76	8.317		1.18	0.62	0.936	1.84	0.834	0.52	1.95	184.35
1.89	-	3.09	5.826		1.18	0.62	0.936	1.16	0.796	0.50	1.18	111.14
1.89	-	3.09	5.826		1.18	0.62	0.936	1.16	0.796	0.50	1.18	111.14
1.88	-	1.98	3.728		1.18	0.62	0.936	0.71	0.786	0.50	0.72	67.68
1.82	-	2.32	4.226		1.18	0.62	0.579	0.55	0.808	0.51	0.60	29.43
2.32	-	0.70	1.625		1.18	0.62	0.579	0.13	0.644	0.41	0.12	5.71
1.72	-	0.91	1.565		1.18	0.62	0.579	0.20	0.741	0.47	0.19	9.52
1.82	-	0.62	1.131		1.18	0.62	0.523	0.13	0.689	0.44	0.13	6.63
2.02	-	1.44	2.914		1.18	0.62	0.523	0.31	0.743	0.47	0.34	16.85
1.99	-	0.39	0.774		1.18	0.62	0.523	0.07	0.626	0.40	0.07	3.38
1.82	-	0.62	1.131		1.18	0.62	0.261	0.05	0.689	0.44	0.10	2.55
1.82	-	0.62	1.131		1.18	0.62	0.261	0.05	0.689	0.44	0.10	2.55
1.82	-	0.62	1.131		1.18	0.62	0.261	0.05	0.689	0.44	0.10	2.55
1.65	-	1.20	1.974		1.18	0.62	0.261	0.11	0.779	0.49	0.25	6.23
1.82	-	0.62	1.131		1.18	0.62	0.261	0.06	0.689	0.44	0.11	2.87
1.59	-	1.61	2.563		1.18	0.62	0.261	0.15	0.819	0.51	0.36	8.95
1.13	-	2.19	2.475			0.04	0.523	0.04		0.04	0.05	2.52

1-5　換気熱損失の詳細分析

　　換気による熱損失は意外に大きな部分を占め、これを
減らすには、第三種換気の換気量を減らすか、熱交換換
気を採用します。熱交換換気による熱損失削減量の計算
はそれほど易しくはありません。熱交換換気を採用する
と住宅には内外圧力差がなくなりますから、第三種換気
では起こらなかった自然換気が発生します。この熱損失
も計算する必要があります。また、電力消費量が増えま
すから、熱交換による回収エネルギーからこの分を差し
引く必要があります。QPEXではこうした計算が簡単に
できます。図1-6はこのQPEXを使って、省エネ基準住
宅の換気方法変更による暖房エネルギーの変化と削減率
を計算したものです。6地域の東京練馬で計算していま
す。熱交換換気の採用によって、約20％もの暖房エネル
ギー削減が可能になることがわかります。

1-6　Q1.0住宅レベル-1〜4の判定

　　新住協では、2005年にQ1.0住宅という住宅を提案し
始めました。その名前から「Q値=1.0の住宅」と間違わ
れますが、実際は、省エネ基準住宅を全室24時間暖房し
たときの暖冷房エネルギーに対し、それを大幅に削減し
て、省エネで快適な住宅造りを目指そうというものです。
その暖房エネルギーの大きさに応じてレベル-1〜4まで
が設定されています。そのレベルは、QPEXで暖房エネ
ルギーを計算して判定します(図1-7)。表1-5にそのレベ
ルと暖房エネルギーを示します。地域によって差を付け
ているのは、現状の一般住宅で使われている暖房エネル
ギーや、省エネ基準の地域毎の断熱レベルを勘案した結
果です。レベル-1では、できるだけコストアップを抑え、
且つ省エネ効果を実感できるレベルを実現し、最低限の
省エネ住宅を提案しています。出来ればレベル-3位を目
指そうとしています。(図1-8)
　　同じような基準にHeat20のG1〜G3の住宅があります
が、Heat20では、単純にUA値で基準を決めています。
前述のようにUA値では暖房エネルギーは決まりません
から、私達の基準とは全く異なるものだと考えています。
ただ、UA値で比較すると、G1がQ1.0住宅のレベル-1と
ほぼ同等、G2はレベル-2とレベル-3との間ぐらいのレ
ベルにあたるようです。また、パッシブハウスは、一律
に暖房エネルギー15kWh/㎡と規定していますが、計算
方法がとても厳しく、地域によって異なりますが、Q1.0
住宅レベル-4またはそれ以上と、非常に高い性能です。

FY-14VBD、FY-12VBDによる暖房エネルギー削減率
6地域：練馬での計算

図1-6　QPEXの開口部入力画面

表1-5　Q1.0住宅のレベル判断基準

	Q1住宅の暖房エネルギー			
	レベル-1	レベル-2	レベル-3	レベル-4
1〜2地域	55%	45%	35%	25%
3地域	50%	40%	30%	20%
4地域	45%	35%	25%	15%
5〜7地域	40%	30%	20%	10%

室温20℃の全室暖房で、120
㎡モデルプラン住宅において、
省エネ基準住宅の暖房エネル
ギーを計算し、それに比べて対
象住宅のQPEX計算値が、表
のパーセンテージ以下であること
で、レベルを決めている。

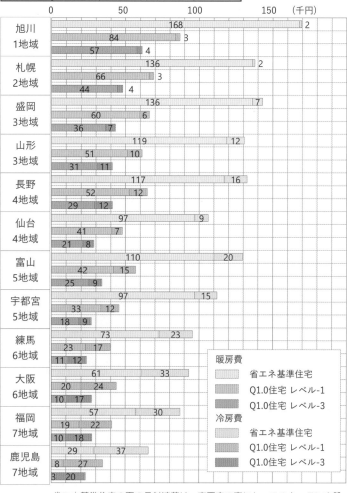

省エネ基準住宅の夏の日射遮蔽は、東西南の窓にレースのカーテンを設
置。Q1.0住宅は、東西南の窓に外ブラインドを設置する想定。

図1-8　都市別のQ1.0住宅レベル-1、3の暖冷房エネルギー

Q1.0住宅のLevel判定表

練馬

		Q1.0住宅レベル基準		熱負荷(kwh以下) 1㎡あたり	灯油(ℓ以下) 住宅全体
省エネ基準 地域区分	6	省エネ基準	1.0	57.5	789.2
		準Q1.0	50%以下	28.7	394.6
		Q1.0 L1	40%以下	23.0	315.7
Q1.0住宅 地域区分	6	Q1.0 L2	30%以下	17.2	236.8
		Q1.0 L3	20%以下	11.5	157.8
		Q1.0 L4	10%以下	5.7	78.9

省エネ基準住宅モデルに対して
31.8%

→ | この住宅は |
| Q1.0住宅Level- 1 |

図1-7　計算結果画面のQ1.0住宅のレベル判断

1-7　Webプログラムとの連携

2021年4月から、建物の省エネ性能について、建築士から建築主への説明が義務化されました。建築士は設計する建物の省エネルギー基準の適否、省エネ性能確保のための措置について説明が必要になります。 対象は、2021年4月1日以降の契約物件で、300㎡未満の小規模住宅・建築物の新築・増改築(10㎡以下のものは除く)です。

省エネ性能は2つの基準、①外皮性能基準、②一次エネルギー消費量基準、があります。

計算手順は、まず、①の外皮性能(UA値・η値)を計算して、基準を満たしていることを確認します。その上で、求めたUA値及びη値を、一次エネルギー消費量計算Webプログラムに入力し、一次エネルギーを計算します。これについても、基準値に対して設計値が下回っていることが必要となります。

○ 省エネ基準とQPEXとの対応

外皮計算の方法と一次エネルギー計算Webプログラムは、随時更新が行われています。現在(R3年7月)公開されている外皮計算の技術情報及びWebプログラムのバージョンは、Ver.2.8と3.0の2種類です。(図1-9)

WebプログラムVer.3.0を用いる場合、これに入力するUA値やη値の外皮性能計算の方法も、Ver.3.0計算方法に準拠している必要があります。

この状況に対し、QPEX Ver.4.0は、省エネ基準のVer.2.8に準拠することにしています。理由は、省エネ基準ver.2.8とver.3.0とでは、外皮計算方法が大きく異なる箇所がいくつかあり、特に基礎断熱の熱損失と庇効果の計算の詳細が現段階でもはっきりしていないためです。

今後、前述の基礎断熱や庇効果等の計算方法の詳細が判明した段階でVer3.0に準拠したQPEXをver.4.1としてリリースする予定です。(表1-6)

○ 一次エネルギー計算Webプログラムとの連携

QPEXでの一次エネルギー計算は、暖冷房エネルギーにQPEXでの計算結果を採用しています。理由は、Webプログラムでは、暖冷房設備の選択と全室暖冷房という方式がQPEXでの考え方と合わないからです。ストーブやエアコン1〜2台で全室暖冷房が可能なQ1.0住宅の方式は、Webプログラムでは全く選択できません。

省エネ基準適合の申請には、Webプログラムの出力形式が求められることがありますから、その場合は、計算をQPEXで進めて、その結果を出力し、Webプログラムに読み込ませ、追加入力を行い出力させます。(図1-10)

その場合暖冷房の方式は、どれでも良いですから選択してください。一次エネルギーの基準をクリアできるかどうかには影響しません。

外皮性能計算と一次エネ計算WEBプログラム運用スケジュールについて

図1-9　省エネ基準運用スケジュール

表1-6　QPEXに対応するWebプログラムのバージョン

	〜R3年3月	R3年4月〜	R3年10月頃〜
QPEX	Ver.3.71	Ver.4.0	Ver.4.1 (予定)
地域区分	旧区分	新区分	
QPEX地域区分	旧区分	新しい地域区分を設定	
外壁・屋根付加断熱熱抵抗	QPEXの計算は省エネ基準と同じ計算方法		付加断熱のR値×0.9
基礎の熱貫流率			新計算方式(詳細現時点不明)
窓の熱貫流率(仕様値)			Ugから求める計算式による
日射熱取得率			新計算方式
一次エネルギー−Webプログラム	Ver2.8		Ver.3.0

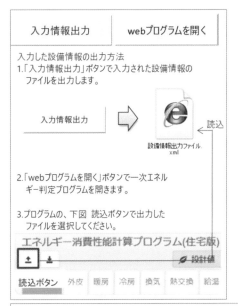

入力情報出力　　webプログラムを開く

入力した設備情報の出力方法
1.「入力情報出力」ボタンで入力された設備情報のファイルを出力します。

入力情報出力　⇨　設備情報出力ファイル.xml　←読込

2.「webプログラムを開く」ボタンで一次エネルギー判定プログラムを開きます。

3.プログラムの、下図 読込ボタンで出力したファイルを選択してください。

エネルギー消費性能計算プログラム(住宅版)

読込ボタン　外皮　暖房　冷房　換気　熱交換　給湯　　設計値

○　Webプログラムで出力する際の注意点
webプログラムへQPEX入力データを書き出し読み込みが出来ますが、下記に該当する場合は、webプログラムで直接入力内容を変更する必要がありますので、注意してください。
・居室連続または間歇冷暖房等を採用する場合
・通風,蓄熱の利用の効果を暖冷房エネルギーに反映させる場合
・暖冷房及び給湯機器を設置しない場合
・太陽光発電が3種以上の場合
　　〜QPEXでは2つのシステムまで入力が可能です。
・コージェネレーションを使用する場合
いずれの場合も、QPEXで入力したデータを「入力情報出力」ボタンで出力し、Webプログラムで読み込み、そして追加入力してください。

図1-10　一次エネルギー計算結果の画面にある連携ボタン

1-8　計算結果を要約した色々な印刷シート

QPEXは、設計事務所や工務店が住宅の熱性能を計算するための道具として開発されました。とても簡単に操作できるせいか、施主も特に技術系の施主は、とても関心を持ってみるようです。設計者と一緒になってQPEXを操作する話はよく聞きます。普通の施主さん向けには。結果をわかりやすくまとめたシートが用意されていて。これを印刷して、渡すことが出来るようになっています。

図1-11は計算結果画面からボタンを押すことで、表示さ

れるシートです。詳細は3章－2を参照ください。

図1-12は、全室24時間暖房を目指すQ1.0住宅ですが、夜間の就寝時は暖房を停止して生活している人が多いことを受けて、そのときの室温変動を簡易的に計算したシートです。これも詳細は3章－7にあります。この他に、住宅全体の消費エネルギーを一次エネルギーに換算して表示するシートもあります。(4章－8参照)

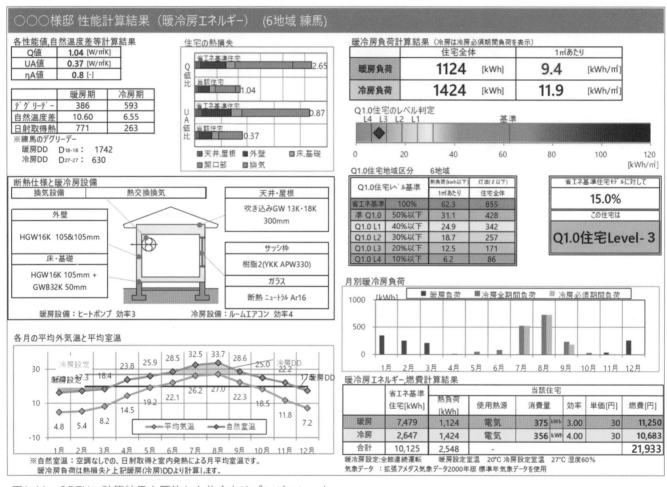

図1-11　QPEXの計算結果を要約した施主向けプレゼンシート

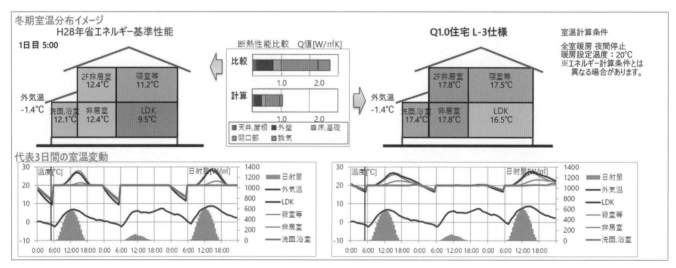

図1-12　夜間暖房停止したときの予測室温変化の簡易計算結果シート

第2章

QPEXプログラムの
基本操作

2-1　QPEXの開始と終了

○ QPEXプログラムの動作条件

QPEXはマイクロソフト社の表計算ソフトExcelをベースとしたプログラムで、Excelが使える方であれば、簡単に操作が可能です。

Microsoft Excel（2010以降）が使用できるWindows8又はWindows10で、ご利用ください。Excel 2007は、2017.10.10でマイクロソフト社のサポートが終了しています。Mac OS上のMicrosoft Excelやマイクロソフト社製以外の表計算ソフトでは動作しません。

○ QPEXプログラムのファイル形式

Excelのファイルは、通常「ファイル名.xlsx」のように拡張子が .xlsx ですが、QPEXプログラムは「Excelマクロ有効ブック」と呼ばれる「QPEX40.xlsm」です。

CDで供給されたときは「QPEX40.xltm」となっているときもありますが、これは、「Excelマクロ有効テンプレートファイル」と呼ばれ、このファイルを開くとコピーが開き、元のファイルは保持されます。開いたファイルは「QPEX40.xlsm」となります。このファイルを保存するときは、必ず、ファイル形式を「Excelマクロ有効ブック」を選択して保存する必要があります。通常の「QPEX40.xlsm」を開いた場合は、保存の時は自動的に同じ形式で保存されます。

○ QPEXプログラムを開く

「QPEX40.xlsm」のファイルを、ダブルクリックなどで開きます。QPEXプログラムのファイルは、かなり大きく、約14MBも有り、少し時間が掛かります。そして、図2-1のような画面が表示されます。ファイルにマクロが含まれているので，図のようにセキュリティの警告がでますが、「コンテンツの有効化」ボタンを押してマクロを有効にして下さい。Excelのオプションから、セキュリティレベルの設定により、警告を表示させず全てのマクロを有効にすることも出来ますが、本プログラム以外を使用する際にも同様にマクロが自動で起動してしまうので注意して下さい。

○ シリアルナンバーについて

QPEXプログラムには、このタイトル画面にシリアルナンバーが表記され、このプログラムからの印刷物には、このシリアルが同時に印刷されます。

○ QPEXプログラムの終了

QPEXにデータを入力して、プログラムを保存するときは，右上の×ボタンを押して終了します。通常のExcelのファイル保存と同様にファイル名を付けて、「Excelマクロ有効ブック」形式で保存してください。こうして保存したファイルを，再度開くときは，セキュリティ警告は表示されなくなります。

図2-1　QPEXプログラムを最初に開いた画面

2-2　QPEXプログラムのタイトル画面

コンテンツの有効化のボタンをクリックすると，QPEXのタイトル画面が表示されます。最初に「アドイン」タブをクリックして、QPEXのコマンドを表示します。これで、画面中央の開始ボタンをクリックするとプログラムを開始できます。

利用規約ボタンを押して必ず利用規約をお読み下さい。

またこれまでのバージョンアップの内容も読むことが出来ます。　断熱改修計算の開始ボタンをクリックすると，図2-3の画面が表示されます。このマニュアルでは解説しませんが，この画面の指示通り、断熱改修前の状態のデータを入力して，保存してください。また同様に断熱改修後のデータも入力して保存してください。これで断熱改修前後のデータを比較できます。入力の仕方はこのマニュアルに従ってください。

図2-2　QPEXプログラムのタイトル画面

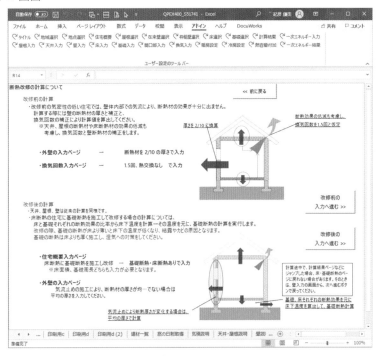

図2-3　断熱改修計算の開始ボタンで開く画面

11

2-3　地域、地点の選択

開始ボタンをクリックすると，地域選択画面(図2－4)に移動します。北海道から九州沖縄まで7つの地域があり，○印（ラジオボタン）がついています。この一つをクリックして選択します。必要に応じて邸名、会社名、計算社名、計算日を入力します。これらは印刷用ファイルなどに転記されます。このあと、右上の「次に進む」ボタンで地点選択画面(図2-5)に移動します。

地点選択画面に移動したら，その中から建設地点のラジオボタンを一つだけ選択します。地点は、県別に，旧地域区分毎に表示されています。ここには、Q1.0住宅のレベル判定を行うQ1.0住宅地域区分、及び2021年4月から移行した省エネ基準の新地域区分も表示されています。

この画面から，下に計算結果のダイジェストも表示されます。この段階ではまだ入力が終わっていませんが，デフォルトで入力されたデータの結果が表示されています。この画面で地点を変更すると、その地点の結果も知ることが出来ます。選択が終わったら次に進みます。

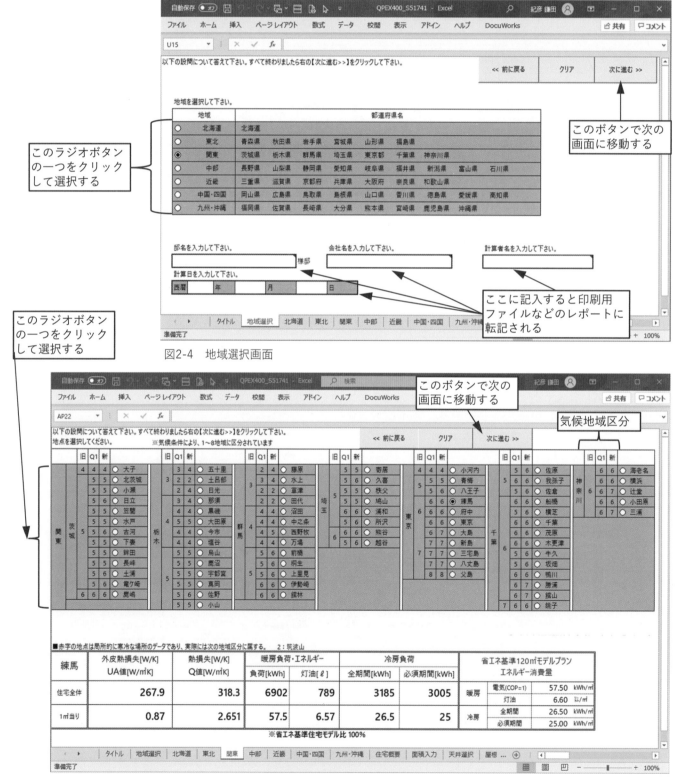

図2-4　地域選択画面

図2-5　地点選択画面

2-4　住宅概要入力-1

　ここでは、住宅の概要データを入力します。この画面(図2-6)と「次に進む」ボタンで進んだ画面(図2-15)と合わせて、住宅の概要データです。この画面には，上段のQPEXコマンドタブで移動できますが，次の面積など

を入力する概要画面には，いったんこの画面に移動し、次に進むボタンで移動する必要があります。QPEXのデータ入力で、この住宅概要のデータ入力の間違いが一番多いところですから，順を追って詳細に解説します。

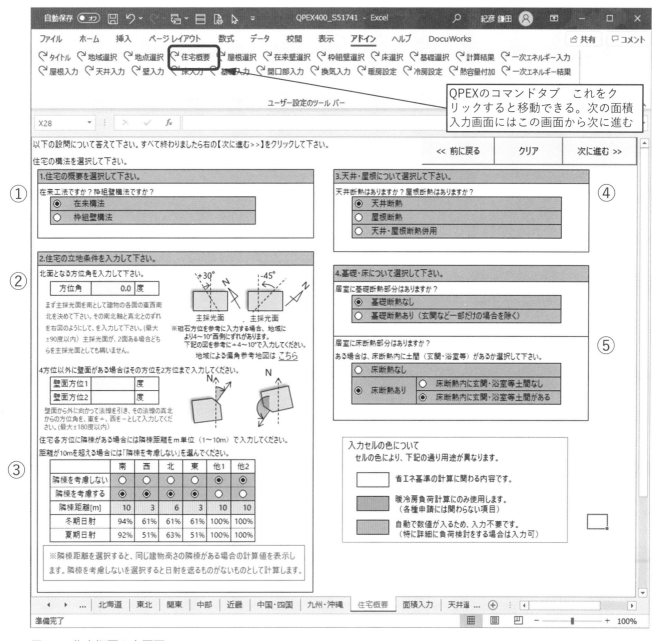

図2-6　住宅概要入力画面

①　住宅の構法を選択

　在来木造構法か枠組壁工法かを選択します。
　QPEXは高断熱住宅の木造住宅について計算します。充填断熱の在来木造住宅では気流止めが施工され、断熱材の性能がきちんと発揮できる工法であることが必要条件です。枠組壁工法は標準でこの条件を満たしています。

　断熱工法では外張り工法にも対応します。また、住宅の階数は問いません。
　S造やRC造の住宅は、建物全体が外張り工法や外断熱ならば，近似的に計算できますが，申請などは出来ません。外壁や屋根を外張り工法を選択してください。

② 住宅の方位の入力

建物の方位を入力します。

方位が真北から振れている場合、まず

1. 任意に主採光面を決めて、その面を『南』と決めます。
   同時にその他の4方位も決まります。

2. 決定した『南』から垂直軸を引く

3. 地図上のの真北方向（磁北ではない）から、垂直軸への
   傾きが、ここに入力すべき方位角になります。但し、
   反時計回りの場合、マイナスを入力します。

主採光面を2面のどちらにするかは、任意です。暖房エネルギーなどの計算結果は同じ結果になります。（図2-7）

4方位以外の壁がある場合、『その他の壁』として2面まで入力ができます。『その他の壁』がある場合、その壁面から住宅の外側へ向かって法線を引き、真北からの傾きを入力します。この場合も時計回りがプラス、反時計回りはマイナスです。

このことから，QPEXで計算できる住宅の平面形が決まってきます。4つの直交する方位とそれとは異なる2つの方位と合わせて6方位の壁を持つ住宅の計算が可能になります。ただし、壁の断熱仕様は2種類までです。図2-8にこのことを示します。

③ 隣棟間隔の入力

建物周辺の隣棟間隔を入力します。

住宅の周辺に建物があると、それらによって当該住宅への日射量が小さくなります。その影響を、隣棟が1メートル単位で入力することによって、その面の日射量を自動的に調整します。

この計算は、入力している当該住宅と同じ形、同じ高さの住宅が，東西南北方向のの隣りに設定する隣棟間隔だけ離れて建つと想定して，日射量を計算します。これは近似的な方法で正確ではありませんが，一般の住宅地では比較的実態に即しているようです。

このことから，実際の条件が大きく異なる場合は，この隣棟間隔の数値を調整しても構いません。

○ 実際の隣棟が2階建て以外の場合の調整

ここで入力する距離は、『同じ大きさの建物』が各方位にあると想定して日射が遮られる影響を計算します。隣棟が小さい建物で窓への日射が遮られない場合、「隣棟なし」を選択するなど条件により入力を調整してください。

例えば、真南に3階建てのアパートなどが建っていると仮定すると。図2-9のようにプログラムの設定より日射が入りにくくなるので，調整します。図2-9の太陽光の線を真南に取り、実際の隣棟距離L0からL1=h/tanθを引いた距離を入力します。逆に，南の建物が平屋だったら，実際の隣棟距離L0にL1=h/tanθを加えた距離を入力します。このときのθは，冬期の暖房期間の平均的な高度と考えて，冬至と春分の南中高度の平均値とすれば良いでしょう。

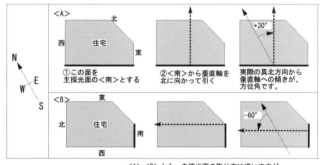

図2-7　主採光面の選択によって計算結果は変わらない

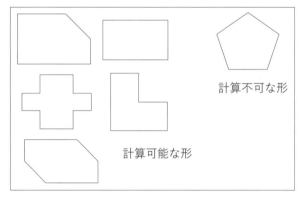

図2-8　QPEXで計算できる住宅の平面形

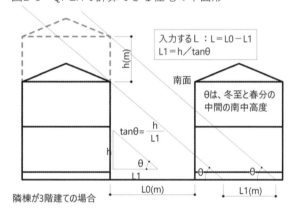

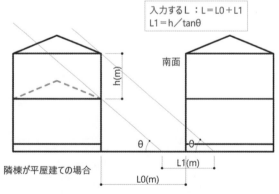

例＞仙台(緯度38°)の南中高度

夏至：90-38+23.4＝75.4°

冬至：90-38-23.4＝28.6°

春分：90-38＝52°

よって、θ=(28.6+52)/2=40.3°

h=3m、θ＝40°とすると

L1=3/tan40°＝3/0.8391

　＝3.57（m）

図2-9　隣棟間隔の調整

また、建物の方位が真南からずれている場合は，その分も調整します。

④　天井断熱、屋根断熱の選択

　図2-10で、天井断熱か屋根断熱・天井屋根併用断熱の
いずれかを選択します。尚、天井断熱・屋根断熱併用と
は、例えば1階下屋を天井断熱にし、2階は屋根断熱とす
るケースです。その例を図2-11に示します。

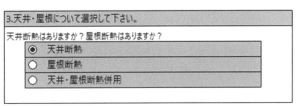

図2-10　天井・屋根断熱選択画面

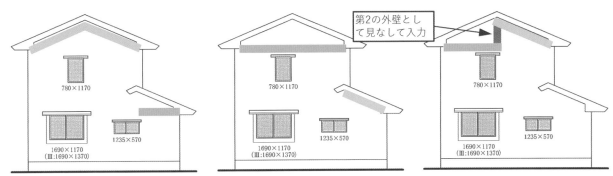

図2-11　主な、天井・屋根断熱併用のパターン

⑤　基礎断熱、床断熱の選択

　基礎断熱・床断熱の選択をします。様々なケースが考
えられので、例を挙げて解説します。

○ 床断熱の場合

　図2-12のように、まず「基礎断熱なし」を選択し、次
に「床断熱あり」を選択します。普通は，一階が床断熱
でも、玄関土間と浴室は基礎断熱とすることが多いです
から、「床断熱内に玄関・浴室等土間がある」を選択し
ます。浴室だけではなくサニタリー全体や水回り全体を
基礎断熱とする場合も同じです。なお基礎断熱部は2カ
所までしか入力できません。

　一階が床断熱でも，玄関土間はなく木下地で床断熱と
して，浴室は二階に置くなどして，一階床には基礎断熱
部が全くない場合は、「床断熱内に玄関・浴室等土間
がなし」を選択します。

　二階にオーバーハング部があったり，一階に車庫があ
りその上の二階床を床断熱とする場合、選択は同じで良
いですが，二階床の断熱仕様が異なると思われますから，
そのときは第2の床として入力します。

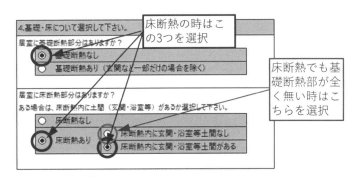

図2-12　床断熱の時の選択方法

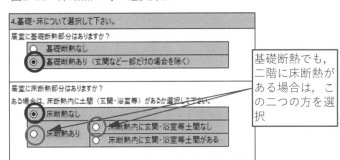

図2-13　基礎断熱の時の選択方法

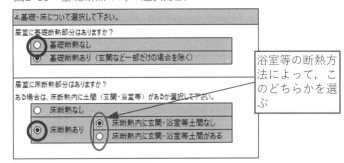

図2-14　床断熱部と基礎断熱部の両方がある場合の選択

○ 基礎断熱の場合

　一階全体が基礎断熱の時は，図2-13のように2カ所を
選択します。一階全体が基礎断熱でも二階でオーバーハ
ング部があったり，一階に車庫がありその上の二階床を
床断熱とする場合は、「床断熱あり」も選択する必要が
あります。

○ 一階に床断熱と基礎断熱が両方ある場合

　玄関土間が，通路や物置なども含んで広く取る設計や，
リビングに広いサンルームを取り，日射を蓄熱する広い
土間を設けたりして，住宅の一階が基礎断熱部と床断熱
部に二分される設計などでは、図2-14のように「基礎

断熱あり」、「床断熱あり」の選択になります。更に、
浴室等が基礎断熱部にあれば「床断熱内に玄関・浴室等
土間なし」も選択します。浴室等が床断熱部にあり部
分的に基礎断熱を行う場合は、「床断熱内に玄関・浴
室等土間がある」を選択します。

2-5　住宅概要入力-2

　ここでは、断熱する部位の面積等の数値を着色セルに入力します。前シートでの住宅概要入力によって、この面積入力画面は異なります。例えば、＜屋根断熱あり＞を選択して、進むと屋根面積の入力だけが表れて、天井面積の入力セルは出現しないようにプログラムされています。（図2-15）

　入力に当たっては、図面から、面積や長さを拾い出す作業が必要となります。右の規定に従って算出してください。

〇 数値の有効桁数…省エネ基準に準拠

長さ：小数点第3位を切り捨て、小数点第2位まで
　　　（単位：m）

面積：小数点第3位を四捨五入して、小数点第2位まで
　　　（単位：㎡）

〇 面積のとり方

面積は、壁芯で計算します。

尚、壁面からの突出が500mm未満の出窓の場合、突出していないものとして扱って構いません。

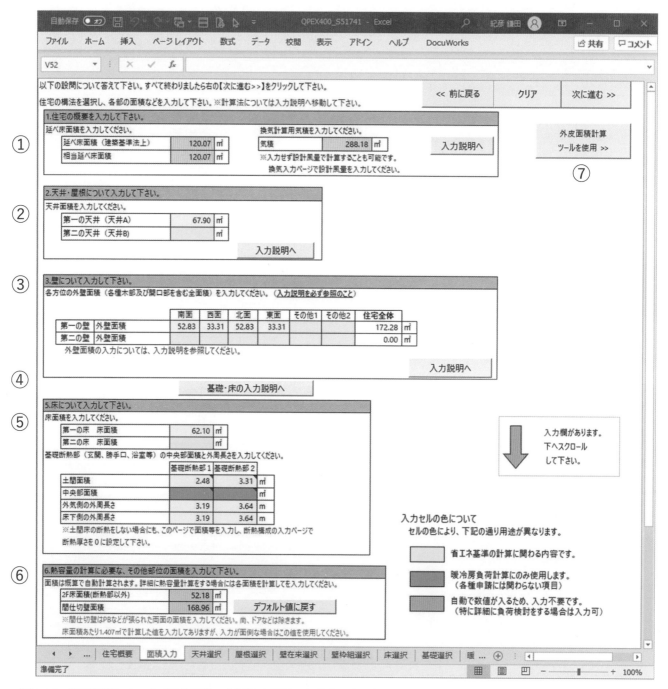

図2-15　住宅概要入力-2（天井断熱、床断熱を選択した場合の画面）

① 床面積・気積の入力（図2-16）

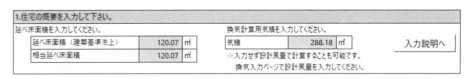

○ 延べ床面積

　設計図書の面積表から建築基準法上の
延べ床面積を転記してください。

図2-16　床面積・気積の入力欄

○ 相当延べ床面積（図2-17）

　延床面積に仮想床面積を加えた面積です。
仮想床面積とは、4.2m以上の天井高さを有する室や吹
抜け(以下「吹抜け等」)がある場合、床がある(仮想床が
あるもの)とみなした面積で、

a）吹抜け等の天井の高さが4.2m以上の場合

　　高さ2.1mの部分に仮想床があるものとみなして、床
　　面積に加えて計算

b）吹抜け等の天井の高さが6.3m以上の場合

　　高さ 2.1mおよび4.2mの部分に仮想床があるものと
　　みなして、床面積に加えて計算します。以下同様に、
　　天井高さが2.1m 増えるごとに仮想床を設けます。尚、
　　階に算入されない開放されたロフト等がある場合は、
　　これを考慮せずに天井高さで判断します。

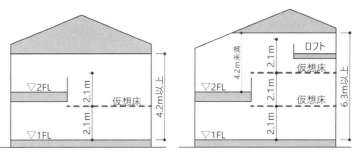

図2-17　相当延床面積の取り方

○ 気積（図2-18）

　基本的には断熱層の内側容積を求めます。浴室や洗面
室、収納等の居室以外も含みます。

　小屋裏や床下に続く出入口や改め口が常時開放されて
いる場合は、気積に算入します。但し、基礎断熱の床下
は床ガラリなどによって常時開放されていても、算入す
る必要はありません。

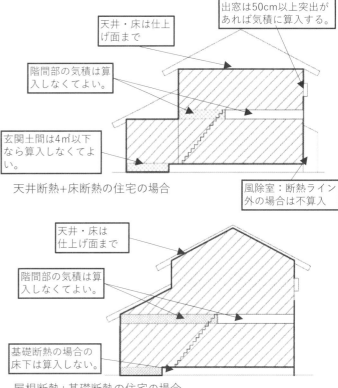

図2-18　気積の算定方法

② 天井面積と屋根面積の入力

　住宅概要－1　で天井断熱、屋根断熱の選択の状況に
よって入力画面は自動的に選択されて表示されます。
図2-19は天井・屋根断熱併用を選択した場合です。右下
に「入力説明」ボタンがあります。クリックすると説明
画面に移動します。必要に応じてご覧下さい。

○ 天井面積

　天井断熱がある場合に入力します。ここで入力する天
井面積とは、天井断熱をする壁芯部分の面積です。

　仮に、2階は屋根断熱で、1階下屋部分だけが天井断熱
の場合は、下屋の天井断熱ゾーンの壁芯面積が天井面積
になります。尚、トップライト等の開口部がある場合は、
これを含んだ面積を入力してください。

○ 屋根面積

　屋根断熱がある場合に入力します。ここで入力する屋
根面積とは、屋根断熱をする部分の水平投影面積ではな
く、実面積を入力する必要があります。尚、トップライ
ト等の開口部がある場合、これを含んだ面積を入力して
ください。

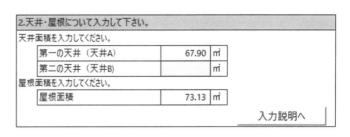

図2-19　天井面積と屋根面積の入力欄

③　外壁面積の入力

		南面	西面	北面	東面	その他1	その他2	住宅全体	
第一の壁	外壁面積	52.83	33.31	52.83	33.31			172.28	㎡
第二の壁	外壁面積							0.00	㎡

3.壁について入力して下さい。

各方位の外壁面積（各種木部及び開口部を含む全面積）を入力してください。（入力説明を必ず参照のこと）

外壁面積の入力については、入力説明を参照してください。

入力説明へ

図2-20　外壁面積の入力欄

○ 方位別外壁面積の入力（図2-20）

　各方位別に、面積を計算します。断熱の方法によって、外壁面積の高さの取り方が異なりますから、注意が必要です。図2-21で解説します。

　外壁の高さは基本的には床、天井の仕上面で寸法をとりますが、基礎断熱では床仕上面ではなく、基礎天端から寸法をとります。また、屋根断熱の場合、差し掛け屋根の上の二階外壁は、屋根より上だけを算入します。また、三角の妻壁部分を算入するのを忘れないでください。この高さの取り方も、省エネ基準に準じた方法です。尚、天井等と同様に、外壁についても開口部面積を含んだ面積を入力してください。

○ 第一の壁と第二の壁

　壁の断熱が単一の場合は、第一の壁だけに入力します。外壁断熱の内、その断熱仕様が一部異なる場合、その異なる部分の面積は、別個に第二の壁の欄に入力します。

　第二の壁に入力すると、通常の第一の壁を「壁A」とし、第2の壁を「壁B」と呼びます。開口部の入力の時にこの呼び方に変わっていますので注意してください。

○ 壁の種類は2種類まで

　壁が3種類ある場合は計算できません。暖冷房エネルギーを計算するため、近似的には、第2の壁と第3の壁のU値による加重平均を用いて計算することが出来ます。但し、申請では認められない可能性が高いです。

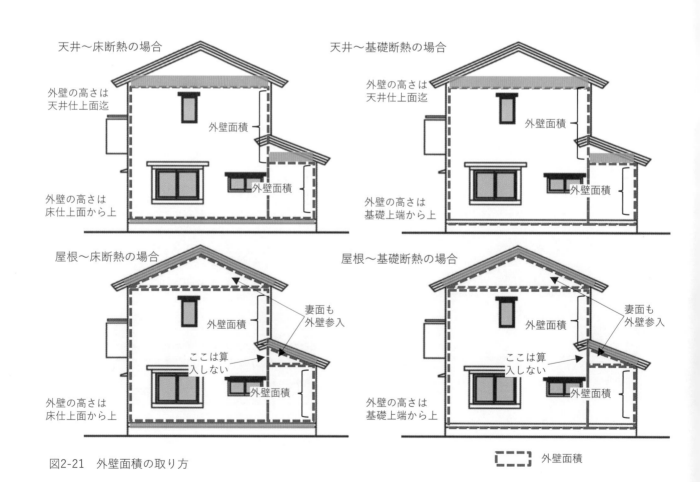

図2-21　外壁面積の取り方

○ 屋根断熱の場合の外壁の取り方について

　通常、下の矩形図の通り、梁の上端までを外壁とします
が、厳密な高さを、申請では指摘される場合があります。（図2-22）

　低炭素建築物認定に係る技術的審査マニュアル(2015
住宅編)にその記述があり、屋根断熱層と桁の位置関係
で決められています。（図2-23）

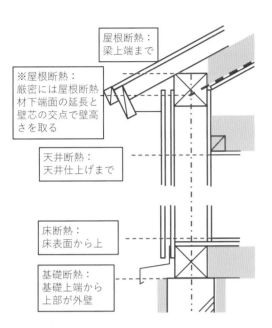

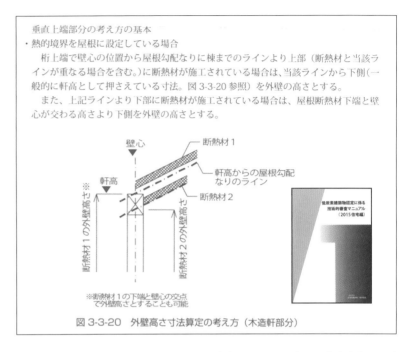

図2-22　屋根断熱の時の厳密な外壁面積の取り方　　図2-23　低炭素建築物認定に係る技術的審査マニュアル(2015住宅編)の記述

④　基礎断熱部の面積入力

　住宅概要入力画面(前シート)において、基礎断熱あり
を選択すると入力欄が出現します。（図2-24）

○ 基礎面積
　基礎断熱部分の壁芯面積を入力してください。

○ 中央部面積（図2-25）
　外周部(壁芯)から1mの範囲を除いた残りの面積を入
力してください。0(ゼロ)の場合は、0と入力してくださ
い。

○ 外気側の外周長さ（図2-25）
　基礎立上りが外気に面する壁芯間の長さをm単位で入
力してください。基礎外周を断熱する通常の基礎断熱の
場合は、全周が外気に面するので外周長となります。

4.基礎について入力して下さい。		
基礎断熱部の中央部面積と外周長さを入力してください。		
基礎面積	67.90	㎡
中央部面積	38.12	㎡
外気側の外周長さ	25.02	m
床下側の外周長さ		m

図2-24　基礎断熱部の面積入力欄

○ 床下側の外周長さ（図2-25）
　床断熱内に玄関浴室等土間がある場合等、基礎の立ち上
がり部分が外気ではなく、床下に面する部分の壁芯間長
さをm単位で入力します。

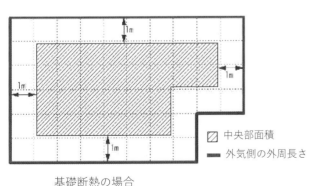

基礎断熱の場合

図2-25　基礎断熱部の面積の取り方

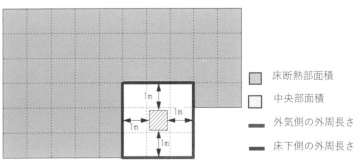

床断熱で一部に玄関等の基礎断熱を併用する場合

⑤　床断熱部面積の入力

図2-26で床断熱する部分の壁芯面積を入力します。玄関、浴室を基礎断熱とする場合、玄関浴室の面積は除外してください。ここ入力する床面積は、床断熱する(床断熱材を入れる)面積です。

外壁と同様、床の断熱が単一の場合は、第一の床の入力のみを行いますが、断熱仕様が一部異なる場合、或いは異なる2種類の床がある場合に、その異なる部分の面積は、別個に第二の床の欄に入力します。第二の床に入力すると、この床の事を通常の第一の床…「床A」に対して、「床B」と呼びます。

床断熱内に玄関、浴室等の基礎断熱部がある場合は、次の項目について入力する必要があります。

基礎断熱部1・基礎断熱部2とは、浴室と玄関が離れてそれぞれ独立してある場合、1と2とそれぞれに分けて入力する必要があります。一方で、浴室や玄関が隣接している場合は、1つの基礎断熱部として、基礎断熱部1にまとめて入力し、断熱部2は空欄として下さい。入力項目は以下の通りです。(図2-25右)

○ 土間面積

基礎断熱部分の壁芯面積を入力してください

5.床について入力して下さい。

床面積を入力してください。

第一の床　床面積	62.10	㎡
第二の床　床面積		㎡

基礎断熱部（玄関、勝手口、浴室等）の中央部面積と外周長さを入力してください。

	基礎断熱部 1	基礎断熱部 2	
土間面積	2.48	3.31	㎡
中央部面積			㎡
外気側の外周長さ	3.19	3.64	m
床下側の外周長さ	3.19	3.64	m

※土間床の断熱をしない場合にも、このページで面積等を入力し、断熱構成の入力ページで断熱厚さを 0 に設定して下さい。

図2-26　床断熱部の面積入力欄

○ 中央部面積

外周部(壁芯)から1mの範囲を除いた残りの水平投影面積を入力してください。0(ゼロ)の場合は、0と入力してください。

○ 外気側の外周長さ

基礎立上りが外気に面する壁芯間長さをm単位で入力してください。

○ 床下側の外周長さ

基礎立ち上りが床下に面する部分の壁芯間長さをm単位で入力します。

⑥　熱容量計算に必要な面積の入力

室内に面する材料の種類や面積・厚みが、熱容量によるエネルギー削減に影響します。この室内に面する部位の入力について、例えば、外周壁の室内側や天井断熱する2階の天井室内仕上面といった箇所については、既に入力済みです。即ち、ここで求めらている入力は、断熱材のない室内に面する部分の面積を入力する項目です。

しかし、その計算は、かなり手間が掛かりますから、ここには自動計算された結果がすでに入力されています。ここに多少誤差があっても、エネルギー計算の結果は殆ど変わりません。特に大きな熱容量を持つ部材を使う設計をされる場合は、計算の上、入力してください。

なお、そのような部材の熱容量は、2章-9 を参照ください。

6.熱容量の計算に必要な、その他部位の面積を入力して下さい。

面積は概算で自動計算されます。詳細に熱容量計算をする場合には各面積を計算してを入力してください。

2F床面積(断熱部以外)	0.00	㎡
1F床面積（玄関土間・浴室等以外）	62.11	㎡
間仕切壁面積	168.96	㎡

デフォルト値に戻す

※間仕切壁はPBなどが張られた両面の面積を入力してください。尚、ドアなどは除きます。

床面積あたり1.407㎡で計算した値を入力してありますが、入力が面倒な場合はこの値を使用してください。

図2-27　熱容量に関する入力欄

⑦　外皮面積計算ツール

　住宅概要-2 の入力画面の右上に，「外皮面積計算ツールを使用≫」というボタンがあります。このボタンをクリックすると，下の画面に移動します。ここで，入力が必要な面積関係のデータを，比較的簡単に自動計算することが出来ます。

　住宅の基準寸法が三尺モジュール（@455）またはメーターモジュール（@500）であることが必要条件です。ここでは詳細な説明はしませんが，画面内の「入力説明ボタン」で説明を読んで，必要に応じてお使いください。

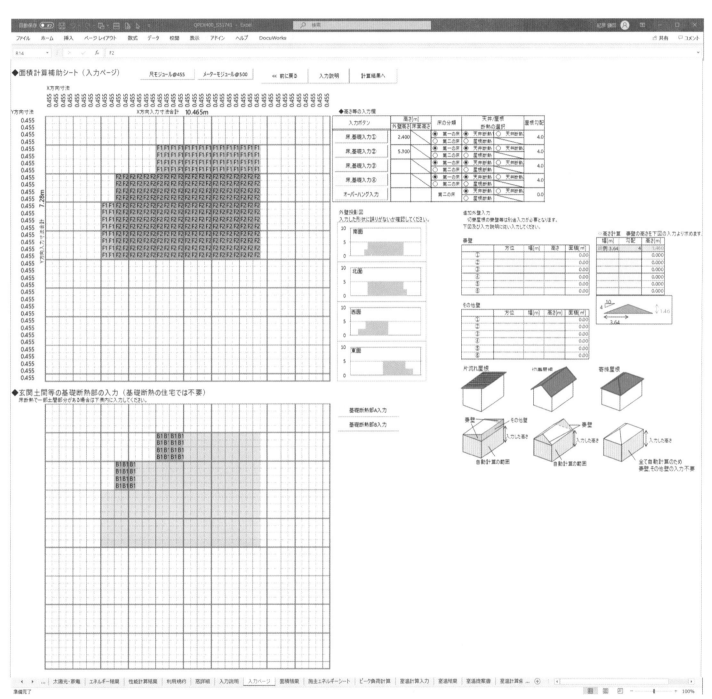

図2-28　外皮面積計算ツールの入力画面

21

2-6　断熱部位の入力

　住宅概要-2の入力が終わり，右上の「次に進む」ボタンをクリックすると，住宅概要−1で、選択した断熱部位の入力画面に自動的に移動していきます。

　屋根断熱⇔天井断熱⇔外壁断熱⇔床断熱⇔基礎断熱の順番です。選択していない断熱部位は表示されません。「前に戻る」ボタンで戻ることも出来ます。この間の移動は、Excelの上部のQPEXコマンドをクリックすること

で，自由にジャンプすることも可能です。この場合、間違って選択していない部位のボタンをクリックするとエラーが表示されます。選択をやり直してください。

　各断熱部位は、最初に構法選択の画面、そして次に各部の熱貫流率を求める画面の順に移動します。例として天井の構法選択と熱貫流率の入力画面を示します。（図2-29、30）

天井の断熱工法選択画面で、該当する方を選択し，次へ進むと，選択した工法に対応する熱貫流率計算の画面に移動します。ここで材料の種類と厚さを入力します。そうすると,計算表の右下に赤字で熱貫流率が計算され、同時に下段に計算結果のダイジェストの数値が変わって表示されます。

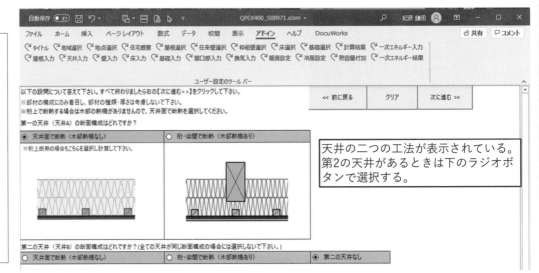

天井の二つの工法が表示されている。第2の天井があるときは下のラジオボタンで選択する。

図2-29　天井の工法選択画面

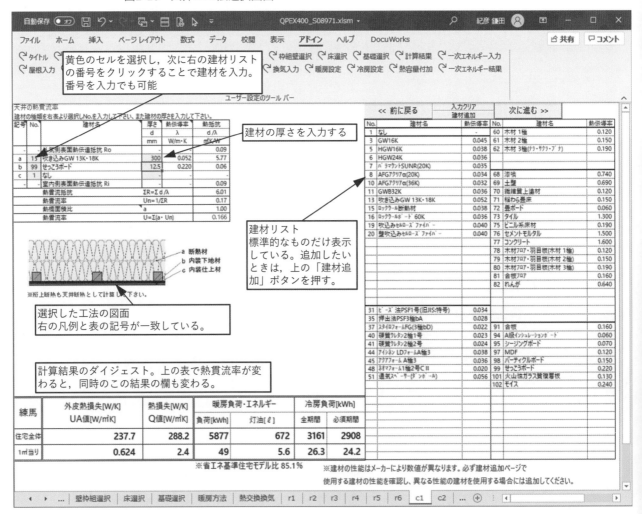

黄色のセルを選択し，次に右の建材リストの番号をクリックすることで建材を入力。番号を入力でも可能

建材の厚さを入力する

建材リスト
標準的なものだけ表示している。追加したいときは，上の「建材追加」ボタンを押す。

選択した工法の図面
右の凡例と表の記号が一致している。

計算結果のダイジェスト。上の表で熱貫流率が変わると，同時のこの結果の欄も変わる。

練馬	外皮熱損失[W/K] UA値[W/㎡K]	熱損失[W/K] Q値[W/㎡K]	暖房負荷・エネルギー 負荷[kWh]	暖房負荷・エネルギー 灯油[ℓ]	冷房負荷[kWh] 全期間	冷房負荷[kWh] 必須期間
住宅全体	237.7	288.2	5877	672	3161	2908
1㎡当り	0.624	2.4	49	5.6	26.3	24.2

※省エネ基準住宅モデル比 85.1%

※建材の性能はメーカーにより数値が異なります。必ず建材追加ページで
使用する建材の性能を確認し、異なる性能の建材を使用する場合には追加してください。

図2-30　天井選択画面で「木部熱橋無し」を選択したときの熱貫流率計算画面

○ 建材の追加方法

建材の追加は、前に戻る・次に進むボタンの間の、「建材追加ボタン」をクリックすると図2-31の画面が表示されます。チェックのついている建材が工法選択画面で見られるようになります。

QPEXでは、シート類、クロスなどは入力しないことになっているため,ここには追加しないで下さい。

全く新規に断熱材を追加したい場合は、黄色のセルに建材名と熱伝導率λを入力して、チェックをオンにすると選択できるようになります。また、断熱材以外を追加する場合は,容積比熱（kJ/㎡K）も入力して下さい

建材一覧表

※下部の空欄の行(黄色部分)に建材名・熱伝導率を記入して下さい。
各断面入力ページには、チェックマークの付いた建材のみを表示します。必要に応じて選択肢として表示する内容を編集してください。

種別	番号	建材名	熱伝導率 W/m·K	表示
繊維系断熱材など	1	なし	-	-
	2	GW10K	0.050	☐
	3	GW16K	0.045	☑
	4	GW24K	0.038	☐
	5	HGW16K	0.038	☑
	6	HGW24K	0.036	☑
	7	パラマウントSUNR(20K)	0.035	☑
	8	AFGアクリアα(20K)	0.034	☑
	9	MAGラムダ34(28K)	0.034	☑
	10	AFGアクリアα(36K)	0.032	☑
	11	GWB32K	0.036	☑
	12	パラマウントSUNボード(32K)	0.035	☑
	13	吹き込みGW 13K·18K	0.052	☑
	14	壁吹き込みGW 30K·35K	0.040	☐
	15	ロックウール断熱材	0.038	☑
	16	ロックウールボード 60K	0.036	☑
	17	ロックウール吹き込み25K	0.047	☐
	18	ロックウール壁吹き込み65K	0.039	☐
	19	吹込みセルローズファイバー	0.040	☑
	20	壁吹込みセルローズファイバー	0.040	☑
	21			☐
	22			☐
	23			☐
	24			☐
	25			☐

種別	番号	建材名	熱伝導率 W/m·K	容積比熱 kJ/㎡K	表示
木材	60	木材 1種 (檜·杉·エゾ松·トド松·ホワイトウッド·スプルス)	0.120	520.0	☑
	61	木材 2種 (松·カラ松·米松·米栂·米ヒバ)	0.150	648.8	☑
	62	木材 3種(ナラ·サクラ·ブナ)	0.190	845.6	☐
	63				☐
	64				☐
	65				☐
	66				☐
	67				☐
仕上材	68	漆喰	0.740	1400.0	☑
	69	土壁	0.690	1100.0	☑
	70	繊維質土塗材	0.120	4186.0	☑
	71	稲わら畳床	0.150	290.0	☑
	72	畳ボード	0.060	450.0	☑
	73	タイル	1.300	2612.0	☑
	74	プラスチック(P)タイル	0.190	4.2	☐
	75	ビニル系床材	0.190	1500.0	☑
	76	セメントモルタル	1.500	1600.0	☑
	77	コンクリート	1.600	2000.0	☑
	78	木材フロア·羽目板(木材 1種)	0.120	520.0	☑
	79	木材フロア·羽目板(木材 2種)	0.150	648.8	☑
	80	木材フロア·羽目板(木材 3種)	0.190	845.6	☑
	81	合板フロア	0.160	1113.0	☑
	82	れんが	0.640	1400.0	☑

図2-31　建材追加入力画面

○ 天井面で断熱(木部熱橋無し)を選択した場合

天井断熱とした場合でも、天井面の上の断熱材が小屋梁にかぶる場合があります。このとき小屋梁は熱橋になりますから「天井面で断熱(木部熱橋無し)」を選択します。この場合は、図2-32の青点線ラインのような断熱材だけで構成されるA部分と、赤い点線ラインのように梁があるB部分とでは、その構成が異なっています。尚、天井断熱に限っては、天井野縁は無視して計算して良いことになっています。

ここで、各部位の熱貫流率計算は、共通計算ルールとしてそれぞれの熱貫流率を計算し、その面積の比率(熱橋面積比a)で比例配分しています。

このケースでは、青のライン(充填断熱部部A)の熱貫流率UA=0.179、赤のライン(構造部B)の熱貫流率UB=0.276となり、それらの熱橋面積比aが、A：B＝87%：13%だから、天井の熱貫流率はABの加重平均値が実質の熱貫流率として、

0.179×0.87+0.276×0.13＝0.191と計算されています。

熱橋面積比の初期値は、省エネ基準で与えられた値を使用しています。ユーザが、変更することも可能ですが、変更した場合はその面積根拠が求められます。

※注意

原則、充填断熱材は、木部に断熱材がかぶるゾーンaと木部がないゾーンbに分けて入力する必要がありますが、梁背が異なる場合、一番多い寸法を採用するかあるいは加重平均した寸法等を入力し、天井断熱の総厚をaとbとの合計になるようにしてください。 a の厚が大きくなるほど熱貫流率は大きくなります

建材の種類を右表より選択しNo.を入力して下さい。また建材の厚さを入力して下さい。

記号	No.	建材名	厚さ d mm	熱伝導率 λ W/m·K	A 充填断熱部 熱抵抗 d/λ ㎡·K/W	B 構造部 熱抵抗 d/λ ㎡·K/W
-	-	外気側表面熱伝達抵抗 Ro	-	-	0.090	0.090
a	5	HGW16K	110	0.038	2.895	
b	5	HGW16K	90	0.038	2.368	2.368
c	60	木材1種	110	0.120		0.917
d	99	せっこうボード	12.5	0.220	0.057	0.057
e	78	木材フロア·羽目板(木材1種)	12	0.120	0.100	0.100
-	-	室内側表面熱伝達抵抗 Ri	-	-	0.090	0.090
		熱貫流抵抗	ΣR=Σd/λ		5.600	3.622
		熱貫流率	Un=1/ΣR		0.179	0.276
		熱橋面積比	a		0.87	0.13
		実質熱貫流率＝平均熱貫流率	U=Σ(a·Un)		0.191	

※緑のセルは熱橋面積比が変わる場合のみ変更してください。

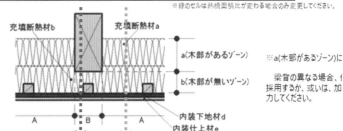

図2-32　天井面で断熱(木部熱橋無し)の入力画面

○ 屋根断熱の工法選択

住宅概要ー1の画面で「屋根断熱あり」を選択して進むと，最初に屋根工法選択画面に移動します。（図2-33）

屋根断熱工法は、ツーバイ材による垂木屋根工法（2種）通常の屋根工法で外張り工法、登り梁による工法（3種）6通りの工法から選択可能です。

特に登り梁工法では，断熱材を3種類も入力できるようになっており，複雑に見えますが，これは最も多層構成で施工した場合を表示しているためで，次の入力画面で「なし」を入力すれば，無くなります。実際の工法と比べよく考えて選択してください。

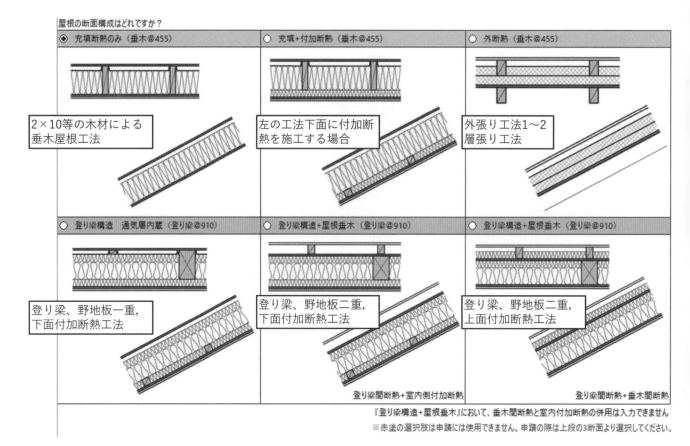

図2-33　屋根断熱工法選択画面

○ 屋根断熱工法の熱貫流率計算入力

屋根断熱工法を選択して「次へ進む」とその工法の熱貫流率計算のための入力画面に移動します。例として「登り梁構造　通気層内蔵」を図2-34に示します。

断面図の構成材(a・b・c…)を見ながら、黄色のセルに建材の番号と建材の厚さの数値を入力します。又、共通のルールとして『構造部材の厚みは、充填断熱材の厚みと同じ』にすることが定められています（省エネ基準）。そのため構造部材の厚みは充填断熱材の厚みと連動して自動入力となり変更することはできません。

登り梁間を1種類の断熱材で充填する場合は、ｃまたはｄの建材番号欄を1と入力するか、建材選択欄で「なし」を選択します。付加断熱がない場合も同様にｆの欄に「なし」を入力します。登り梁のサイズが大きく、梁を室内に現しとする場合はｃ、ｄの断熱材の厚さを梁より所定の寸法分小さな値を入力することにより可能になります。

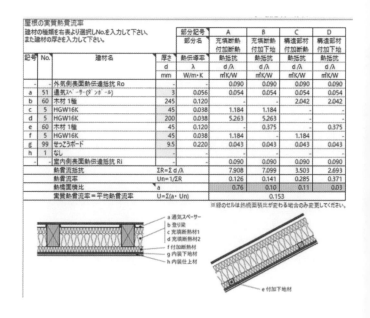

図2-34　屋根断熱工法の熱貫流率計算画面の例

○ 外壁断熱の工法選択

外壁の断熱工法も図2-35に示すように6通りです。外壁の工法が2種類あり、第2の壁を選択するときは、図の下段のラジオボタンで選択します。そして、「第2の壁なし」のチェックを外します。

工法によって、熱橋面積比率が異なります。これについては、右下の「熱橋面積比率について」のボタンを押して解説をお読みください。省エネ基準と、QPEX独自の木部比率が掲載されています。

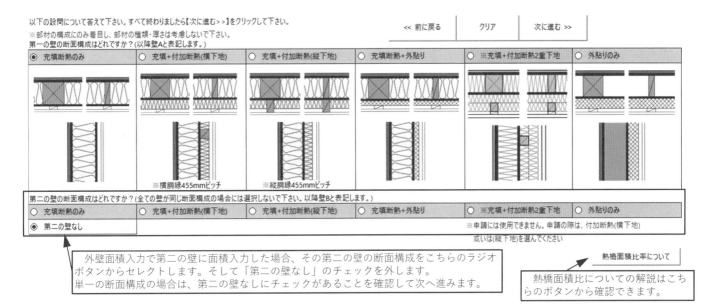

図2-35　外壁断熱工法選択画面

○ 充填＋付加断熱(横下地)の熱貫流率入力

この工法は，付加断熱の木下地が@455mmで設定されていますが，@910mmの時の木部比率は、画面の下の方に表示しています。これを木部比率の緑色のセルに入力します。　外気側表面熱伝達抵抗Ro(緑色のセル)には、通気層に面する想定で、初期値の0.110とありますが、外気に直接面する場合には0.04を入力します(省エネ基準)。(図2-36)

○ 充填＋付加断熱2重下地の熱貫流率入力

1層目2層目ともHGW105mmとして合計315mmの厚い断熱工法から，105mm＋50＋50mmで、施工を釘で施工可能にしたり，第1層を高性能な発泡断熱材を使って200mm級の厚さで250mm級の性能を実現したりできる工法です。1層目の木下地を@910mm、2層目は@455mmで木部比率を計算していますが，この比率は独自計算のため，申請には使えません。(図2-37)

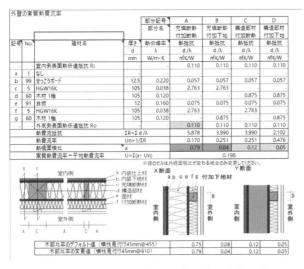

図2-36　充填＋付加断熱(横下地)の熱貫流率入力画面

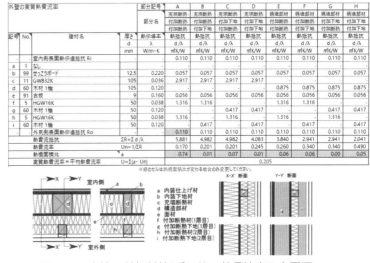

図2-37　充填＋付加断熱2重下地の熱貫流率入力画面

○ 床断熱の工法選択

　床断熱は、図2-38の5種類の断面構成から選択して次へ進みます。先の面積入力で、第一の床に入力した部分の断面構成を上段から選びます。仮に第二の床があり、入力した場合は、下段のラジオボタンからその断面構成を選択してください。第二の床がない場合は、ここの「第二の床なし」にチェックが入っていることを確認してください。

○ 基礎に接する：基礎の上にある床の場合です。通常の床断熱はこちらを選択する。

○ 外気に接する：床断熱の室外側が、外気に面している場合に選択します。尚、外気側の熱伝達抵抗値について、外気側に空気層又は通気層が無い場合は0.04、空気層がある場合は0.15を選んでください。

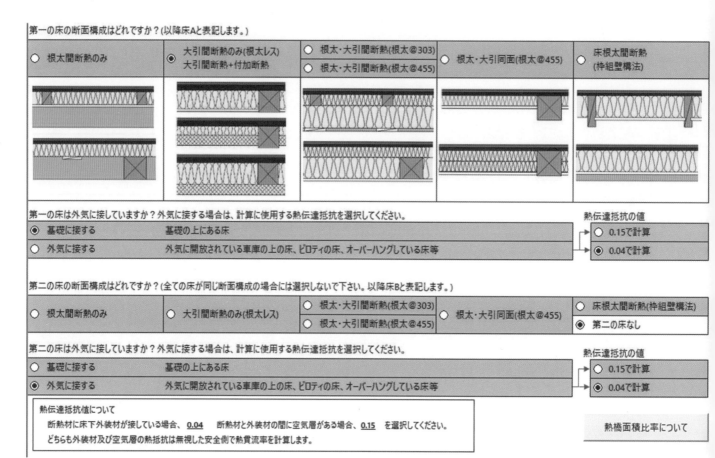

図2-38　床断熱工法選択画面

○ 大引間断熱＋付加断熱の熱貫流率計算入力

　図2-39の工法は、最近の剛床工法に対応した選択です。断熱層が3層もありますが、適当に選びます。大引の下面の付加断熱では、fの欄に断熱材を入力します。また大引の図は105×105mmを想定した図になっていますが、平角の床梁の場合も入力できます。例えば105×240の床梁の下面にバラ板を打ち付けて、大引間に30mmの発泡断熱材を敷込み、これを受け材として210mmのGWを充填する構成では、cにGW210mm、dに発泡断熱材30mmと入力します。

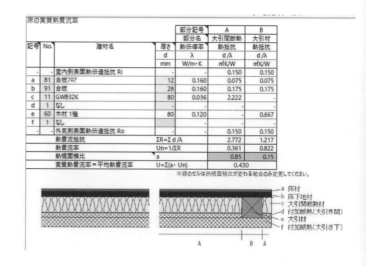

図2-39　大引間断熱＋付加断熱の熱貫流率入力画面

○ 基礎断熱工法の熱損失計算について

　基礎断熱の熱損失計算は、他の部位と異なり二次元〜三次元計算が必要になります。そこで、そうした計算を元にした近似式で計算するようになっています。基礎の形式や断熱する部位の組み合わせで、膨大な計算結果を基に近似式が立てられています。詳細は5章－2を参照してください。

　省エネ基準も同様な方法で近似式が立てられ、平成14年と平成25年に改正が行われました。現行の省エネ基準は25年の改正基準です。この基準は、計算結果の熱損失が平成14年基準に比べて半減するというおかしなものです。私達も指摘したのですが、対応が遅れてハウスメーカーの既得権と化し、今年(2021年)10月にようやく改正されることになっています。

　QPEXではこの基準で計算すると、暖房エネルギーが大幅に小さくなり、正しい結果が得られないため、QPEXの結果を申請に使う場合以外には、この省エネ基準の式は使わないようになっています。そして、暖房エネルギーの計算は自動的に他の工法に置き換えて計算します。従って、本マニュアルでは改正省エネ基準の選択項目に対しては、解説を割愛します。10月に改訂されたときに、QPEXもそれに合わせてバージョンアップの予定で、そのときにこのマニュアルの改訂補足資料を作成、配布の予定です。

○ 基礎断熱の工法選択

　住宅が床断熱で玄関浴室等を基礎断熱とする選択をす

ると、図2-40の画面に移動し、住宅全体が基礎断熱とすると、図2-41の画面に移動します。基礎断熱、床断熱の両方ありを選択し、床断熱に玄関浴室があると言う選択をしたときはこの両方が表示されます。

　基礎形式として、布基礎、ベタ基礎、逆ベタ基礎に対応し、断熱の位置として外断熱、両側断熱、内断熱に分けられています。ベタ基礎は、凍結深度に応じて2種類があります。この他に熱貫流率計算画面で、内側、外側のスカート断熱にも対応しています。土間下全面断熱には、図2-41の一番下の「全面断熱使用」を選択することで対応します。

　基礎断熱部が小さく,断熱材を施工しない場合がありますが、そのときも該当する基礎形式を選び,断熱材厚さを 0 で入力することが必要です。

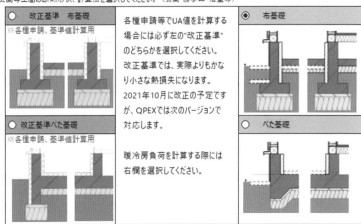

図2-40 「床断熱内に玄関浴室等土間があり」の場合の選択画面

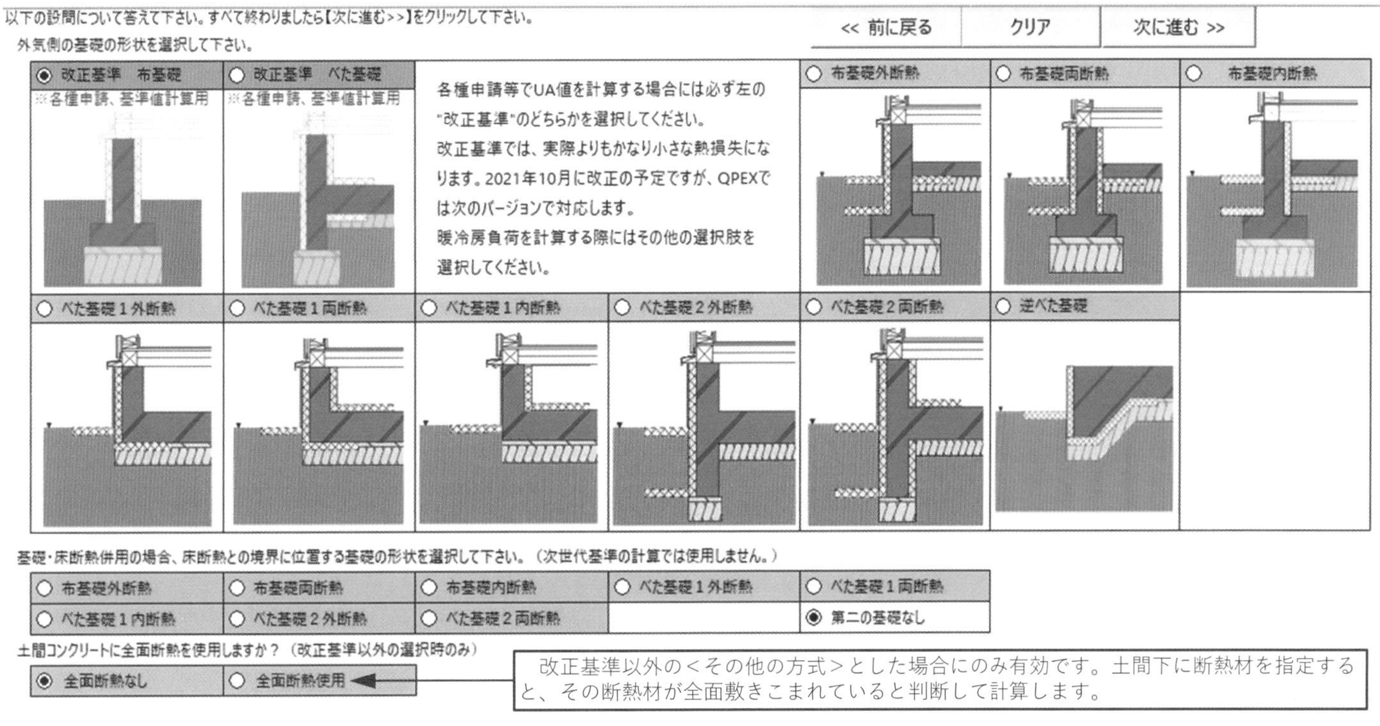

図2-41　基礎断熱の熱貫流率入力画面

○ 基礎断熱の熱貫流率計算入力

図2-42はベタ基礎1両側断熱の熱貫流率計算入力の画面を例として示します。建材入力部は、図に示すa～dの位置を十分確認の上間違いないように入力してください。この例では、断熱型枠による両側断熱として、土間下全面断熱とスカート断熱も行っています。土間下全面断熱は、「前に戻る」ボタンで一つ前の基礎選択画面の一番下の欄にある、「全面断熱使用」にチェックを入れます。それにより、幅の欄には何も入力する必要はありません。

基礎からの熱損失は、基礎全体から二次元、三次元的に、熱は移動します。従って、QPEXでは二次元伝熱プログラムを使って計算した結果から近似式を立てて計算します。

図の中段にあるように、外周部の熱損失で、基礎外周から1m幅のゾーンの地中への熱損失を、中央部の熱損失で、外周を除く中央部の地盤への熱損失を、基礎立ち上がりの熱貫流率の欄で、基礎立ち上がり外周部への熱損失を計算して結果を表示しています。

基礎(外気側)の熱損失　※全面断熱の場合はスカート断熱の幅は入力不要です。　べた基礎両断熱

記号	No.	建材名	厚[mm]	幅[mm]	熱伝導率[W/(m・K)]	熱抵抗値［㎡・k/w］	
a	31	ビーズ法PSF1号(旧JIS:特号)	60	-	0.034	R_{WPa}	1.765
a'	31	ビーズ法PSF1号(旧JIS:特号)	60	-	0.034	$R_{WPa'}$	1.765
b	31	ビーズ法PSF1号(旧JIS:特号)	100	450	0.034	R_{WPb}	2.941
c	31	ビーズ法PSF1号(旧JIS:特号)			0.034	R_{WPc}	0.000
c'	31	ビーズ法PSF1号(旧JIS:特号)	100		0.034	$R_{WPc'}$	2.941
d	77	コンクリート	150	-	1.600	R_{WPo}	0.094
土の熱伝導率λ			1.00	W/mK	GLからの基礎立上り高さ	450	mm
					基礎断熱深さH	150	mm

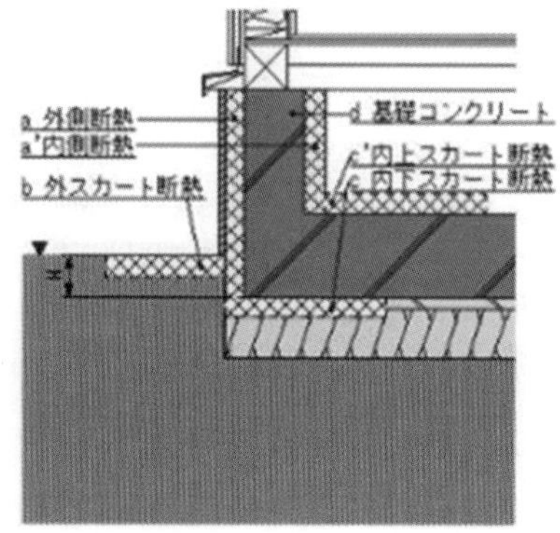

外周部の熱貫流率			
$d, d_2 = 28 \times R_w$			
立上り断熱の熱貫流率			0.631
外スカート効果			0.000
内下スカート効果			0.000
内上スカート効果			0.364
熱貫流率UL = Ula-max(ULb,ULc,ULc')			0.267
中央部の熱貫流率			
立上り断熱の熱貫流率			0.173
外スカート効果			0.000
内下スカート効果			0.000
内上スカート効果			0.040
熱貫流率UF = UFa-max(UFb,UFc,UFc')			0.133
基礎立ち上がり熱貫流率			
$U = 1/(Ro + R_{wPa} + R_{wPo} + Ri)$		[W/m²K]	0.265
単位長さ当たりUR	UR:	[W/mK]	0.000
熱損失			
QF=LF×(UL+US+UR)+UF×AF[W/K]	11.742		

※変数の適応範囲
H：基礎深さ　150～2100[mm]
d：立上り断熱厚さ　50～150[mm]
L：スカート断熱幅　300～900[mm]
d2：スカート厚さ　50～100[mm]

図2-42　ベタ基礎1両側断熱の熱貫流率計算入力

○ 特殊な数値入力方法

入力したい黄色のセルをダブルクリックします。画面に右図のようなテンキーが表示されますので，数字をクリックして、最後にOKボタンをクリックします。

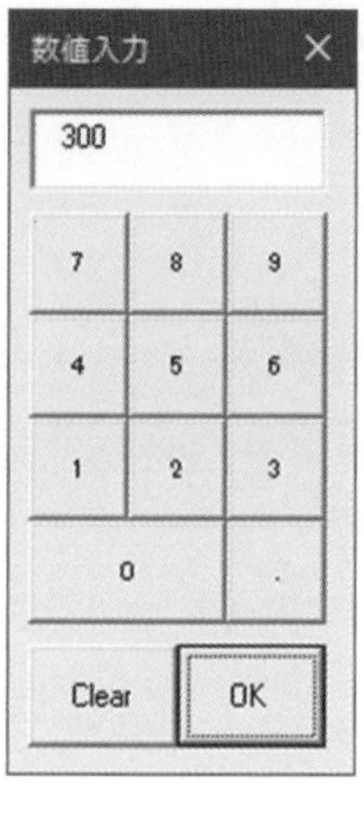

2-7 開口部の入力

○ 開口部概要入力画面（図2-43）

基礎までの断熱部の入力が終わり「次へ進む」と開口部概要入力画面に移動します。画面上のアドイン〜QPEXコマンドの選択にはこの画面はありません。「開口部入力」を選択して「前にもどる」ボタンでこの画面に移動が出来ます。

○ 開口部の数を入力して開口部入力欄を用意する

この画面では、開口部の数を入力します。開口部が設けられる場所（外壁A、外壁B、屋根面、天井面A,B)と方位（東西南北、その他の方位1,2)の欄に数を入力します。この数に従って、次の開口部入力画面に、必要とされる欄を用意しますので、この入力は重要です。入力できる最大数は、外壁A：各方位16、外壁B：南北各8、東西各4、屋根面各4、天井面：各2 等で、十分と思われますが、まれに南面に小さな窓を縦横に並べ大きな開口部を造ったりして足りないことがあります。その場合は南面の一部を外壁Bとして入力するとあと8カ所増やすことが出来ます。

○ 玄関ドア

玄関ドアは3カ所まで入力できます。下の取り付け方位と取り付け位置の表を参照して、番号を入力するか、▼マークをクリックすると選択肢が表示されます。尚、壁面Aは住宅概要で入力した第1の壁、壁面Bは第2の壁を指します。

○ 太陽熱集熱パネル

太陽熱集熱パネルの入力欄が用意されていますが、これは空気集熱のパネルを想定しています。現在は(株)マツナガのソーラーウォーマーを入力できます。次の開口部入力画面で用意された欄に、サッシドアの選択画面から、集熱パネルの製品名を選ぶことで、開口部の欄に並んで表示されます。開口部の熱損失がなく日射取得があるという計算をして、取得する太陽熱を計算します。

なおこのパネルの面積は開口部の面積にはカウントしません。

○ サッシとフレームの仕様入力

サッシとフレームの仕様欄をここで選択しておくと、次の開口部入力で選択の手間を省くことが出来ます次の画面で個別に入力も容易に出来ますから、ここでの入力は省略も出来ます。

開口部概要の入力
※各面の窓・ドア数と、基本となるサッシ仕様、ガラス仕様を選択してください。

サッシ・玄関ドアの数を入力してください。

・各方位のサッシ数を入力してください。

	外壁A	外壁B	屋根面	天井A	天井B
南	6				
東	3				
西	3				
北	6				
他1					
他2					

・ドアの取付位置を入力してください。

	ドア1		ドア2		ドア3	
取付方位	3	西 ▼		▼		▼
取付位置	1	壁面A ▼		▼		▼

・太陽熱集熱パネルの取付方位を入力してください。

	パネル1		パネル2		パネル3	
取付方位		▼		▼		▼
取付位置		▼		▼		▼

取付方位			
No.	取付方位	冬期日射	夏期日射
1	南	94%	92%
2	東	61%	51%
3	西	61%	51%
4	北	61%	63%
5	他1	100%	100%
6	他2	100%	100%

取付位置	
No.	取付位置
1	壁面A
2	壁面B
3	天井面
4	屋根面

基本となるサッシ仕様を選択してください。

サッシフレームの仕様

フレーム仕様	外部サッシ色
1 アルミ ▼	2 ステンカラー ▼

図2-43 開口部概要入力画面

○ 開口部入力はQ1.0住宅設計で最重要項目

高性能なQ1.0住宅の設計で、開口部入力はキーポイントです。暖冷房エネルギーを大きく左右するからです。

QPEXでは、気軽に、サッシの寸法、サッシ枠、ガラスの種類、開閉方式等を変更でき、それによる暖冷房エネルギーへの影響を即座に表示してくれます。サッシのU値やガラス率などは近似式で実際に極めて近い値が表示され、開口部からの熱損失と太陽熱取得を計算し、その結果の暖冷房エネルギーを表示するのです。

例えば、温暖地では、UA値を少しでも小さくしようと、トリプルガラスを導入したり、U値が少し小さい日射遮蔽型のガラスを採用したりします。トリプルガラスでは、日射量の多い太平洋側の地域では、殆ど暖房エネルギーは減りません。また日射遮蔽型のガラスでは、暖房エネルギーが大幅に増えることを知ることが出来ます。

開口部入力を色々試みることで，Q1.0住宅の設計の勘所を理解できるのです。

○ 開口部の熱損失入力（開口部入力）画面

　開口部の熱損失入力画面を図2-44に示します。この画面は横に長いので二つに分割して表示しています。この例は 5地域のQ1.0住宅レベル3での設定例です。一つ前の開口部概要入力で指定された数のサッシの入力欄が用意されます。ここに、サッシ寸法（mm単位のW,H寸法、w,h寸法ではない）、サッシの色、ガラスの種類、ガラススペーサーの種類、開閉方式、内窓の有無と種類、断熱戸の有無と種類の7項目を入力します。入力するセルは黄色またはオレンジの色が付けられています。

　省エネ基準では、w、h寸法でも良いことになっていますが、これでは開口部のU値が実際よりも大幅に小さくなります。QPEXではW,H寸法とします。

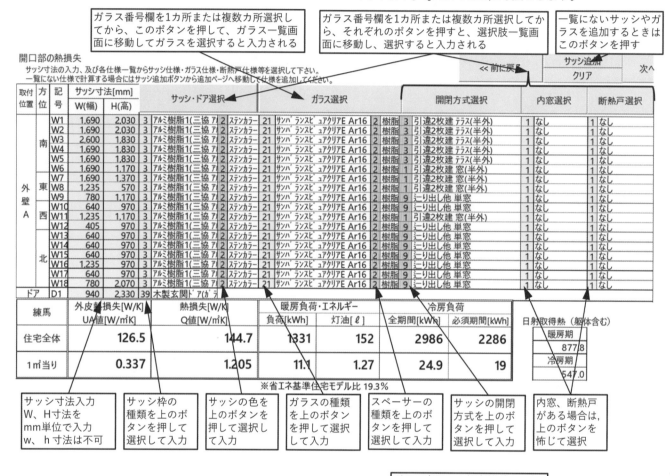

図2-44　開口部の熱損失入力画面

○ サッシ枠の種類などの選択画面

開口部入力で、例えば、サッシドア種類を入力するセルをクリックしてから、この上部にある「サッシ・ドア選択」ボタンを押すと、下の図2-45の画面に切り替わります。この画面で、サッシ枠一覧からその番号をクリックすることで、入力が完了します。その際、入力するセルは、番号欄またはその隣の名称欄でも構いません。

サッシ枠の種類以外の下図にある項目のボタンでも、この画面に移動します。

サッシ枠

サッシ枠仕様一覧

No.	サッシ枠仕様
1	アルミ
2	アルミ熱遮断
3	アルミ樹脂1(三協 アルジオ)
4	アルミ樹脂2(三協 マディオJ)
5	アルミ樹脂3(YKK APW310)
6	アルミ樹脂4(YKK エピソード NE)
7	アルミ樹脂5(LIXIL サーモスX)
8	アルミ樹脂6(LIXIL サーモスH)
9	アルミ樹脂(その他)
10	樹脂1(三協 スマージュ)
11	樹脂2(YKK APW330)
12	樹脂3(YKK APW430)
13	樹脂4(LIXIL エルスターS)
14	樹脂5(LIXIL エルスターX)
15	樹脂6(LIXIL レガリス)
16	樹脂7(シャノンIIs)
17	樹脂8(シャノンIIsスマートシリーズ)
18	樹脂9(K-WINDOW)
19	木1(ヨーロッパ製)
20	アルス(木製窓)<ペアガラス>
21	アルス(木製窓)<トリプルガラス>
22	ノルド(木製)
23	ノルド(アルミクラッド)
24	YKK APW511
25	LIXIL LW

サッシ枠の色一覧

No.	色	αf[-]
1	ホワイト,シルバー	0.2
2	ステンカラー	0.4
3	グレー,ブラウン	0.7
4	ブラック	0.9
5		
6		

樹脂サッシ分類について
樹脂1：三協立山 スマージュ
樹脂2：YKKap APW330
樹脂3：YKKap APW430
樹脂4：LIXIL マイスターII・エルスター-S
樹脂5：LIXIL エルスター-X
樹脂6：LIXIL レガリス
樹脂7：シャノンIIs
樹脂8：シャノンIIs スマートシリーズ
樹脂9：栗原 K-Window

開閉方式

開閉方式一覧

No.	開閉方式	
1	引違2枚建 片引き	窓タイプ　半外付
2		外付
3		テラスタイプ　半外付
4		外付
5	引違4枚建 片引き	窓タイプ　半外付
6		外付
7		テラスタイプ　半外付
8		外付
9	辷り出し,開き窓,回転窓,ドレーキップ	
10	片袖FIX+縦辷り出し,片引き窓	
11	両袖FIX+縦辷り出し	
12	FIX	
13	FIX(テラス)	
14	上げ下げ窓	
15	勝手口ドア	
16	大型片引き窓	
17		
18		
19		
20		

内窓・断熱戸

内窓仕様一覧

No.	内窓ガラス仕様	Ug値
1	なし	0
2	PVCシングル	6.00
3	PVCペア A6mm	3.40
4	PVCペア A12mm	2.90
5	PVC断熱Low-Eペア	1.80
6	PVC遮熱Low-Eペア	1.70
7		
8		
9		
10		
11		

断熱戸仕様一覧

No.	断熱戸仕様	熱抵抗
1	なし	0
2	ハニカムサーモスクリーン	0.214
3	ルームラック断熱障子	0.178
4	ウレタン断熱戸	0.656
5	グラスウール断熱戸	0.606
6	シャッター・雨戸	0.100
7		
8		

ドア

ドア仕様一覧

No.	ドア仕様	U値
30	ドア等級H-1	4.65
31	ドア等級H-2	4.07
32	ドア等級H-3	3.49
33	ドア等級H-4	2.91
34	ドア等級H-5	2.33
35	ドア等級K=1.5	1.75
36	スウェーデア袖付き	1.50
37	スウェーデア小窓付き	1.30
38	木製玄関ドア(ガラスLサイズ)	1.19
39	木製玄関ドア(ガラスSサイズ)	1.13
40	木製玄関ドア(板張り)	0.90
41	YKKイノベストD50	1.34
42	YKKイノベストD70	0.93
43		
44		
45		
46		
47		

集熱パネル

集熱パネル一覧

No.	集熱パネル仕様	
1	ソーラーウォーマー V50	0.41
2	ソーラーウォーマー V70	0.50
3	ソーラーウォーマー V90	0.58
4	ソーラーウォーマー V100	0.63
5		
6		

開口部入力へ戻る

図2-45　サッシ枠の種類などの選択画面

○ サッシとドアの選択の違いについて

QPEXでは、ドアを選択すると、日射取得熱は0で計算されます。玄関が、南に面して、大きなガラスが入っていても、その日射取得は計算されません。将来改良する必要がありそうです。

勝手口などのドアは、サッシの品種からドアを選択して、サッシの欄に入力します。開閉方式のセルで15番の勝手口を選択します。全ガラスタイプの勝手口として入力されます。この勝手口ドアパネルが入っている場合は、ガラス率の「既定値」ボタンをクリックして「入力値」を表示させ、勝手口ドアのガラス率を計算して入力して下さい。パネルとサッシ枠の熱貫流率が同じとは限らないため、多少の誤差が生じます。このようなガラス率の変更は普通は無視しても構いません。

○ ガラスの種類の選択画面

ガラスの種類とスペーサーの種類を選択するとき、上の「ガラス選択」ボタンを押すとこの画面に移動します。スペーサーは、アルミまたは樹脂です。サッシの熱貫流率が計算値の時に、 JISの計算式のガラスの周囲の熱損失に影響します。図2-44の入力例で、樹脂からアルミに変えると約7％熱損失合計が増えるようです。

ガラスは下の図2-46に示されます。AL-PVCサッシやPVCサッシでは、メーカーの工場でガラスが組み込まれるため、ガラスはメーカー指定のガラスになることが多いですが、それらのガラスをまとめて最初に表示するようになっています。その他のガラスを、ペアガラス、トリプルガラス、QPEX Ver.40で追加したガラスの順に並んでいます。同じガラスメーカーのものでも、サッシに組み込みのサッシは若干仕様が異なる場合もあります。

スペーサー仕様一覧

No.	スペーサー
1	アルミ
2	樹脂

開口部入力へ戻る

共通仕様値ガラス

No.	分類		ガラス仕様		Ug値	ηg値
1		シングル	シングル	-	6.00	0.88
2	省エネ基準 仕様値	ペア	ペア A6mm	A6	3.40	0.79
3			ペア A12mm	A12	2.90	0.79
4			断熱LowEペア	A12	1.80	0.64
5			遮熱LowEペア	A12	1.70	0.40
6			断熱ArLowE ペア	Ar12	1.40	0.64
7			遮熱ArLowE ペア	Ar12	1.40	0.40

ALPVC,PVCフレーム対応ガラス（代表値・計算値を選択時に使用）

No.	フレーム	ガラスメーカー		対応ガラス		Ug値	ηg値
21	三協立山 スマージュ	旭硝子	ペア	サンバランスピュアクリアE	Ar16	1.18	0.62
28				サンバランスアクアグリーン	Ar16	1.15	0.49
93		日本板硝子		ペアマルチスーパーブロンズ	Ar16	1.17	0.44
36		旭硝子	トリプル※	トリプル 2LowE ピュアクリア	Kr8	0.70	0.49
37					Kr10	0.61	0.49
38				トリプル 2LowE アクアグリーン	Kr8	0.68	0.33
39					Kr10	0.59	0.33
143	YKKAP APW330	YKKAP	ペア	断熱ニュートラル	Ar16	1.30	0.61
146				断熱ブルー	Ar16	1.20	0.45
149				断熱ブロンズ	Ar16	1.20	0.44
152				遮熱ブルー	Ar16	1.20	0.40
153			トリプル※	真空トリプル取得型	Ar13	0.83	0.58
154				真空トリプル遮蔽型	Ar13	0.69	0.46
155	YKKAP APW430	YKKAP	トリプル※	遮熱トリプル(シングルLowE)	Ar16	0.95	0.56
156				遮熱トリプル(ニュートラル)	Ar16	0.65	0.46
157				遮熱トリプル(ブルー)	Ar16	0.60	0.30
158					Kr16	0.56	0.30
159				遮熱トリプル(ブロンズ)	Ar16	0.60	0.31
160					Kr16	0.56	0.31
21	LIXIL サーモスX	旭硝子	ペア	サンバランスピュアクリアE	Ar16	1.18	0.62
28				サンバランスアクアグリーン	Ar16	1.15	0.49
35				サンバランスアクアグリーン(高遮熱)	Ar16	1.15	0.40
48			トリプル※	トリプル(クリア×クリア)	Ar14	0.67	0.49
49					Kr10	0.61	0.49
50				トリプル(クリア×グリーン)	Ar14	0.66	0.42
51					Kr10	0.60	0.42
52				トリプル(クリア×ブロンズ)	Ar14	0.68	0.37
53					Kr10	0.62	0.37
54				トリプル(グリーン×グリーン)	Ar14	0.65	0.34
55					Kr10	0.59	0.34
21	LIXIL エルスターS	旭硝子	ペア	サンバランスピュアクリアE	Ar16	1.18	0.62
28				サンバランスアクアグリーン	Ar16	1.15	0.49
35				サンバランスアクアグリーン(高遮熱)	Ar16	1.15	0.40
40	LIXIL エルスターX	旭硝子	トリプル※	トリプル(クリア×クリア)	Ar15	0.65	0.49
41					Kr13	0.63	0.49
42				トリプル(クリア×グリーン)	Ar15	0.64	0.42
43					Kr13	0.62	0.42
44				トリプル(クリア×ブロンズ)	Ar15	0.66	0.40
45					Kr13	0.63	0.40
46				トリプル(グリーン×グリーン)	Ar15	0.63	0.33
47					Kr13	0.60	0.33
62	LIXIL レガリス	旭硝子	5層※	レガリス5層ガラス	Ar14.5	0.29	0.34
76	エクセルシャノン シャノンウインドウ	日本板硝子	ペア	ペアマルチスーパークリアS	Ar16	1.23	0.62
83				ペアマルチEA 寒冷地	Ar16	1.49	0.74
90				ペアマルチスーパーグリーン	Ar16	1.17	0.48
93				ペアマルチスーパーブロンズ	Ar16	1.17	0.44
94				ペアマルチスーパーブロンズ(遮熱)	Ar16	1.17	0.38
101				ペアマルチレイボーグリーン	Ar16	1.17	0.39
117			トリプル※	断熱トリプル(EA)	Ar15	0.83	0.58
119					Kr11	0.77	0.58
120				遮熱トリプル(クリア)	Ar15	0.64	0.46
122					Kr11	0.60	0.46
123				遮熱トリプル(グリーン)	Ar15	0.63	0.32
125					Kr11	0.56	0.32
126				遮熱トリプル(ブロンズ)	Ar15	0.63	0.29
128					Kr11	0.56	0.29

※他のサッシでは使えない専用ガラスのため、右の選択リストには掲載していません。

計算値で左欄にないサッシの時に使用
ペアガラス一覧

No.	メーカー	ガラス名称		Ug値	ηg値
8			A6	2.62	0.64
9		サンバランスシルバー	A10	2.01	0.64
10			A12	1.82	0.64
11			A16	1.59	0.65
12			Ar12	1.51	0.65
13			Ar14	1.39	0.65
14			Ar16	1.37	0.65
15			A6	2.50	0.61
16			A10	1.88	0.62
17		サンバランスピュアクリアE	A12	1.68	0.62
18			A16	1.42	0.62
19			A12	1.34	0.62
20	旭硝子		Ar14	1.21	0.62
21			Ar16	1.18	0.62
22			A6	2.50	0.48
23			A10	1.84	0.48
24		サンバランスアクアグリーン	A12	1.65	0.48
25			A16	1.39	0.48
26			Ar12	1.31	0.48
27			Ar14	1.18	0.48
28			Ar16	1.15	0.49
29			A6	2.50	0.41
30			A10	1.85	0.41
31		サンバランスアクアグリーン	A12	1.65	0.40
32		(高遮熱)	A16	1.39	0.40
33			Ar12	1.31	0.40
34			Ar14	1.18	0.39
35			Ar16	1.15	0.40
63			A6	2.67	0.67
64			A10	2.09	0.67
65			A12	1.91	0.67
66		ペアマルチEA	A16	1.69	0.67
67			Ar12	1.63	0.67
68			Ar14	1.51	0.66
69			Ar16	1.49	0.66
70			A6	2.53	0.61
71			A10	1.89	0.61
72			A12	1.70	0.61
73		ペアマルチスーパークリアS	A16	1.45	0.62
74			Ar12	1.38	0.62
75			Ar14	1.25	0.61
76			Ar16	1.23	0.62
77			A6	2.67	0.74
78			A10	2.09	0.74
79			A12	1.91	0.74
80		ペアマルチEA 寒冷地	A16	1.69	0.74
81			Ar12	1.63	0.74
82			Ar14	1.51	0.74
83			Ar16	1.49	0.74
84	日本板硝子		A6	2.50	0.47
85			A10	1.85	0.48
86			A12	1.65	0.48
87		ペアマルチスーパーグリーン	A16	1.40	0.48
88			Ar12	1.33	0.48
89			Ar14	1.20	0.48
90			Ar16	1.17	0.48
91			A12	1.33	0.44
92		ペアマルチスーパーブロンズ	Ar14	1.19	0.44
93			Ar16	1.17	0.44
94		〃 （遮熱）	Ar16	1.17	0.38
95			A6	2.50	0.40
96			A10	1.85	0.39
97			A12	1.65	0.39
98		ペアマルチレイボーグリーン	A16	1.40	0.39
99			Ar12	1.33	0.39
100			Ar14	1.20	0.39
101			Ar16	1.17	0.39
102			A6	2.67	0.49
103			A10	2.10	0.48
104			A12	1.92	0.47
105		ペアマルチSE	A16	1.69	0.47
106			Ar12	1.64	0.47
107			Ar14	1.53	0.46
108			Ar16	1.50	0.46

計算値で左欄にないサッシの時に使用
ペアガラス一覧 続き

No.	メーカー	ガラス名称		Ug値	ηg値
129			A6	2.62	0.62
130		ペアレックスヒートガード	A12	1.84	0.62
131			Ar12	1.53	0.63
132			A6	2.62	0.55
133		ペアレックスツインガード シルバー	A12	1.84	0.55
134	セントラル硝子		Ar12	1.53	0.54
135			A6	2.62	0.61
136		ペアレックスツインガード クリア	A12	1.83	0.60
137			Ar12	1.52	0.60
138			A6	2.49	0.39
139		ペアレックスツインガード グリーン	A12	1.63	0.38
140			Ar12	1.52	0.37
141			A12	1.70	0.60
142		断熱ニュートラル	Ar12	1.40	0.60
143			Ar16	1.30	0.61
144			A12	1.60	0.45
145		断熱ブルー	Ar12	1.30	0.45
146	YKKAP		Ar16	1.20	0.45
147			A12	1.60	0.44
148		断熱ブロンズ	Ar12	1.30	0.44
149			Ar16	1.20	0.44
150			A12	1.60	0.40
151		遮熱ブルー	Ar12	1.30	0.40
152			Ar16	1.20	0.40

トリプルガラス一覧

No.	メーカー	ガラス名称		Ug値	ηg値
56			A10	0.79	0.33
57		サンバランスアクアグリーントリプル	Ar16	0.64	0.33
58	旭硝子		Kr10	0.59	0.33
59			A10	0.81	0.49
60		サンバランスピュアクリアトリプル	Ar16	0.66	0.49
61			Kr10	0.61	0.49
109		スペーシア	-	1.40	0.58
110		スペーシアクール	-	1.00	0.49
111		スペーシア21 クリア	Ar12	0.85	0.58
112			Ar16	0.79	0.58
113		スペーシア21 遮熱クリア	Ar12	0.70	0.46
114			Ar16	0.66	0.46
115		スペーシア21 遮熱グリーン	Ar12	0.76	0.34
116	日本板硝子		Ar16	0.68	0.34
118		断熱トリプル(EA)	Ar16	0.81	0.58
119			Kr11	0.77	0.58
121		遮熱トリプル(クリア)	Ar16	0.61	0.46
122			Kr11	0.60	0.46
124		遮熱トリプル(グリーン)	Ar16	0.60	0.32
125			Kr11	0.56	0.32
127		遮熱トリプル(ブロンズ)	Ar16	0.60	0.29
128			Kr11	0.56	0.29
161		トリプル 1Ar1LowE12	Ar12	1.00	0.57
162	ガデリウス	トリプル 2Ar2LowE12	Ar12	0.70	0.51
163		トリプル 2Ar2LowE16	Ar16	0.60	0.37
164		トリプル 2Kr2LowE16	Kr16	0.50	0.51
165	VELUX	ペア合わせガラス	Ar9	1.50	0.29
166		ペア網入透明ガラス	Ar8	1.70	0.29

追加ガラス一覧

No.	メーカー	ガラス名称		Ug値	ηg値
167			Ar15	0.56	0.44
168		ESスーパークリア	Ar11	0.73	0.44
169	エクセルシャノン		Kr11	0.47	0.44
170			Ar16	1.05	0.56
171			Ar15	0.61	0.58
172		ESクリア	Ar11	0.78	0.58
173			Kr11	0.52	0.58
174			Ar16	1.13	0.68
175		ECLAZ	Ar16	1.13	0.70
176		ECLAZ One	Ar16	1.05	0.58
177		ECLAZ	Ar15	0.61	0.60
178	サンゴバン	ECLAZ One	Ar16	0.56	0.45
179		ECLAZ	Ar10	0.83	0.60
180		ECLAZ One	Ar10	0.79	0.45
181		ECLAZ	Kr10	0.56	0.60
182		ECLAZ One	Kr10	0.51	0.45

図2-46　ガラスの種類などの選択画面

○ 開口部U値の種類と代表値の入力

ガラス種類別　性能値

ガラスシリーズ		室外側ガラス（ミリ）	空気層（ミリ）ガス入	室内側ガラス（ミリ）	光学特性 可視光 透過率（%）	可視光 反射率（%）	日射 透過率（%）	日射 反射率（%）	日射 吸収率（%）	紫外線 カット率（%）	熱的性能 日射熱取得率（η値） 空気	日射熱取得率（η値） アルゴンガス	遮蔽係数（SC値） 空気	遮蔽係数（SC値） アルゴンガス	熱貫流率(U値)[W/(㎡・K)] 空気	熱貫流率(U値)[W/(㎡・K)] アルゴンガス	※Low-E複層ガラスはガラスの日射熱取得率（η）が0.50以上の場合は日射取得型、0.49以下の場合は日射遮蔽型に区分けされます。
					数値が大きいほど室内が明るくなります	数値が大きいほど光を反射します	数値が大きいほど日射熱を通します	数値が大きいほど室内に日射熱が入りません	日射熱が吸収される割合を示します	数値が大きいほど紫外線を通しません	数値が小さいほど遮熱性能に優れます ガラスに入射する日射を1とした時の室内に入る熱の割合		3ミリガラスを1とした時の室内に入る熱の割合		数値が小さいほど断熱性能が優れます		
Low-E 複層ガラス 断熱タイプ ニュートラル	透明	フロート3	16	Low-E3	77.4	11.1	50.9	28.0	21.1	67.7	[illegible]	0.62	0.70	0.71	[illegible]	1.2	日射取得型
			12								0.62	0.62	0.70	0.70	1.7	1.3	
		フロート4	14	Low-E4	76.9	11.3	49.8	27.5	22.6	69.2	0.60	0.60	0.68	0.69	1.5	1.2	
			12								0.60	0.60	0.68	0.68	1.7	1.3	
		フロート5	14	Low-E3	76.6	10.9	49.4	25.8	24.8	69.2	0.60	0.61	0.69	0.69	1.5	1.2	
			12								0.60	0.61	0.69	0.69	1.7	1.3	
		フロート5	12	Low-E5	76.5	11.1	48.7	26.4	24.9	69.9	0.60	0.60	0.68	0.68	1.7	1.3	

図2-47　ガラス種類別性能値（YKKAP APW330のカタログ）

○ U値表示のデフォルトは「計算値」

開口部入力の画面で、開口部U値は、サッシのデータを入力すると、デフォルトで計算値が表示されます。この値は、QPEXが持っているサッシフレームの平均U値とガラス率の近似式等によって、JISの計算式で計算されます。大雑把に定められた仕様値のU値に比べて、実際の性能に近い性能値が得られ、暖冷房エネルギーの計算がより精度が高まります。しかし、この計算値は、平均値や近似式の値を使うため、省エネ基準の申請などには使えません。省エネ基準適合の申請には、仕様値または代表値を使います。

○ U値の仕様値

平成11年の省エネ基準以来、U値の仕様値は、ガラスとサッシの枠の種類によって定められ、その後のガラスのやサッシの進歩に対応していませんでした。その値は実際のU値よりもかなり大きい値で、住宅全体のQ値やUA値を押し上げてしまっていました。2021年4月から新しい仕様値が改訂され、高性能なガラスも取り入れられ改善はしていますが、大きめな値であることは同じようです。

QPEXは、まだ旧仕様値を表示しますが、次のバージョンアップで新仕様値に対応する予定です。2022年3月までは旧仕様値も有効です。

○ U値の代表値

平成25年の省エネ基準から、仕様値に変わって代表値が申請に使えるようになりました。メーカー各社が、サッシのU値の代表値を公表していますのでそのデータをQPEXに入力することで、その結果を印刷して申請に使うことが出来ます。その代表値を取得する手順を説明します。例として、YKKAPの樹脂サッシAPW330で進めます。

1）メーカー各社の冊子カタログの中に掲載されている、ガラス種類別性能値を調べます。（図2-47）

２）各社のホームページから、「JIS Q 17050-1に基づく自己適合宣言書」及び「附属書」を探します。PDFファイルとしてダウンロードできるようになっていますから、所定のサッシについてダウンロードします。図2-48のように表中のガラスの種類から熱貫流率の区分番号を調べそこから U=1.36 を取ります。これは引き違い窓の付属書ですから、その他の種類の窓についてもダウンロードして、引き違いテラス窓 U=1.50、すべり出し窓単窓、FIX連窓の U=1.31を取ります（図2-49～50）。QPEXの窓入力画面で、熱貫流率のボタンをクリックして代表値を表示すると、この欄と、ガラスのU値、η値の欄が緑色に変わりますから、ここに図2-47及び図2-48～50の値を入力します。

〈平成28年省エネルギー基準対応〉

JIS Q 17050-1に基づく自己適合宣言書（附属書）

自己適合宣言書番号	APS0001	附属書番号	APF0014-7
発行者の名称	YKK AP株式会社		
作成日	2016年12月28日	改訂日	2021年4月1日
商品	APW330（Low-E複層ガラス）		
仕様	アングル付、アングル無（アングル付同等納まり）		
窓種	・引違い窓（2枚建 W≦1,870） ・面格子付引違い窓（2枚建） ・シャッター付引違い窓（2枚建 W≦1,870） ・片引き窓　偏芯タイプ、均等タイプ ・両袖片引き窓 ・片引き窓・両袖片引き窓 FIX段窓 ・面格子付片引き窓　偏芯タイプ、均等タイプ	・面格子付両袖片引き窓	

■ガラス構成ごとの開口部の熱貫流率区分・開口部の日射熱取得率

			アルゴンガス入り 一般ガラス 透明 P3P3	P4P4	P5P3	P5P5	型 F4P3	F4P4	F4P5	透明（30mil） XAP3	XA
ガラス構成		室外ガラス厚	3	4	5	5	4	4	4	3·3	3·
		中空層厚	16	14	14	12	15	14	13	13	1
		室内ガラス厚	3	4	3	5	3	4	5	3	4
熱貫流率区分	Low-E	遮熱ブルー　☆	①	①	①	②	①	①	①	①	②
		ブルー	①	①	①	②	①	①	①	①	②
		ブロンズ	①	①	①	②	①	①	①	①	②
		ニュートラル	①	①	①	②	①	①	②	②	②
日射熱取得率	Low-E	遮熱ブルー　☆	0.28	0.29	0.28	0.29	0.28	0.29	0.29	0.28	0.
		ブルー	0.32	0.34	0.32	0.34	0.32	0.34	0.35	0.31	0.
		ブロンズ	0.31	0.31	0.31	0.30	0.31	0.31	0.30	0.29	0.
		ニュートラル	0.45	0.43	0.44	0.43	0.44	0.43	0.44	0.41	0.

・「ガラス構成ごとの開口部の熱貫流率区分・開口部の日射熱取得率」は当社製ガラスの構成に基づい
当社製ガラス以外のガラスを適用する場合には、「開口部の熱貫流率　性能一覧」にてガラス中央部熱
・熱貫流率区分ごとの性能値は「開口部の熱貫流率　性能一覧」の各区分記号の行を参照してください。
*合わせガラスの呼称は、中間膜の厚みが30milのものは「安全合わせガラス」、60milのものは「防災安
☆：室内外ガラス構成は反転します。

■開口部の熱貫流率　性能一覧

樹脂スペーサー仕様

区分記号	ガラス中央部の熱貫流率[W/㎡K]		開口部の熱貫流率[W/㎡K] 付属部材無し	シャッター又は雨戸あり	※障子あり	風除室あり	試験値	計算値	簡易的評価	建具とガラスの組み合わせ
①	1.2	以下	1.36	1.28	1.23	1.20	○			
②	1.3	以下	[illegible]	1.34	1.28	1.25	○			
③	1.4	以下	1.58	1.48	1.41	1.37	○			
④	1.5	以下	1.84	1.70	1.62	1.56		○		
⑤	1.6	以下	1.91	1.76	1.67	1.61		○		
⑥	1.7	以下	1.92	1.77	1.68	1.62		○		

区分記号	ガ
①	1
②	1
③	1
④	1
⑤	1
⑥	1

図2-48　APW330の自己適合宣言附属書(引き違い窓)

■開口部の熱貫流率　性能一覧

樹脂スペーサー仕様

区分記号	ガラス中央部の熱貫流率[W/㎡K]		開口部の熱貫流率[W/㎡K] 付属部材無し	シャッター又は雨戸あり	※障子あり	風除室あり	試験値	計算値	簡易的評価	建具とガラスの組み合わせ
①	1.2	以下	1.50	1.41	1.35	1.31	○			
②	1.3	以下	[illegible]	1.42	1.35	1.32	○			
③	1.4	以下	1.66	1.55	1.47	1.43	○			
④	1.5	以下	2.03	1.86	1.76	1.69		○		
⑤	1.6	以下	2.10	1.92	1.82	1.74		○		
⑥	1.7	以下	2.11	1.93	1.82	1.75		○		

図2-49　同上　（引き違いテラス窓から抜粋）

■開口部の熱貫流率　性能一覧

樹脂スペーサー仕様

区分記号	ガラス中央部の熱貫流率[W/㎡K]		開口部の熱貫流率[W/㎡K] 付属部材無し	シャッター又は雨戸あり	※障子あり	風除室あり	試験値	計算値	簡易的評価	建具とガラスの組み合わせ
①	1.2	以下	1.31	1.24	1.19	1.16	○			
②	1.3	以下	1.38	1.30	1.25	1.22	○			
③	1.4	以下	1.51	1.42	1.35	1.32	○			
④	1.5	以下	1.74	1.62	1.54	1.49		○		
⑤	1.6	以下	1.82	1.68	1.60	1.54		○		
⑥	1.7	以下	1.83	1.69	1.61	1.55		○		

図2-50　同上　（すべり出し窓単窓、FIX連窓から抜粋）

○ 開口部U値　代表値の問題点

　代表値は、省エネ基準の規定で、いくつかの開閉方式に分類し代表的な寸法の窓の熱貫流率を、試験値または計算値で、各メーカーが保証する値です。前ページの図2-48～50の値は試験値となっています。JISの計算式で求めた値と、試験所で計測した試験値では、試験値の方が少し小さくなるようです。JISの試験方法でサッシの周辺固定部の規定が曖昧で、メーカーはサッシの周りを断熱材で覆って試験を受け、サッシ枠から斜めに逃げる熱（サッシのψ）が小さくなるためではないかと思われます。また計算値でメーカーが表示する場合も、ガラスの周囲の熱損失（ガラスのψ）を詳細計算で、JISの規定値より小さな値を使うため、QPEXの値より小さくなるようです。さらに、開閉方式のすべり出し窓では、単窓とFIX連窓窓が同じ扱いで、代表寸法が165-13のFIX連窓窓の寸法になっているため、このU値が単窓にも当てはめられます。単窓はガラス率が小さく、フレームの面積比が大きく、フレームよりガラスの方が熱貫流率が小さいですからU値は大きくなるはずですが、代表値では同じ値になります。これらが原因で、代表値で窓の熱損失を計算するととても有利になります。しかし、実際の住宅の開口部性能よりも良くなってしまい、暖房エネルギーが過小に計算される恐れもあるわけです。

○ U値の代表値入力

　図2-51～54に5地域のQ1.0住宅レベル1での設定でのYKK APW330を使ったモデル住宅の計算結果を示します。図2-51は開口部を代表値で入力した結果です。緑色のセルは数値を入力すると赤色に変わり入力値であることを示しています。同じ開口部で、仕様値、計算値、代表値とした場合の熱損失の計算結果を図2-52～54に示します。代表値がかなり小さな値になることがわかりますが、実際の住宅には、計算値が一番近いのではないかと思われます。

取付位置	方位	記号	サッシ寸法[mm] W(幅)	サッシ寸法[mm] H(高)	サッシ・ドア選択	ガラス選択	開閉方式選択	U値[W/㎡] 代表値	断熱戸補正U値	面積 A[㎡]	熱損失 U・A[W/K]	屋根勾配	Ug	ng
外壁A	南	W1	1,690	2,030	11 樹脂2(YKK APW3 2 ステンカラー	143 断熱 ニュートラル Ar16 2 樹脂	3 引違2枚建 テラス(半外)	1.50	-	3.43	5.145		1.20	0.62
		W2	1,690	2,030	11 樹脂2(YKK APW3 2 ステンカラー	143 断熱 ニュートラル Ar16 2 樹脂	3 引違2枚建 テラス(半外)	1.50	-	3.43	5.145		1.20	0.62
		W3	2,600	1,830	11 樹脂2(YKK APW3 2 ステンカラー	143 断熱 ニュートラル Ar16 2 樹脂	3 引違2枚建 テラス(半外)	1.50	-	4.76	7.140		1.20	0.62
		W4	1,690	1,830	11 樹脂2(YKK APW3 2 ステンカラー	143 断熱 ニュートラル Ar16 2 樹脂	3 引違2枚建 テラス(半外)	1.50	-	3.09	4.635		1.20	0.62
		W5	1,690	1,830	11 樹脂2(YKK APW3 2 ステンカラー	143 断熱 ニュートラル Ar16 2 樹脂	3 引違2枚建 テラス(半外)	1.50	-	3.09	4.635		1.20	0.62
		W6	1,690	1,170	11 樹脂2(YKK APW3 2 ステンカラー	143 断熱 ニュートラル Ar16 2 樹脂	1 引違2枚建 窓(半外)	1.36	-	1.98	2.693		1.20	0.62
	東	W7	1,690	1,370	11 樹脂2(YKK APW3 2 ステンカラー	143 断熱 ニュートラル Ar16 2 樹脂	10 たり出し他 片袖FIX	1.31	-	2.32	3.039		1.20	0.62
		W8	1,235	570	11 樹脂2(YKK APW3 2 ステンカラー	143 断熱 ニュートラル Ar16 2 樹脂	10 たり出し他 片袖FIX	1.31	-	0.70	0.917		1.20	0.62
		W9	780	1,170	11 樹脂2(YKK APW3 2 ステンカラー	143 断熱 ニュートラル Ar16 2 樹脂	9 たり出し他 単窓	1.31	-	0.91	1.192		1.20	0.62
	西	W10	640	970	11 樹脂2(YKK APW3 2 ステンカラー	143 断熱 ニュートラル Ar16 2 樹脂	9 たり出し他 単窓	1.31	-	0.62	0.812		1.20	0.62
		W11	1,235	1,170	11 樹脂2(YKK APW3 2 ステンカラー	143 断熱 ニュートラル Ar16 2 樹脂	1 引違2枚建 窓(半外)	1.36	-	1.44	1.958		1.20	0.62
		W12	405	970	11 樹脂2(YKK APW3 2 ステンカラー	143 断熱 ニュートラル Ar16 2 樹脂	9 たり出し他 単窓	1.31	-	0.39	0.511		1.20	0.62
		W13	640	970	11 樹脂2(YKK APW3 2 ステンカラー	143 断熱 ニュートラル Ar16 2 樹脂	9 たり出し他 単窓	1.31	-	0.62	0.812		1.20	0.62
	北	W14	640	970	11 樹脂2(YKK APW3 2 ステンカラー	143 断熱 ニュートラル Ar16 2 樹脂	9 たり出し他 単窓	1.31	-	0.62	0.812		1.20	0.62
		W15	640	970	11 樹脂2(YKK APW3 2 ステンカラー	143 断熱 ニュートラル Ar16 2 樹脂	9 たり出し他 単窓	1.31	-	0.62	0.812		1.20	0.62
		W16	1,235	970	11 樹脂2(YKK APW3 2 ステンカラー	143 断熱 ニュートラル Ar16 2 樹脂	10 たり出し他 片袖FIX	1.31	-	1.20	1.572		1.20	0.62
		W17	640	970	11 樹脂2(YKK APW3 2 ステンカラー	143 断熱 ニュートラル Ar16 2 樹脂	9 たり出し他 単窓	1.31	-	0.62	0.812		1.20	0.62
		W18	780	2,070	11 樹脂2(YKK APW3 2 ステンカラー	143 断熱 ニュートラル Ar16 2 樹脂	9 たり出し他 単窓	1.31	-	1.61	2.109		1.20	0.62
ドア		D1	940	2,330	39 木製玄関ドア(ガ チ			1.13	-	2.19	2.475			

図2-51　開口部のU値、ガラスのU値、η値を代表値で入力した結果

U値[W/㎡] 仕様値	断熱戸補正U値	面積 A[㎡]	熱損失 U・A[W/K]
1.90	-	3.43	6.517
1.90	-	3.43	6.517
1.90	-	4.76	9.044
1.90	-	3.09	5.871
1.90	-	3.09	5.871
1.90	-	1.98	3.762
1.90	-	2.32	4.408
1.90	-	0.70	1.330
1.90	-	0.91	1.729
1.90	-	0.62	1.178
1.90	-	1.44	2.736
1.90	-	0.39	0.741
1.90	-	0.62	1.178
1.90	-	0.62	1.178
1.90	-	0.62	1.178
1.90	-	1.20	2.280
1.90	-	0.62	1.178
1.90	-	1.61	3.059
1.13	-	2.19	2.475
壁面A		33.64	62.230
壁面B		0.00	0.000
天井面		0.00	0.000
屋根面		0.00	0.000
計		33.64	62.230

練馬　UA値：0.497
　　　暖房エネルギー：2399 kWh

図2-52　開口部のU値を仕様値としたときの熱損失合計表

U値[W/㎡] 計算値	断熱戸補正U値	面積 A[㎡]	熱損失 U・A[W/K]
1.77	-	3.43	6.065
1.77	-	3.43	6.065
1.67	-	4.76	7.941
1.79	-	3.09	5.536
1.79	-	3.09	5.536
1.63	-	1.98	3.229
1.46	-	2.32	3.386
1.62	-	0.70	1.134
1.50	-	0.91	1.365
1.55	-	0.62	0.961
1.71	-	1.44	2.464
1.65	-	0.39	0.644
1.55	-	0.62	0.961
1.55	-	0.62	0.961
1.55	-	0.62	0.961
1.54	-	1.20	1.853
1.55	-	0.62	0.961
1.46	-	1.61	2.343
1.13	-	2.19	2.475
壁面A		33.64	54.839
壁面B		0.00	0.000
天井面		0.00	0.000
屋根面		0.00	0.000
計		33.64	54.839

練馬　UA値：0.473
　　　暖房エネルギー：2137 kWh

図2-53　開口部のU値を計算値としたときの熱損失合計表

U値[W/㎡] 代表値	断熱戸補正U値	面積 A[㎡]	熱損失 U・A[W/K]
1.50	-	3.43	5.145
1.50	-	3.43	5.145
1.50	-	4.76	7.140
1.50	-	3.09	4.635
1.50	-	3.09	4.635
1.36	-	1.98	2.693
1.31	-	2.32	3.039
1.31	-	0.70	0.917
1.31	-	0.91	1.192
1.31	-	0.62	0.812
1.36	-	1.44	1.958
1.31	-	0.39	0.511
1.31	-	0.62	0.812
1.31	-	0.62	0.812
1.31	-	0.62	0.812
1.31	-	1.20	1.572
1.31	-	0.62	0.812
1.31	-	1.61	2.109
1.13	-	2.19	2.475
壁面A		33.64	47.227
壁面B		0.00	0.000
天井面		0.00	0.000
屋根面		0.00	0.000
計		33.64	47.227

練馬　UA値：0.448
　　　暖房エネルギー：1872 kWh

図2-54　開口部のU値を代表値としたときの熱損失合計表

○ 窓の日射取得率の計算への入力

○ 庇の入力概要

庇は1つの窓に対して、3種類の入力が可能です。通常の庇の他、直上の屋根が窓への日射を遮蔽する可能性がある場合、両者を入力するようにしてください。側壁などにより日射が遮蔽される場合には、側壁等の遮蔽物欄に値を入力してください。尚、側壁は安全側に計算する為、暖房負荷計算にのみ反映されます。

入力された3種の遮蔽物の内、最も効果の高いものが計算に反映されます。

窓の日射取得
窓に付属する日射遮蔽物、庇や軒の寸法を入力してください。

庇の効果　固定値/計算値　切り替えボタン → ○ 庇効果を固定値で計算　◉ 〃　計算値で計算

庇の入力方法解説ページ → << 前に戻る ｜ クリア ｜ 次に進む >> ｜ 庇入力の説明

記号	取付位置	方位	ガラスの仕様	内窓仕様	冷房計算用日射遮蔽物 No. 表1より選択	暖房計算用日射遮蔽物 No. 表1より選択	庇1 庇高さ Y1[m]	庇1 庇の出 Z1[m]	庇2(屋根等) 庇高さ 冷房期 Y1[m]	庇2(屋根等) 庇高さ 暖房期 Y1[m]	庇2(屋根等) 庇の出 Z[m]	側壁等の遮蔽物 間隔 Y1[m]	側壁等の遮蔽物 袖壁の出 Z[m]	側壁等の遮蔽物 袖壁数 片側:1 両側:2	方位係数 ν (枠考慮)	基準日射侵入率 η	補正日射侵入率 fc*η	日射取得係数 ν*ηi*Ai	暖房期平均日射取得熱 [W]	冷房期平均日射取得熱 [W]
W1		南	サンバランスピュアクリアE Ar16	なし	2 レースカーテン	1 なし	0.40	1.00						2	0.434	0.496	0.252	0.375	105.26	41.22
W2			サンバランスピュアクリアE Ar16	なし	2 レースカーテン	1 なし	0.40	1.00						2	0.434	0.496	0.252	0.375	105.26	41.22
W3			サンバランスピュアクリアE Ar16	なし	2 レースカーテン	1 なし	0.40	0.45						2	0.434	0.496	0.325	0.671	181.78	76.16
W4			サンバランスピュアクリアE Ar16	なし	2 レースカーテン	1 なし	0.50	0.65						2	0.434	0.496	0.301	0.404	109.59	44.04
W5			サンバランスピュアクリアE Ar16	なし	2 レースカーテン	1 なし	0.50	0.65						2	0.434	0.496	0.301	0.404	109.59	44.04
W6			サンバランスピュアクリアE Ar16	なし	2 レースカーテン	1 なし	0.50	0.65						2	0.434	0.496	0.276	0.237	66.73	25.47
W7	外壁A	東	サンバランスピュアクリアE Ar16	なし	2 レースカーテン	1 なし	0.10	0.10						2	0.512	0.496	0.417	0.495	29.02	30.04
W8			サンバランスピュアクリアE Ar16	なし	2 レースカーテン	1 なし	0.10	0.10						2	0.512	0.496	0.314	0.113	5.63	5.73
W9			サンバランスピュアクリアE Ar16	なし	2 レースカーテン	1 なし	0.10	0.30						2	0.512	0.496	0.365	0.171	9.39	9.67
W10		西	サンバランスピュアクリアE Ar16	なし	2 レースカーテン	1 なし								2	0.504	0.496	0.411	0.129	6.54	6.92
W11			サンバランスピュアクリアE Ar16	なし	2 レースカーテン	1 なし	0.10	0.10						2	0.504	0.496	0.416	0.303	16.62	17.40
W12			サンバランスピュアクリアE Ar16	なし	2 レースカーテン	1 なし	0.10	0.30						2	0.504	0.496	0.355	0.070	3.33	3.46
W13		北	サンバランスピュアクリアE Ar16	なし	2 レースカーテン	1 なし	0.25	0.65						2	0.341	0.496	0.062	0.062	2.51	3.48
W14			サンバランスピュアクリアE Ar16	なし	2 レースカーテン	1 なし	0.25	0.65						2	0.341	0.496	0.292	0.062	2.51	3.48
W15			サンバランスピュアクリアE Ar16	なし	2 レースカーテン	1 なし	0.25	0.65						2	0.341	0.496	0.292	0.062	2.51	3.48
W16			サンバランスピュアクリアE Ar16	なし	2 レースカーテン	1 なし	0.50	0.65						2	0.341	0.496	0.331	0.135	6.14	8.52
W17			サンバランスピュアクリアE Ar16	なし	2 レースカーテン	1 なし	0.50	0.65						2	0.341	0.496	0.331	0.070	2.83	3.95
D1			ドア	玄関ドア											0.504	0.038	0.038	0.042	2.49	1.35
														計				4.366	776.6	382.0

冷房、暖房の窓付属部材の入力

庇の入力

練馬	外皮熱損失[W/K] UA値[W/㎡K]	熱損失[W/K] Q値[W/㎡K]	暖房負荷・エネルギー 負荷[kWh]	灯油[ℓ]	冷房負荷 全期間[kWh]	冷房負荷 必須期間[kWh]
住宅全体	126.5	144.7	1331	152	2986	2286
1㎡当り	0.337	1.205	11.1	1.27	24.9	19

※省エネ基準住宅モデル比 19.3%

表1

No.	日射遮蔽物等	日射遮蔽係数
1	なし	1.00
2	レースカーテン	0.74
3	内付ブラインド	0.66
4	和障子	0.59
5	外付ブラインド	0.24
6	内付ロールスクリーン	0.60
7	外付ロールスクリーン	0.41
8	ハニカムスクリーン	0.50
9	すだれ	0.32
10		
11		
12		

付属部材を新規に追加可能

※省エネ基準の規定によりηA値計算に反映される遮蔽物は和障子、外付ブラインドのみとなります。

その他遮蔽物は負荷計算のみに反映されますのでご注意ください。

図2-55　窓の日射取得率の計算への入力

○ 日射遮蔽物＜付属部材＞

冷房時及び暖房時の日射遮蔽物をそれぞれの欄に分けて入力してください。例えば、一年中レースカーテンを下げる窓は、両方の欄にレースカーテンを入力します。

○ 「庇効果を固定値で計算」ボタン

省エネ基準の申請を通す目的だけの書類を作成で、平均日射取得率ηをクリアすることを示す書類を作成する場合、「固定値計算」ボタンを選択することによって、庇の効果を一定値として計算し省力化することが出来ます。但し、ηは、庇を入力した場合に比べて大幅に大きくなり、不利側の計算となります。「計算値」で申請すると、審査機関から立面図に庇の寸法や長さ等の記入を求められ、更にその数値とQPEXでの整合性を要求され、基準をクリアする書類を作るだけでも、大変な労力が必要だという声から、この「固定値」ボタンを本バージョンから追加しました。勿論、この固定値（取得日射量補正係数 f：冷房期 0.93　暖房期 0.51）は、H28年省エネ基準に準拠しています。

暖冷房エネルギー計算を行ってQ1.0住宅の設計を行う時は、必ず「計算値で計算」として、庇等を入力してください。

○ 庇の入力方法

庇は、窓上端からの距離と庇の出を入力して下さい。庇の出は壁芯ではなく外壁面からの距離で入力してください。最上階の窓については住宅の屋根が庇の役割を果たす場合があるため、屋根までの距離と外壁からの出を入力して下さい。

なお、切妻屋根の住宅の妻側の壁に設置された窓については、冷房期・暖房期それぞれの安全側の垂直距離を入力して下さい。（庇の入力説明参照）

また、住宅の形状により、窓への日射が壁で遮られる場合も考えられます。或いは、外壁が厚く、窓が引っ込んでいるとき、両側の外壁で窓への日射が遮られるケースもあります。それらの場合、側壁等の遮蔽物欄に寸法と、袖壁が両側か片側かを入力してください。袖壁が片側のみの場合は袖壁なしと、袖壁両側との平均の日射取得として計算します。東西面などは窓の左右どちらに袖壁があるかで遮蔽効果が大きく異なりますので、実態に近い形で、なし、片側、両側を選択して下さい。

2-8　換気による熱損失

図2-56に従って入力して下さい

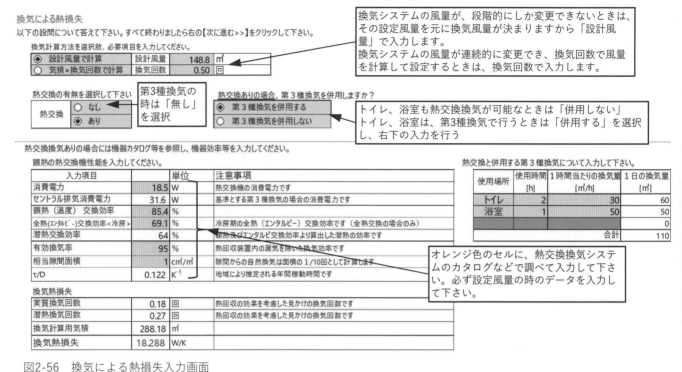

図2-56　換気による熱損失入力画面

〇 換気システムの風量が段階的にしか設定できないときの入力例

　カセット型熱交換換気システムのパナソニックFY-14VBDは、140㎥、120㎥、90㎥の風量設定モードがあり、FY-12BDは、120㎥、90㎥、70㎥のモードを持っています。それぞれに強弱の切り替えで少ない風量に設定することもできます。その中で、二機種とも最大風量では消費電力も騒音レベルも大きく、出来ればこのモードでは使わない方が良いでしょう。そうすると図2-57のような組み合わせのモードが実際の使用としては可能です。逆に言うと、このような風量での運転しか出来ず、換気回数0.5回/hぴったりの設定は出来ません。図の中から換気システムの風量を選び、そして熱交換換気では、住宅の気密性能に応じた自然換気が発生しますから、その風量分を加えた風量が、住宅の換気風量と言うことになります。図2-57の下図にそれを示します。

　このシステムは、FY-12BDを二台使って、120㎥或いは90㎥で使うと、騒音、消費電力も小さく、熱交換効率が高くとれることがわかります。

パナソニックFY-14VBDとFY-12VBDを1～2台使った、可能な換気風量

記号	換気風量	機種	換気風量設定	換気モード	消費電力(W)	給気風量(㎥)	比消費電力(W/㎥)	騒音(dB)	暖房時温度交換効率(%)	冷房時全熱交換効率(%)
a	120㎥/h	FY-14VBD	120㎥/h	6口標準	28.0	120	0.23	30.0	82	62
b	120㎥/h	FY-12VBD	120㎥/h	5口標準	32.0	120	0.27	32.0	82	62
c	120㎥/h	FY-12VBD	70㎥/h	4口標準	11.5	70	0.16	24.0	85	67
		FY-12VBD	90㎥/h	4口弱	7.0	50	0.14	22.0	86	72
		2台計		8口	18.5	120	0.15	24.0	85.4	69.1
d	90㎥/h	FY-14VBD	90㎥/h	5口標準	15.5	90	0.17	25.5	83	64
e	90㎥/h	FY-12VBD	90㎥/h	5口標準	15.5	90	0.17	25.5	83	64
f	90㎥/h	FY-12VBD	90㎥/h	4口弱	7.0	50	0.14	22.0	86	72
		FY-12VBD	70㎥/h	3口弱	5.0	40	0.13	19.0	86	72
		2台計		7口	12.0	90	0.13	22.0	86	72
g	80㎥/h	FY-14VBD	140㎥/h	6口弱	13.0	80	0.16	24.0	84	66
h	80㎥/h	FY-12VBD	70㎥/h	4口弱	4.5	40	0.11	18.5	86	72
		FY-12VBD	70㎥/h	3口弱	5.0	40	0.13	19.0	86	72
		2台計		7口	9.5	80	0.12	19.0	86	72

換気システムが設定可能な換気風量から換気回数を逆算

| 換気システムの換気風量 | C値=1.0 | | C値=0.5 | | モデル住宅の気積：288.18㎥ |
	住宅の換気風量	換気回数	住宅の換気風量	換気回数	
120㎥/h	148.8	0.52	134.4	0.47	熱交換喚起時の自然換気量 C値=1.0 の時　0.1回/h=28.8㎥
90㎥/h	118.8	0.41	104.4	0.36	C値=0.5 の時　0.05回/h=14.4㎥
80㎥/h	108.8	0.38	94.4	0.33	住宅の換気風量＝換気システムの風量＋自然換気

図2-57　換気システムの風量が段階的にしか設定できないときの入力例

2-9　熱容量によるエネルギー削減入力

住宅内部の熱容量は、暖房時は日中の日射によるオーバーヒートを防いだり、暖房停止時の室温低下を遅くしたりして、室温の安定効果があります。同時に、日中の日射の蓄熱で、夕方から夜に掛けての暖房エネルギーの削減効果も持っています。住宅設計としてパッシブソーラー的な考え方に基づき、住宅内に積極的に熱容量の大きな下地材、内装材を配置することがあります。QPEXでは。こうした効果を計算することが出来ます。

とはいってもこの計算は、複雑な大きなプログラムで膨大な計算を必要としますので、QPEXでは、その役目をAE Sim/heatと言うプログラムで、色々なパターンの計算を行い、その効果をもとに近似推定式をつくり、それでエネルギー削減量を求めています。 AE Sim/heatと言うプログラムは、その計算方式から、この効果がでにくい計算プログラムだと言われています。QPEXでの計算結果も、実際の住宅よりは少なめに計算されるようです。

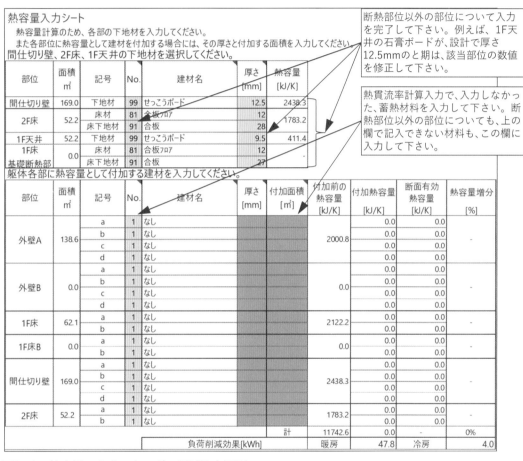

図2-58　熱容量によるエネルギー削減入力画面

○ 非断熱部位の入力（上段）

外壁などの断熱部位以外の部位については、これまで何も入力されていません。間仕切り壁や屋根断熱の時のその下にある天井、二階床その下の一階天井、基礎断熱の時の一階床等です。これらの部位について、表の上段に入力します。

この欄には、デフォルトですでに数値が入っています。「住宅概要入力－2」の6番目で表示されている非断熱部位の部位面積に従って、標準的な材料構成で熱容量が計算されています。材料が異なる場合は、設計に応じて修正して下さい。ここに入りきらない材料については下段の該当部位に入力して下さい。

○ 断熱部位の入力（下段）

断熱部位については、部位全体に施工される材料については、熱貫流率計算入力で入力が済んでいるはずです。入れるのを忘れた場合は熱貫流率入力の方で追加して下さい。ここでは、部分的に配置する材用について入力します。

例えば居間の外壁と間仕切り壁に、腰壁状ににレンガを積んだ場合などです。この場合、外壁と間仕切り壁に右の建材選択表から「82　れんが」を選び建材名に入力し、厚さと付加面積を入力します。基礎断熱で、一階の床にモルタルを施工した場合、上段の表には入力する欄がないので、ここで1F床の欄に入力して下さい。

2-10　暖房設定の入力

　QPEXでは、住宅全体を暖房する24時間全室暖房負荷について計算します。居室のみとか在時のみと言う部分間歇暖房の負荷計算は出来ません。断熱レベルを必要なだけ上げて、家全体を暖房する快適な、そして省エネな住宅を造ることを目標にしているからです。

　それでも以前は、24時間暖房と言っても就寝時には暖房を止めて生活する方が多かったため、そのときの暖房負荷に近い、18℃設定で計算していました。日中は20℃設定で、夜間停止時に室温が低下したり、納戸など室温を15〜6℃にた持つことが多いことから、18℃設定が実際の住宅の暖房エネルギー消費量に近かったのです。

　最近のQ1.0住宅では、夜間暖房を停止しても朝方の室温低下が少なくなり、また、国のWebプログラムによる一次エネルギー計算でも、パッシブハウスの暖房エネルギー計算でも20℃設定であることを加味して、標準で20℃設定で計算することとしています。

　住宅の暖房時の快適性は、暖房システムの設計とも密接な関係があります。また、高齢者の住む家などでは、21〜22℃位に設定しないと寒いという声も聞きます。

　暖房エネルギーの計算結果は、居住者とも共有することが多いと思います。20℃だけではなく、温度設定を変えた結果も踏まえておくことが大事です。

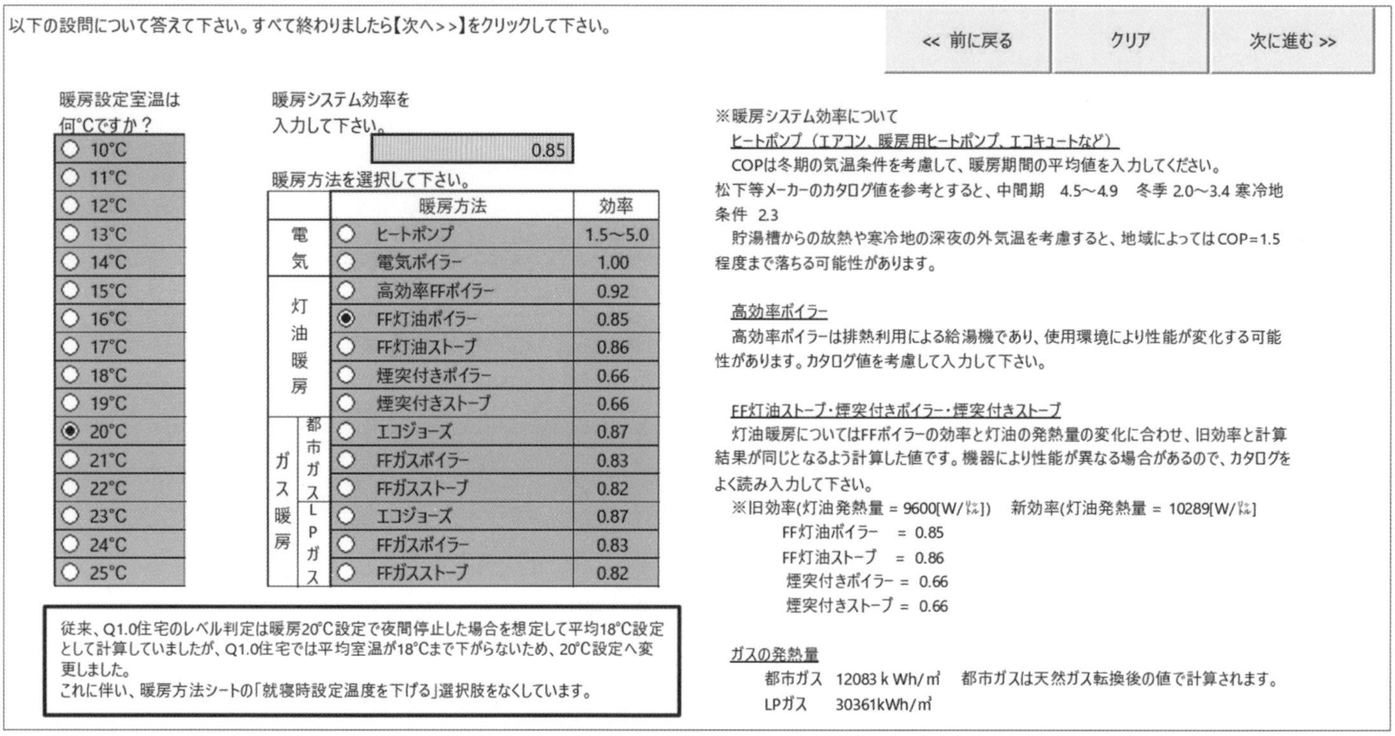

図2-59　暖房設定の入力画面

○ 暖房設定室温

　一日全体の平均暖房設定室温をラジオボタンで選択します。Q1.0住宅を設計し、判定を行う際は、暖房設定室温20℃で計算してください。また、高齢者の住宅など少し室温を高めに設定するときは、21〜23℃ぐらいにして下さい。

○ 暖房システム効率

　暖房方法の欄で暖房設備を選択すると、それに応じた標準的な効率が自動的に表示されます。実際の機器の効率をカタログなどで調べて入力して下さい。

　エアコンやエコキュートなどのヒートポンプの効率は、カタログには極めて高い数値が表示されています。

　自動車の燃費と同じで、実際の運転では状況により大きく変動します。そしてカタログに表示されている数値よりは遙かに小さな数値となるようです。この実効率については、メーカーも公表しませんし、研究も余りされていません。図2-59の注釈欄を参考にして下さい。特に最近の寒冷地用エアコンでは、高温の温風を出しているときの効率は極めて低いことが知られています。

○ 暖房方法入力

　暖房方法を、ラジオボタンで選択します。

2-11　冷房設定の入力

QPEXでは、暖房と同様に冷房も24時間全室冷房で計算されます。近年の夏の猛暑化で、以前は全室冷房はさすがに贅沢だとか、体調がおかしくなるといった意見が多かったのですが、最近では、関東以西では、普通に全室冷房を取り入れる家も増えてきています。

冷房は暖房と多少異なり、夏の暑い時でも涼しい日があったり、春秋の涼しい期間でも非常に暑い日があったりします。省エネ基準では、暖房期間以外の期間全てを冷房期間と見なし、この間窓を閉め切って冷房負荷を求めているようですが、これは住宅の冷房負荷計算としては不適当と考えます。春秋には確かに暑い日もありますが、窓を開けて通風良く暮らし、エアコンは余り使いません。梅雨明け頃から、本格的な夏になり、東北～北海道などは比較的盛夏の期間は短いですが、関東以西では

二ヶ月近くエアコンに頼る期間が続きます。

そこで。QPEXでは、一年を暖房期間と冷房期間の二つに分ける省エネ基準の考え方の他に、「冷房必須期間」という考え方で、地点毎に期間を決めてその間の全室冷房負荷を求めています。この負荷が、実際の住宅の冷房負荷に近い値となるようです。

冷房必須期間の中でも、夕方から朝まで30℃を超えるような猛烈な熱帯夜の日もありますが、普通は、夜になると外気温は設定温度より低くなります。そこで夜間は通風して窓を開ける場合の冷房負荷も計算できるようにしました、しかし、西の暑い地域では、夜は温度が多少下がっても湿度が高くエアコンを付けておいた方が快適との声もあります。このようなことにはまだQPEXは対応できていません。

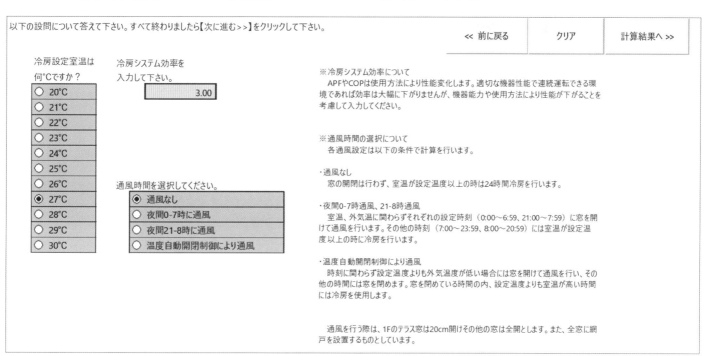

図2-60　冷房設定の入力画面

○ 冷房設定室温

一日全体の平均冷房設定室温をラジオボタンで選択します。省エネ基準では27℃設定を標準としています。北海道から東北に掛けては27℃設定では暑く感じるようで25～26℃設定で暮らす人も多いようです。逆に関西などの非常に暑い地域では28～29℃設定で暮らす人も多く、地域差、個人差が大きいようです。温度設定を変えた結果を表示させ、少し幅を持って冷房負荷を考えた方が良いと思われます。

○ 冷房システム効率

エアコンの効率は、暖房期に比べて冷房期の方が安定して多少高くなるようです。COPで3.0～4.0位と推測しています。

○ 通風時間の選択

普通は通風無しで計算して下さい。関西などの地点で計算すると、通風を設定しても余り冷房負荷が変わらないことがあります。これは夜の時間が余り外気温が下がらない地域で起こります。このような地域では、通風無しが実際の冷房負荷に近い数値となります。

北関東から東北、北海道の寒冷地では、夏の夜の外気温度低下は比較的顕著ですから、通風ありの設定の冷房負荷を参考にして下さい。「夜間0-7時に通風」と「夜間21-8時に通風」では、外気温度にかかわらずこの時間帯には窓を開ける設定ですが、「温度自動開閉制御により通風では、時間帯を決めず、外気温度が設定室温より下がったら窓を開けて通風するという条件で、冷房負荷を求めます。これが冷房負荷が一番小さくなりますが、実際このような生活は不可能です。

第3章

計算結果表の見方

3-1　暖冷房エネルギー計算結果

　これまでの入力画面でエラーがなく、この画面までくると、ここには、暖冷房エネルギーの最終結果、熱損失係数やUA値、日射取得率ηなど、Q1.0住宅のレベル判定、暖冷房設備容量がが表示されます。その他に、色々な印刷用の資料を示すボタンや、一次エネルギー計算へ進むボタンもあります、

　この計算結果シートをよく見て、断熱仕様や開口部の構成、換気などを検討し、目標とする住宅の熱性能を達成できているかを確認し、そうでなければどこを変えるかの作戦を立てるためにこの画面は重要な意味を持っています。

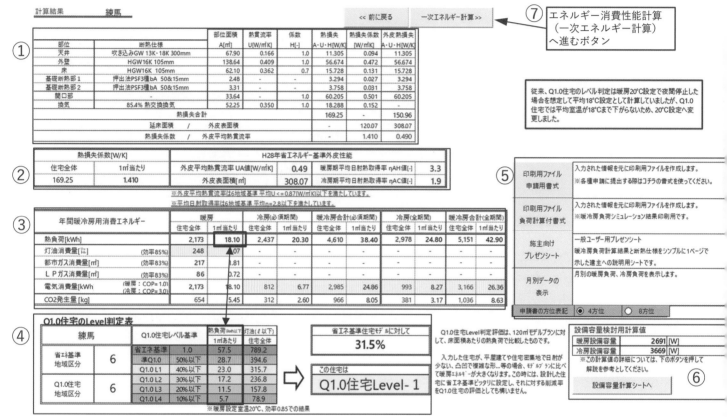

図3-1　暖冷房エネルギー計算結果画面

①　熱損失係数(Q値)、外皮熱損失(UA値) 計算表

　これまで入力してきた、断熱仕様の入力結果の集計表です。住宅概要で選択した断熱部位に従って、この表は自動的に作成されます。部位面積では、外壁と開口部の部位面積の合計が、住宅概要入力で記入した外壁面積の合計と同じになっています。換気の部位面積は、第三種換気では、住宅の気積に換気回数を乗じた数値になり、熱交換換気では、熱交換効果を考慮した実質換気回数を掛けた数値が表示されます。床断熱の床の熱損失には、省エネ基準で定められた係数0.7が掛けられて計算されます。従って床の断熱厚さは、この例では105mmですが、105mm÷0.7=150mm相当ということになります。

　外皮熱損失には換気が含まれていないことに留意下さい。この例では熱交換換気のため、換気熱損失はそれほど大きくはありませんが、第3種換気では約50ぐらいにもなり、暖房エネルギーに大きく影響します。一番下の赤字が、床面積当たりのQ値、UA値を示しています。

②　Q値、UA値、ηAH値、ηAC値を表示

　省エネ基準　申請や、エネルギー消費性能計算のWebプログラムで求められるUA値などの数値を表示します。欄外に省エネ基準地域区分でこれらの数値が、基準を満たしているかどうかの判定が示されます。

③　暖冷房エネルギー計算結果

　暖房エネルギーと、冷房必須期間の冷房エネルギー及び暖房期間以外を冷房期間とする全冷房期間のエネルギーを表示します。暖房エネルギについては、熱負荷(kWh)と、熱源別の暖房負荷が表示されていますが、暖房設定入力画面で選択した暖房熱源で、効率を入力したときは、その項目だけがその効率で計算された結果を表示し、その他の熱源については、標準的な効率で表示されるので、ご注意下さい。冷房の必須期間負荷と全期間負荷については、5章-13を参照して下さい。

42

④　Q1.0住宅のレベル判定表

　計算結果の床面積当たりの暖房熱負荷が，Q1.0住宅のレベル1〜4に該当するかどうかを判定し表示します。このとき、計算地点が、省エネ基準の地域区分ではなく、Q1.0住宅の地域区分で判定します。省エネ基準の地域区分は暖房DDによって決められているのに対し，Q1.0住宅の地域区分は、QPEXによって計算された暖房エネルギーを基準として、省エネ基準に準じる形で決められています。太平洋側の日射の多い地域に比べて、日本海側の日射の少ない地域は暖房エネルギーが増えるため、Q1.0住宅地域区分では地域区分が変更されていることが多いので注意して下さい。

⑤　色々な印刷用の資料に進むボタン

○ 印刷用ファイル申請用

　QPEXの計算結果を省エネ基準関係の申請用に使う場合に押して下さい。Excelの別ファイルが開き、レポートがQPEXからコピー編集されて開きます。名前を付けて保存して下さい。この際、Excelを複数開いていると、ファイルが作れないので、QPEX以外のExcelファイルは全て閉じて下さい。尚、このファイル作成には、基礎選択で改正基準の基礎断熱が選択されていること、及び開口部で熱貫流率が仕様値または代表値で入力されていることが必要です。

○ 印刷用ファイル申請用負荷計算付き書式

　上の印刷用ファイルに、暖房エネルギー及び冷房エネルギーの計算書が追加されます。基礎はQPEX独自の基礎計算、開口部は計算値でもファイルが作成されます。

○ 施主向けプレゼンシート

　ユーザー向けに、わかりやすくこの住宅の熱性能についてまとめたレポートを表示します、これについてはこのあとで詳しく解説します。

○ 月別データの表示

　暖冷房エネルギーの計算結果を月別に詳しく集計した票とグラフを表示します。

⑥　設備容量検討用計算値

　QPEXの計算結果は年間の暖冷房負荷で、Q1.0住宅ではかなり少なくなりますが、それに対して住宅の設計としてエアコンやその他の暖冷房設備の容量をどの位にすべきかについて、一時間当たりの暖冷房負荷データを元に、参考となる設備容量を表示します。設備容量については、5章－14、15または「設備容量計算シートへ」のボタンをクリックして解説資料を参照して下さい。

⑦　一次エネルギー計算へ進むボタン

　このボタンを押して、次のエネルギー消費性能計算（一次エネルギー計算）へ進んでください。

Q値・UA値計算表の検討

　表3-1〜3-3は省エネ基準住宅とQ1.0住宅レベル1、レベル3の住宅のQ値・UA値計算書を並べています。住宅の省エネ性能を上げようとするとき、どの仕様を上げるべきかの参考になります。

　省エネ基準住宅は、開口部が一番大きく、次に外壁、換気です。つまりここが弱点になっています。

　Q1.0住宅レベル1で、開口部をAL-PVCサッシ＋ArLowE16mmペアに変え大幅に削減しました。外壁はHGW16kg/㎡に変えただけですが、換気を熱交換換気に変え大幅に減らしているのです。これだけで暖房エネルギーが省エネ基準に比べて40%以下に削減されています。

　Q1.0住宅レベル3ではさらに外壁を大きく減らしていることがわかります。このようにこの表を見ながらどこを減らすか、そしてQPEXにその項目の入力を変更して、目標の性能に近づけていくのです。

表3-1　5〜7地域 省エネ基準見なし仕様住宅のQ値・UA値計算書

部位	断熱仕様	部位面積 A[㎡]	熱貫流率 U[W/㎡K]	係数 H[-]	熱損失 A・U・H[W/K]	熱損失係数 [W/㎡K]	外皮熱損失 A・U・H[W/K]
天井	吹き込みGW 13K・18K 210mm	67.90	0.234	1.0	15.882	0.132	15.882
外壁	GW16K 100mm	138.64	0.471	1.0	65.239	0.543	65.239
床	GW16K 100mm	62.10	0.415	0.7	18.042	0.150	18.042
基礎断熱部1	押出法PSF3種bA 50&15mm	2.48	-	-	3.294	0.027	3.294
基礎断熱部2	押出法PSF3種bA 50&15mm	3.31	-	-	3.758	0.031	3.758
開口部		33.64	-	1.0	156.426	1.303	156.426
換気	換気回数 0.5回	144.09	0.350	1.0	50.432	0.420	-
熱損失合計					313.07	-	262.64
延床面積	外皮表面積				-	120.07	308.07
熱損失係数	外皮平均熱貫流率				-	2.607	0.853

表3-2　5〜7地域 Q1.0住宅レベル1のQ値・UA値計算書

部位	断熱仕様	部位面積 A[㎡]	熱貫流率 U[W/㎡K]	係数 H[-]	熱損失 A・U・H[W/K]	熱損失係数 [W/㎡K]	外皮熱損失 A・U・H[W/K]
天井	吹き込みGW 13K・18K 300mm	67.90	0.166	1.0	11.305	0.094	11.305
外壁	HGW16K 105mm	138.64	0.409	1.0	56.674	0.472	56.674
床	HGW16K 105mm	62.10	0.362	0.7	15.728	0.131	15.728
基礎断熱部1	押出法PSF3種bA 50&15mm	2.48	-	-	3.294	0.027	3.294
基礎断熱部2	押出法PSF3種bA 50&15mm	3.31	-	-	3.758	0.031	3.758
開口部		33.64	-	1.0	60.205	0.501	60.205
換気	85.4% 熱交換換気	52.25	0.350	1.0	18.288	0.152	-
熱損失合計					169.25	-	150.96
延床面積	外皮表面積					120.07	308.07
熱損失係数	外皮平均熱貫流率				-	1.410	0.490

表3-3　5〜7地域 Q1.0住宅レベル3のQ値・UA値計算書

部位	断熱仕様	部位面積 A[㎡]	熱貫流率 U[W/㎡K]	係数 H[-]	熱損失 A・U・H[W/K]	熱損失係数 [W/㎡K]	外皮熱損失 A・U・H[W/K]
天井	吹き込みGW 13K・18K 300mm	67.90	0.166	1.0	11.305	0.094	11.305
外壁	HGW16K 105&50mm	138.64	0.271	1.0	37.583	0.313	37.583
床	HGW16K 105mm + GWB32K 50mm	62.10	0.234	0.7	10.175	0.085	10.175
基礎断熱部1	押出法PSF3種bA 50&50mm	2.48	-	-	2.301	0.019	2.301
基礎断熱部2	押出法PSF3種bA 50&50mm	3.31	-	-	2.625	0.022	2.625
開口部		33.64	-	1.0	55.052	0.458	55.052
換気	86% 熱交換換気	29.34	0.350	1.0	10.270	0.086	-
熱損失合計					129.31	-	119.04
延床面積	外皮表面積				-	120.07	308.07
熱損失係数	外皮平均熱貫流率				-	1.077	0.386

3-2　施主向けプレゼンシートの見方

施主向けプレゼンシートは、ユーザーに対して、入力した住宅の性能を、1シートで説明するため資料として使うことが出来ます。A4横版でレイアウトがされ、住宅の省エネに関する性能が一式まとめられます。

ここでは、各種数値の意味を、ユーザーに対して適切に説明できるように、各項目ごとに解説します。

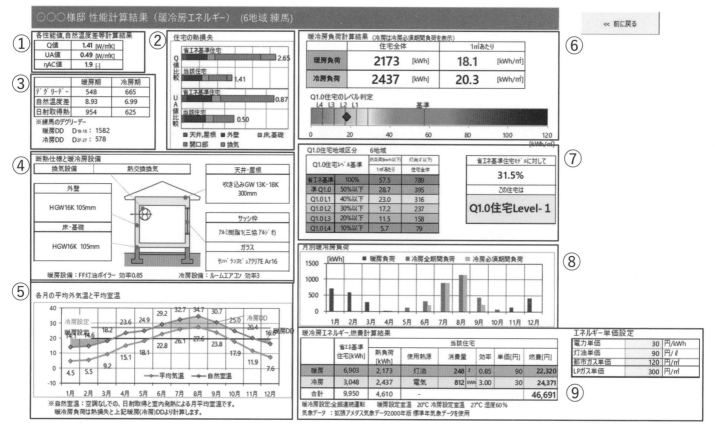

図3-2　施主向けプレゼンシート

①　基礎的性能値の表示

○ Q値…熱損失係数(W/㎡K)

熱の逃げやすさを床面積あたりで表した指標で、小さいほど、断熱性能の高い住宅を表します。換気による熱損失等、全て考慮された数値なので、この数値を使って、暖冷房エネルギーが計算されます。

凸凹の多い建物や小住宅では、床面積当たりの外皮表面積が大きくなり、同じ断熱材を施工してもQ値は大きくなります。逆に大きな住宅では、Q値は小さめになります。

UA値に比べるとQ値の方が暖房エネルギーとの相関は高く、省エネ基準がQ値からUA値に変更される前は、ある程度省エネ基準住宅の熱性能の代表的な役割を果たしていました。それでも、日射取得の大小などで完全に比例するわけではありません。

○ UA値…外皮平均熱貫流率(W/㎡K)

Q値と同様に、住宅からの熱の逃げやすさを示して

います。但し、床面積あたりではなく、断熱された外皮の表面積あたりで表した指標です。いわば、断熱された外皮断熱性能の平均値を表しています。この値が小さいほど、外皮だけの断熱性能の高い住宅を表します。現在の省エネ基準で計算を要求されるのは、このUA値です。

外皮の平均熱損失を計算するため、凸凹の住宅や住宅の大小に関係なく、断熱仕様に応じた数値になります。しかし、暖房エネルギーの計算に重要な要素になる換気熱損失や開口部の日射取得の違い、或いは外皮全体の面積の大小などを反映しないため、暖房エネルギーとの相関はかなり低くなります。(図1-3参照)

○ ηAC値…(冷房期)平均日射熱取得率

夏季の日射は、冷房を考えた場合、負荷になります。住宅内に入る日射の割合を表し、数値が少ないほど、住宅内に入る日射が少ないことを表しています。

② 住宅の熱損失グラフ

○ Q値比較（省エネ基準住宅）

省エネ基準ピッタリの性能の120㎡モデルプラン住宅の、各部位毎に逃げる熱量を積み上げたグラフです。この例を見ると、5～7地域に共通しますが、全体に対して開口部(窓・玄関ドア)から逃げる熱量が半分を占めています。また、換気の熱損失が第三種換気でかなり大きくなっていることなどがわかります。

○ Q値比較（当該住宅）

入力した住宅から逃げる熱を、各部位毎に積み上げたグラフで、省エネ基準住宅と比較ができます。この例では、省エネ基準住宅で熱損失が大きい部位だった開口部、換気をかなり小さくしていることがわかります。

○ UA値比較（省エネ基準住宅、当該住宅）

住宅の床面積あたりで考えるQ値による比較と、同じようにUA値で比較したグラフです。省エネ基準住宅では開口部が大半を占めているのは同じですが、UA値には換気による熱損失が含まれないので、Q値とは違った印象を与えます。

③ デグリーデーと自然温度差

○ デグリーデー

デグリーデーとは、毎日の日平均外気温と室内の設定温度の差を暖房期間、或いは冷房期間で積算した数値を言います。ここでは、設定室温から、下で説明する自然温度差分を引いた温度と外気温との差を取った、修正デグリーデーの値を示しています。自然温度差分暖房デグリーデーは小さくなり、冷房デグリーデーは大きくなります。これを暖冷房期間の内外温度差として、暖冷房エネルギーを計算します。

○ 自然温度差

日射取得や室内での電気、ガスの消費による熱、今日中車の人体発熱など暖房以外の熱で、その住宅が外気にオンに比べて上昇する温度を表します。。

従って、暖房時にはこの温度分暖房エネルギーは少なくなり、冷房時には、この温度分冷房エネルギーが大きくなります。この住宅では、冬は9.54℃分暖房エネルギーが少なくて済み、夏は、6.25℃分冷房エネルギーが大きくなることを示します。春秋には、窓を閉め切ると室温は外気に比べて6.25℃一日平均で高くなります。それで冷房が必要になる温度になりますが、実際は、窓を開けて通風してエアコンを使うことはないわけです。夏になると、窓を開けると外気温の方が高く、そこで窓を閉め切ってエアコンを使うわけです。

○ 日射取得熱

冬期に窓から住宅内に入る日射は、暖房です。この例の住宅は、1時間当たり962Wの日射熱が、供給されることを意味します。一日の日射熱量を24時間で割った値です。冬はこれを大きくしたいのですが、窓面積を増やすと熱損失も増えます。ペアガラスをトリプルにすると熱損失は減りますが、日射取得熱も減ります。QPEXではこのバランスが暖房エネルギーを減らすかどうかが、促剤に表示されます。夏期は、冬とは逆に日射取得を減らすことが必要になります。しかし冬とは違って、窓の外に日除けを付ければ、熱損失(外からの熱の流入)とは関係なくコントロールできます。

○ 建設地のデグリーデー

その地点の暖房または冷房期間のうち、日平均外気温が設定室温以下(以上)の時、その室温まで暖房(冷房)する温度を、毎日加算した値が暖房デグリーデー(暖房DD)または冷房デグリーデー(冷房DD)といいます。寒い地域ほど暖房DDは大きく、暑い地域ほど冷房DDは大きくなります。QPEXには、全国836都市のアメダスデータから作成した標準年EA気象データ2010年版(株)気象データシステムによる暖房DD・冷房DDのデータが収録されています。

④ 断熱仕様と暖冷房設備

住宅の断熱仕様の各部の概要が、断面図と一緒に表示されます。例では、天井断熱と床断熱の組合せですが、屋根断熱や基礎断熱の場合には、断面図もそれに伴って、変わります。開口部は、使用するサッシとガラスが数種類で、単一でない場合もありますが、ここでは、代表として、南面を構成するサッシとガラスが表記されることにしています。枠内の下段に、想定した暖冷房設備と効率が、表示されます。尚、右下の燃費計算結果表の、使用熱源や効率と対応しています。

⑤ 外気温と室温グラフ

○ 月別の平均外気温

緑色で示した折れ線グラフが、その地点の平均外気温を表しています。

○ 月別の自然室温

暖房や冷房を行わなくとも、日射熱や生活熱によって、自然に上昇する室温をオレンジの折れ線グラフが表しています。自然温度差によって、室温は、外気温よりもそのぶん上昇することを、表しています。

○ 設定室温と暖房DD・冷房DD
　　暖房設定室温…赤のライン
　　冷房設定室温…水色ラインを表しています。

　暖房とは、暖房設定室温まで上げる事ですから、自然室温グラフとの差分の面積…赤色で囲まれた部分が暖房する量を表しています。これを毎日暖房期間分積算したものが、暖房デグリーデーです。このグラフから、自然温度差が大きくなれば、暖房DDが小さくなることが、一目瞭然です。

　逆に、冷房は、冷房設定室温まで下げる事となり、青色で囲まれた部分が冷房デグリーデーになります。冷房は、自然温度差で室温が上がっている分も含めて、負荷になることが分かります。

⑥　暖冷房負荷の計算結果

　QPEX暖冷房計算結果の暖房負荷と冷房必須期間の冷房負荷を示し、その床面積当たりの暖房負荷が、省エネ基準住宅と比べてどの位小さくなっているかをバーチャートでしまします。同時にQ1.0住宅のレベル1〜4のどのレベルにあるかも示します。この住宅は，Q1.0住宅レベル1ですが、もう少し性能を上げるとレベル2になりそうです。

⑦　Q1.0住宅性能レベル

　Q1.0住宅とは、省エネ基準住宅の暖房熱負荷に比べて、どの位小さくなっているかによって、レベル1〜4のグレードがあります。このレベルは、気候地域区分によって異なる設定になっています。例えばレベル1の住宅では、1〜2地域では省エネ基準住宅に比べて55％ですが、3地域では50％、4地域では45％、5〜7地域で40％としています。これは、現状の省エネ基準住宅と既存の一般住宅の暖房エネルギーなどを考慮して決めました。詳細は1章ー6を参照ください。

　この図3-2に示す住宅は、6地域の練馬で、省エネ基準住宅の暖房負荷に対して、その31.5％で済む住宅です。省エネ基準住宅の40％以下が、Q1.0住宅Level-1となります。

⑧　月別暖冷房負荷　棒グラフ

　暖冷房負荷を月別にグラフ化したまとめです。
　暖冷房負荷を、ここまではシーズン単位で解説してきましたが、それを月別に分解して表した棒グラフです。冷房について、
○ 全期間負荷…暖房期間以外期間の負荷。

○ 必須期間負荷…冷房全期間の中の、端境期を除いた冷房必要期間において、必ず冷房が必須になる本格的な夏場を特に冷房必須期間として、その冷房負荷。
この2つの負荷を表記しています。

　冷房全期間負荷では、4月、5月、10月にも負荷がありますが、この殆どは窓を開けて生活していれば発生しない負荷でしょう。必須期間が始まる6月と、終わる9月には、両方の負荷があって、必須期間の方が小さくなっています。この差の分は、やはり通風で実際には殆ど発生しない負荷と思われます。それでも冷房必須期間以外も、数日はエアコンが必要になる暑い日もありますから、実際の住宅の冷房負荷は、この必須期間負荷を若干割り増しした負荷になると思われます。

　この冷房負荷は、温度設定によって大きく変わります。ここでは標準的に27℃としていますが、東北北海道では25〜26℃ぐらいで見た方が良いかもしれません。また外気温が27℃以下でも外気の湿度が高く、窓を開けると室内の湿度が高くなり、結局閉め切ってエアコンを使うということも多く、この分を多少割り増しする必要もあるかもしれません。

⑨　燃費計算結果表

　これまでの結果に対して、エネルギー単価を入力することによって、暖冷房の燃費が表示されます。

　このケースの場合、暖房は、灯油暖房ですから灯油の単価を、冷房はエアコンだから電気の単価を、右にあるエネルギー単価設定から拾って、燃費として表示しています。このエネルギー単価設定の黄色のセルには、自由に単価入力が可能です。

　なお、この図を印刷すると、このエネルギー単価設定表は印刷範囲外になります。

3-3　印刷用ファイルの見方

計算結果シートから、
○ 印刷用ファイル申請用書式
○ 印刷用ファイル負荷計算付き書式
の2種類の印刷用のファイルが作成できます。

入力した内容をA4サイズのレイアウト数枚でプリントアウトする際に使います。

尚、この印刷用ファイルは、マクロを含んだプログラムとは別の新規ファイルで作成されますから、こちらを単独で保存しておくことも可能です。また、新規ファイルを作成するため、Excelの条件から、このQPEX以外のExcelファイルは全て閉じていることが必要です。

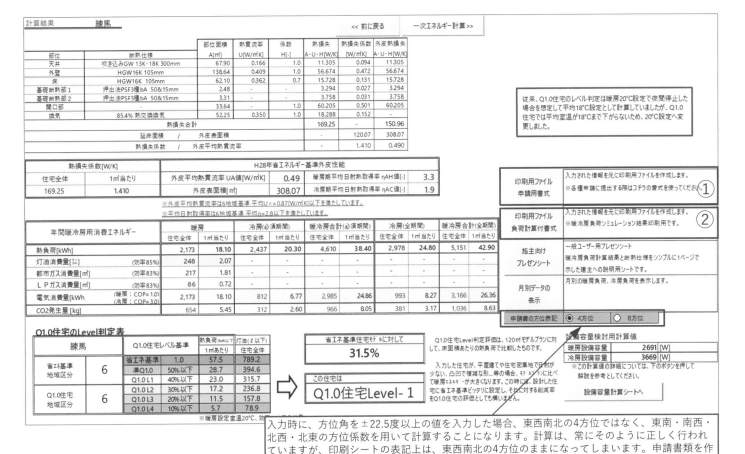

図3-3　計算結果～印刷用ファイル作成ボタン

①　印刷用ファイル申請用書式

UA値計算等の申請に用いる場合には、こちらの申請用書式を使います。申請のための書類ですから、暖冷房エネルギー等についての記載は一切なく、省エネ基準に係る数値のみが記載されます。

尚、この申請用書式を作成する場合、下記の2点に注意してください。これらが選択されていないと、書類作成エラーの警告が出現します。
○ 基礎断熱の工法選択が、「改正基準布基礎」或いは「改正基準べた基礎」を選択している事
○ 開口部入力でのU値が、「仕様値」或いは「代表値」での計算で行われている事

尚、開口部のU値を代表値で入力する場合は、メーカー自己適合宣言書等の書類を添付して提出する必要があります。

詳細は、2章－7の開口部入力方法の解説をご覧ください。

また、日射熱取得率の値は、
○ 枠が木製建具又は樹脂製建具の場合 $\eta d = \eta g \times 0.72$
○ 樹脂と金属の複合材料製建具の場合 $\eta d = \eta g \times 0.8$
として計算しています。

尚、申請用書式を作成する際、方位角に±22.5度以上の値を入力した場合、8方位にチェックした上で、申請用書式を作成し印刷してください。

②　印刷用ファイル負荷計算付き書式

印刷用ファイル負荷計算付き書式は、暖冷房負荷を含めた計算結果一式を含んだ完全版プリントアウト書式です。用紙の枚数は、入力内容によって異なります。

これに含まれる、「暖房用エネルギー消費量計算書」及び「冷房用エネルギー消費量計算書」については次項で解説します

3-4　暖房エネルギー消費量　計算結果表の見方

①　総熱損失係数

　熱損失係数 Q=1.41 ですから、総熱損失係数Qallは、
Qall＝1.41×120.07＝169(W/℃)　となります。

　熱損失係数は、床面積1㎡あたり温度差1℃の時、1時間で逃げる熱ですから、それに床面積を乗じた総熱損失係数は、室内外の温度差が1℃の時、その住宅全体から1時間で逃げる熱量です。

②　日射取得熱

　日射取得熱は、開口部の設計により大きく変動します。この日射による熱を上手く暖房として利用する事が、賢いQ1.0住宅の作り方のポイントになります。この住宅では、(日平均1時間 あたり)954Wの熱が日射によって供給されることを意味します。日射量は、建設地によって異なる量ですが、QPEXにおいて、836地点の気象データを基に計算されます。もちろん、窓の取り付く壁面方位(角)によっても日射取得熱は異なります。尚、プログラムでは、開口部入力のシートで入力を行うと、同じシート上で日射取得熱が常に連動して変動します。

③　室内発生熱

　省エネ基準で与えられた定数(4.65W/㎡)を用いています。ですから、室内発生熱は、床面積によってのみ決まります。この住宅では、(1時間1㎡当たり) 558Wの熱が人体発熱や家電製品から供給される生活熱を意味します。

④　自然温度差

室内取得熱
　　　　＝日射取得熱＋室内発生熱
とおくと、これらは、普通に生活するだけで住宅に供給される熱量です。このケースでは、954+558＝1512 (W)の熱が、暖房をしなくても(1時間当たり)常に供給されています。

　これに対して、総熱損失係数は、内外温度差1℃の時に、1時間当たりに損失する熱量です。言い換えれば、この住宅の温度を1℃上げ下げするのに必要な熱量です。
「室内取得熱÷総熱損失係数」は、普通に生活していれば、暖房をしなくても上がる温度ということになります。これが、自然温度差Δt です。

自然温度差Δt
　　　　＝(日射取得熱＋室内発生熱)÷総熱損失係数
この住宅はΔt = 8.93℃で、外気温が 0℃ の時、暖房が全く無くても室温が 8.93℃ になることを意味します。

⑤　暖房度日数(デグリーデー)(℃×日)

　この住宅では自然温度差Δt = 8.93℃ですから、8.93℃ 分は暖房することなく、室温を上げることが出来ることを表します。だから、設定室温 20℃ の時は、外気温から 20℃ までのぶんをすべて暖房する必要はなく、8.75℃ 分は暖房しなくても良いことになります。

　このことから、Δt が、大きくなれば、暖房エネルギーは小さくて済むことがわかります。
まとめると、暖房エネルギーの小さな住宅は、自然温度差Δt が大きいのです。Δt を大きくするためには、
自然温度差Δt
　　　　＝(日射取得熱＋室内発生熱)÷熱損失係数　の式から
室内発生熱は固定値ですから、「日射取得熱を大きくする」または「熱損失(係数)を小さくする」ことが必要であることがわかります。

表3-4　負荷計算付き書式〜暖房エネルギー消費量

QPEX Ver.4.00

建設地：練馬

①	総熱損失係数(qa)	総熱損失係数(qa) ＝ 熱損失係数 × 相当延べ床面積		
		＝ 1.41 × 120.07		169　[W/℃]
②	日射取得熱	日射利用効率		0.80　[-]
		日射取得熱		954　[W]
③	室内発生熱	＝ 床1㎡あたりの室内からの発生熱×住宅の相当延べ床面積		
		＝ 4.65 × 120.07		558　[W]
④	自然温度差	自然温度差 ＝ (日射取得熱 ＋ 室内発生熱) / 熱損失係数		
		＝ (954 ＋ 558) / 169		8.93　[℃]
⑤	暖房度日数	暖房設定室温		20　[℃]
		暖房設定室温 − 自然温度差		11.1　[℃]
		暖房度日数		548　[K・日]
⑥	熱容量削減効果	熱容量による暖房負荷削減量		53　[kWh]
⑦	暖房用エネルギー	＝ 24 × qa × D − 熱容量削減効果		
		＝ 24 × 169 × 548 / 1000 − 53		2,173　[kWh]
		＝ 2173 × 3600 / 1000		7,823 [MJ]

		暖房用エネルギー / η / 発熱量	単位発熱量	エネルギー消費量
⑧	暖房用エネルギー消費量	○ 灯油消費量 効率η=0.85	10,289 Wh/㍑	248 [㍑] 2.1 [㍑/㎡]
		都市ガス消費量 効率η=0.83	12,083 Wh/㎥	217 [㎥] 1.8 [㎥/㎡]
		LPガス消費量 効率η=0.83	30,361 Wh/㎥	86 [㎥] 0.7 [㎥/㎡]
		電力消費量 暖房COP=1		2,173 [kWh] 18.1 [kWh/㎡]

		暖房用エネルギー × 原単位CO2 / 暖房システム効率	原単位CO2	CO2発生量
⑨	暖房によるCO2発生量	○ 灯油 効率η=0.85	0.256 kg/kWh 2009年データ	654 [kg] 5.5 [kg/㎡]
		都市ガス 効率η=0.83	0.182 kg/kWh 2009年データ	476 [kg] 4.0 [kg/㎡]
		LPガス 効率η=0.83	0.212 kg/kWh 2009年データ	555 [kg] 4.6 [kg/㎡]
		電気 暖房COP=1	0.384 kg/kWh 2009年データ	834 [kg] 6.9 [kg/㎡]

このような関係は一時間当たりで説明しているのですが、1日当たりの平均外気温、平均室温(設定室温)、平均日射取得熱の間でも成り立ちます。そして、暖房期間全期間で集計することも出来るわけです。

暖房度日数(デグリーデー)とは、暖房期間のうち、日平均外気温が設定室温以下の時、その平均外気温と室温との差を毎日足した値です。これをDD_{20-20}と表記します。外気温が20℃以下の時。室温を20℃まで暖房するときの年間の暖房用温度差の積算値を意味します。

この住宅の場合、毎日の暖房で、$\Delta t = 8.93℃$ぶんは暖房不要ですから、温度差の積算値は$DD_{11.07-11.07}$で良いことになります。これを修正デグリーデーと呼び、表3-4の⑤の欄に表記されています。

しかし、QPEXにはこの気象データ(日本建築学会拡張アメダス気象データ2001-2010)があらかじめ、全国836地点のデータが入力されていて、参照されるようになっています。

⑥　熱容量による暖房エネルギー削減

熱容量が大きい住宅では、日中の日射によるオーバーヒートを防ぎ、夕方から夜に掛けての暖房エネルギーを削減します。QPEXでは、この削減効果を熱負荷計算ソフトAE-Sim/heatを使って算出しています。

熱容量の量については、断熱仕様を各部位で設定した際に、室内側に面する材料を自動的にカウントしているぶんと、間仕切り壁等に用いる材料等を基本に計算に反映しています。この削減を大きくするためには、熱容量入力シートで熱容量を追加すると削減量が増えて、暖房エネルギーが削減されます。

⑦　暖房用エネルギー(熱負荷)

これまでの計算結果を用いると、暖房用の1シーズンのトータル暖房用エネルギーを求めることが出来ます。
暖房エネルギー(kWh)
　＝24(h)×Qall(W/℃)×暖房修正DD(℃日)
　　－熱容量による削減(kWh)
となります。

⑧　暖房用エネルギー消費量
　　　　　(暖房エネルギー換算値)

暖房用エネルギー(熱負荷)を、暖房方式によって、熱源とその効率から実際のエネルギー量に換算した値が、暖房用エネルギー消費量です。

本計算例では、
ⅰ＞85%の灯油ボイラーを使用した場合、
灯油発熱量10289(Wh/L)より、
灯油消費量＝2173(kWh)÷0.85÷10289×1000＝248ℓ
となります。ちなみに、

ⅱ＞高効率ボイラー(効率92%)の場合
灯油消費量＝1504(kWh)÷0.92÷10289×1000
　　　　＝229ℓ(19ℓ削減)となります。

同様の計算によって、ガス消費量や電気消費量へ換算したエネルギー消費量も、同時に結果が得られる仕組みになっています。

⑨　暖房によるCO2発生量

暖房用エネルギー消費量から、暖房によるCO_2発生量を算出します。計算に使用する電気に関するのCO_2排出量原単位は、主要電力会社の2020年のデータを使用しています(表3-5)。QPEXでは選択地点の電力供給会社の原単位から計算を行います。
CO_2発生量
＝暖冷房エネルギー消費量×原単位CO2/システム効率
で計算した値が表記されています。

表3-5　熱源別CO2原単位

使用エネルギー [kW]		原単位 [kg-CO2/kWh]
灯油	-	0.256
ガス	都市ガス	0.182
	LPガス	0.212
電気	北海道電力	0.601
	東北電力	0.521
	東京電力	0.441
	中部電力	0.431
	北陸電力	0.497
	関西電力	0.287
	中国電力	0.585
	四国電力	0.408
	九州電力	0.344
	沖縄電力	0.787

3-5　冷房エネルギー消費量　計算結果表の見方

冷房エネルギー消費量計算書では、顕熱負荷だけでなく、潜熱による負荷を計算する事と、通風による削減効果を計算する事が異なります。

①　総熱損失係数・日射取得熱・室内発生熱 ・自然温度差

暖房同様始めに、熱損失係数から自然温度差Δt計算します。

自然温度差Δt
=(日射取得熱＋室内発生熱)÷総熱損失係数

ただし、冷房計算においては、暖房と反対に、その住宅で、常に上昇してしまう温度(負荷)となります。

②　冷房度日数

設定室温から自然温度差Δtを引き、必要な修正冷房デグリーデーを求めます。

③　顕熱負荷・潜熱負荷

冷房エネルギーは、顕熱負荷と潜熱負荷の合計した負荷になりますから、それぞれについて計算する必要があります。

顕熱負荷は、暖房負荷計算と同様に　冷房顕熱負荷(kWh)
=24(h) ×Qall(W/℃)
×修正冷房DD(℃日)
となります。

潜熱負荷は、室内発生潜熱負荷と、外気からの潜熱負荷との合計です。室内発生潜熱負荷は表の式で計算しますが、この中で
1.16(W/㎡):室内発生水蒸気潜熱
(省エネ基準の定数)
冷房時間:冷房使用時間のみ潜熱負荷が発生します。
QPEXでは地域ごとに冷房時間を計算し近似式を作成して求めています。
換気による外気からの潜熱負荷も表の式で計算しますが式中の数値は
2.45(W/g):蒸発潜熱
1.20(g/㎡):空気比重　です。
また
除湿すべき水蒸気量
:設定室温・自然温度差で、相対湿度60％超の水蒸気量を算出し、QPEXではその計算値の補間法により水蒸気量を求めています。

④　熱容量削減効果・通風削減効果及び 冷房エネルギーと電気消費量

熱容量による冷房負荷の削減と通風による冷房負荷の削減について、それぞれ計算し、全冷房負荷から減じて、冷房エネルギーを計算します。

冷房エネルギー ＝(顕熱負荷＋潜熱負荷)
－熱容量削減効果－通風削減効果

尚、冷房エネルギー(負荷)を、エアコンの効率で除することによって、冷房用の電気消費量を得ることが出来ます。

冷房用電気消費量＝冷房エネルギー÷エアコン効率

⑤　冷房によるCO_2発生量

暖房と同様に、CO_2排出量原単位を、主要電力会社の2009年のデータを使用して、冷房によるCO_2発生量を算出します。CO_2原単位については、3章－4-⑨を参照してください。

表3-6　負荷計算付き書式～冷房エネルギー消費量

冷房用エネルギー消費量計算書　　QPEX Ver.4.00

建設地：練馬

区分	項目	計算式	値
① 総熱損失係数(qa)	総熱損失係数(qa) ＝　熱損失係数　×　相当延べ床面積	＝　1.41　×　120.07	169 [W/℃]
	日射取得熱		625 [W]
	室内発生熱	＝　床1㎡あたりの室内からの発生熱×住宅の相当延べ床面積 ＝　4.65　×　120.07	558 [W]
	自然温度差	自然温度差 ＝ (日射取得熱 + 室内発生熱) / 熱損失係数 ＝　(625　+　558) / 169	6.99 [℃]
② 冷房度日数	冷房設定温度		27 [℃]
	冷房設定温度　-　自然温度差		20.0 [℃]
	冷房度日数		665 [K・日]
③ 顕熱負荷	顕熱負荷 ＝ 24 × qa × 冷房DD	＝　24　×　169　×　665	2,701 [kWh]
室内発生水蒸気の潜熱	冷房使用時間		3,027 [h]
	人体その他室内からの発生水蒸気量 × 相当延べ床面積 × 冷房使用時間	＝　1.16　×　120.07　×　3027	422 [kWh]
外気からの潜熱負荷	外気からの必要除湿量		5,095 [g/kg']
	外気からの潜熱負荷 ＝　必要除湿量　×　蒸発潜熱　×　実質換気量	＝　5095　×　1.2　×　2.45 / 3600　×　78	337 [kWh]
潜熱負荷	室内発生水蒸気の潜熱負荷　+　外気からの潜熱負荷	＝　422　+　337	758 [kWh]
④ 熱容量削減効果	熱容量による冷房負荷削減効果		481 [kWh]
通風削減効果	通風による削減効果		0 [kWh]
冷房用エネルギー	＝ (顕熱負荷 + 潜熱負荷) - 熱容量削減効果 - 通風削減効果 ＝ (2701　+　758) － 481 － 0 ＝ 2978　×　3600 / 1000	2,978 [kWh] 10,720 [MJ]
冷房用電気消費量	冷房用エネルギー / 冷房COP 冷房COP ＝ 3	993 [kWh] 8.3 [kWh/㎡]

⑤ 冷房によるCO_2発生量	冷房用エネルギー × 原単位CO_2 / 冷房COP	原単位CO_2	CO_2発生量
			381 [kg]
	冷房COP ＝ 3	0.384 kg/kWh	
		2009年データ	3.2 [kg/㎡]

3-6　暖冷房設備容量

　QPEXでは、年間暖冷房負荷や月別暖冷房負荷を知ることは出来ますが、１時間当たりの負荷を知ることは出来ません。内部の計算では、１時間当たりの計算も行っているのですが結果には表れてこないのです。Q1.0住宅のような高性能な住宅の暖冷房設備は、小さなもので良いとはよく言われますが、実際にどの位の小さな設備を設置すれば良いかの手がかりがなく、これまでの経験によって機器選択をするのですが、どうしても安全を見て大きめな設備を設置してしまうのが現状でした。

　そこで、Ver.3.7から、設備容量を決める参考データを表示するようになりました。計算結果画面の右下に表示されています(図3-4)。24時間暖冷房を前提として、年間の最大暖冷房負荷(1時間当たり) の概ね80%位の設備容量が表示されています。どのような計算によって求められたかは、画面の下の「設備容量計算シートへ」のボタンを押すと解説画面が現れますし、本書5章-14を参照してください。

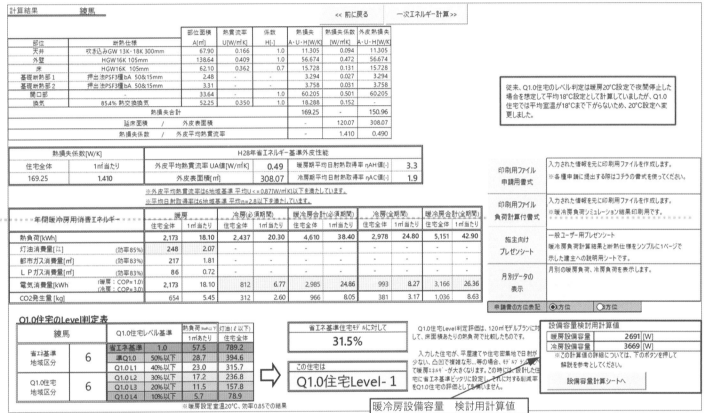

図3-4　暖冷房設備容量表示と解説ボタン

○ 暖房用設計外気温の設定

　暖房設備容量を決めるには、一般的にはそのための設計外気温が決められており、空調関係の本や北海道の断熱施工技士（BIS)の講習会テキストなどにも掲載されています。しかし、代表的な都市についてあるだけで、QPEXの836地点のデータはありません。そこで、2010年ばっb標準気象データの各地点の外気温データから、1月〜2月の0〜6時の胃時間毎のデータ1416このデータの頻度分布を求め、BISの設計外気温も参考にしながら、1〜3地域では、温度の低い方から15%の温度、4地域以南では20%の温度を設計外気温として設定しました。この外気温の時の当該住宅の暖房負荷を計算して表示しています。暖房設備容量が最大負荷より小さくても、最大負荷は夜中から朝方に掛けてに起こり、住宅の蓄熱容量もありますから問題は生じないと思います。

○ 冷房用設備容量の設定

　暖房は最低外気温を決めれば設備容量は求められますが、冷房負荷の最大は、日中になり、日射と外気温湿度窓も影響します。そこで、アメダスデータの中にある冷房設計用データから、ピーク負荷を算出、一方7〜8月の10〜16時の時間別負荷を計算し、頻度分布を作成し、最大負荷から80%の時の設備容量と、ピーク負荷の80%の設備容量が概ね一致することから、ピーク負荷の80%を冷房設備容量として表記しています。

　エアコンを大きすぎるものを設置すると、稼働時間が短くなり、除湿が行われない時間が多くなり室内湿度が上昇したり、効率の悪い低レベルの運転が続き電気消費量が増えたりします。この表記の設備容量より弱化のお決めな機種を選ぶことが良いでしょう。

3-7　冬期室温予測機能

　計算結果シートから、冬期の代表的な3日間について、1時間ごとの室温予測が可能です。この計算前提は、全て全室暖房で非暖房室はありません。

　従って「HEAT20」のように暖房室と非暖房室の温度を比較しようとするものではありません。

　尚、この室温予測では、24時間連続暖房ではなく、全室暖房を6：00〜23：00に行うこととして、日中のオーバーヒートや暖房停止時（23：00〜6：00）の室温低下を計算します。

　この計算では熱容量の応答に関する詳細な計算はされないため、実際より、オーバーヒートは若干高く、朝の室温低下は若干大きくなっていると思われます。

○ 冬期の代表3日間における室温変化

　入力された住宅性能を基に、冬期の代表3日間における室温変化を計算します。

　代表3日間の外気温データは標準気象データの1月のデータを用いています。気候区分と日射量から20の代表地点を選び、その気象データから
○ 1日目：夜間（0〜6時）の平均気温が最低の日
○ 2日目：日平均日射量が最低の日
○ 3日目：日平均日射量が最高の日
を選び、その気象データによる温度変化を表示します。
　詳細は本書5章ー16を参照ください。

計算結果　　　　練馬

<< 前に戻る　　　一次エネルギー計算>>

部位	断熱仕様	部位面積 A[㎡]	熱貫流率 U[W/㎡K]	係数 H[-]	熱損失 A・U・H[W/K]	熱損失係数 [W/K]	外皮熱損失 A・U・H[W/K]
天井	吹き込みGW 13K・18K 300mm	67.90	0.166	1.0	11.305	0.094	11.305
外壁	HGW16K 105mm	138.64	0.409	1.0	56.674	0.472	56.674
床	HGW16K 105mm	62.10	0.362	0.7	15.728	0.131	15.728
基礎断熱部1	押出法PSF3種bA 50&15mm	2.48	-	-	3.294	0.027	3.294
基礎断熱部2	押出法PSF3種bA 50&15mm	3.31	-	-	3.758	0.031	3.758
開口部		33.64	-	1.0	60.205	0.501	60.205
換気	85.4% 熱交換換気	52.25	0.350	1.0	18.288	0.152	-
熱損失合計					169.25		150.96
延床面積　　/　　外皮表面積					-	120.07	308.07
熱損失係数　　/　　外皮平均熱貫流率					-	1.410	0.490

従来、Q1.0住宅のレベル判定は暖房20℃設定で夜間停止した場合を想定して平均18℃設定として計算していましたが、Q1.0住宅では平均室温が18℃まで下がらないため、20℃設定へ変更しました。

熱損失係数[W/K]		H28年省エネルギー基準外皮性能			
住宅全体	1㎡当たり	外皮平均熱貫流率UA値[W/㎡K]	0.49	暖房期平均日射取得率ηAH値[-]	3.3
169.25	1.410	外皮表面積[㎡]	308.07	冷房期平均日射取得率ηAC値[-]	1.9

※外皮平均熱貫流率は6地域基準 平均U<=0.87[W/㎡K]以下を満たしています。
※平均日射取得率は6地域基準 平均n=2.8以下を満たしています。

年間暖冷房用消費エネルギー		暖房		冷房(必須期間)		暖冷房合計(必須期間)		冷房(全期間)		暖冷房合計(全期間)	
		住宅全体	1㎡当たり	住宅全体	1㎡当たり	住宅全体	1㎡当たり	住宅全体	1㎡当たり	住宅全体	1㎡当たり
熱負荷[kWh]		2,173	18.10	2,437	20.30	4,610	38.40	2,978	24.80	5,151	42.90
灯油消費量[ℓ]	(効率85%)	248	2.07	-	-	-	-	-	-	-	-
都市ガス消費量[㎥]	(効率83%)	217	1.81	-	-	-	-	-	-	-	-
ＬＰガス消費量[㎥]	(効率83%)	86	0.72	-	-	-	-	-	-	-	-
電気消費量[kWh]	(暖房：COP=1.0)(冷房：COP=3.0)	2,173	18.10	812	6.77	2,985	24.86	993	8.27	3,166	26.36
CO2発生量[kg]		654	5.45	312	2.60	966	8.05	381	3.17	1,036	8.63

印刷用ファイル 申請用書式
入力された情報を元に印刷用ファイルを作成します。
※各種申請に提出する際はコチラの書式を使ってください。

印刷用ファイル 負荷計算付書式
入力された情報を元に印刷用ファイルを作成します。
※暖冷房負荷シミュレーション結果印刷用です。

施主向け プレゼンシート
一般ユーザー用プレゼンシート
暖冷房負荷計算結果と断熱仕様をシンプルに1ページで示した建主への説明用シートです。

月別データの 表示
月別の暖房負荷、冷房負荷を表示します。

申請書の方位表記　●方位　○方位

Q1.0住宅のLevel判定表

練馬		Q1.0住宅レベル基準		熱負荷(kWh以下) 1㎡あたり	灯油(ℓ以下) 住宅全体
省エネ基準 地域区分	6	省エネ基準	1.0	57.5	789.2
		準Q1.0	50%以下	28.7	394.6
		Q1.0 L1	40%以下	23.0	315.7
Q1.0住宅 地域区分	6	Q1.0 L2	30%以下	17.2	236.8
		Q1.0 L3	20%以下	11.5	157.8
		Q1.0 L4	10%以下	5.7	78.9

※暖房設定室温20℃、効率0.85での結果

省エネ基準住宅モデルに対して
31.5%

この住宅は
Q1.0住宅Level- 1

Q1.0住宅Level判定評価は、120㎡モデルプランに対して、床面積あたりの熱負荷で比較したものです。

入力した住宅が、平屋建てや住宅密集地で日射が少ない、凸凹で複雑な形…等の場合、モデルプランに比べて暖房エネルギーが大きくなります。この時は、設計した住宅に省エネ基準ピッタリに設定し、それに対する削減率をQ1.0住宅の評価としても構いません。

設備容量検討用計算値
| 暖房設備容量 | 2691 [W] |
| 冷房設備容量 | 3669 [W] |
※この計算値の詳細については、下のボタンを押して解説を参考にしてください。

設備容量計算シートへ

冬期室温 予測機能：入力された住宅性能をもとに冬期の代表日における室温変化を計算します。

冬期室温 予測機能を使用　◀　　このボタンから、室温予測機能へ進みます。

入力中の計算結果は名称を入力し、室温の比較データとして登録できます。

○○仕様		計算中の結果を登録						登録内容を消去	
		UA値 [W/㎡K]	Q値 [W/㎡K]	暖房負荷 [kWh]	冷房負荷 [kWh]	窓仕様(W1の窓)　窓詳細確認	天井・屋根	外壁	床・基礎	換気
入力中		0.49	1.41	2,173	2,437	サンバランスピュアクリアE Ar16	吹き込みGW 13K・18K 300mm	HGW16K 105mm	HGW16K 105mm	85.4% 熱交換換気
①登録なし										
②登録なし										
③登録なし										
④登録なし										
⑤登録なし										

断熱性能の登録ボタン
入力した仕様を、その時点の性能結果として登録することが出来ます。この冬期室温予測機能では、登録された仕様同士で比較が可能です。

例えば、Q1.0住宅Level1になるように仕様を設定して登録した後、実際に建築予定の仕様で入力すると、その登録したQ1.0L1仕様の性能との室温変化を比較することが出来ます。
　但し、登録した内容を呼び戻すことはできません。登録ボタンを押した時の入力情報の登録だけですので、注意して下さい。

図3-5　冬期室温予測機能

○ 住宅モデルの選択

　室温計算機能では、5つのモデルの中から、当該住宅に近いプランを選択し、これに入力した断熱性能や窓のせいの等を当てはめて、室温を計算しています。

　ですから、表示されるQ値等は、あくまでもモデルプランに当てはめた場合となるため、QPEXに入力した面積条件とは異なります。

○ 暖房スケジュール

　全室暖房で、暖房運転時間は、6:00〜23:00です。

　この機能の使い方の一つとして、23:00に暖房を停止して、朝方の5:00に室温が、それぞれの居室で、どの程度低下するか、あるいは、オープンプランと間仕切りの多いプランで室温の違いがどのくらいになるか等を確認できることにあります。

冬期室温予測　−　モデルプラン選択

入力された窓や断熱仕様を以下のモデルプランに当てはめた場合の室温を計算します。
UA値や暖冷房計算用に入力された面積条件とは異なる条件となるため、ご注意ください。
住宅モデルの選択　空間構成の近いモデルを選択してください。

モデルの住宅は、全て全室暖房で非暖房室はありません。従って「HEAT20」のように暖房室と非暖房室の温度を比較しようとするものではありません。全室暖房を6：00〜23：00に行うこととして、日中のオーバーヒートや暖房停止時（23：00〜6：00）の室温低下を計算します。
尚、この計算では熱容量の応答に関する詳細な計算はされないため、実際より、オーバーヒートは若干高く、朝の室温低下は若干大きくなっていると思われます。

5つのモデルプランから入力住宅に近いものを、5つの中から選択します。

◆モデル①　一部二階建てプラン（床面積120.07㎡・外皮画表面積311.24㎡）
間仕切り壁によってLDKと寝室等の居室が分かれている場合

◆モデル②　一部二階建てプラン（床面積120.07㎡・外皮画表面積311.24㎡）
間仕切り壁が少なかったり、建具をオープンに開放し生活を想定して、LDKや寝室・ホール等、空間の連続性が高い場合

◆モデル③（床面積118.42㎡・外皮画表面積293.72㎡）
総二階建てプランで、間仕切り壁によってLDKと寝室等の居室が分かれている場合

◆モデル④　総二階建てプラン（床面積118.42㎡・外皮画表面積293.72㎡）
間仕切り壁が少なかったり、建具をオープンに開放し生活を想定して、LDKや寝室・ホール等、空間の連続性が高い場合

◆モデル⑤　平屋プランの場合（床面積100.61㎡・外皮画表面積300.74㎡）

図3-6　モデルプランの選択

○ 冬期室温予測結果シート

室温計算機能では、省エネ基準相当の断熱性能の住宅や、図3-5の性能登録ボタンを使用して自身で記録した性能の住宅から、2つを選んで比較できるようになって

います。暖房停止からの室温変化が、性能によってどのくらい変わるかが、時間ごとにわかります。また、このシートを印刷すると、A4横1ページに納まりますので、ユーザーに対してのプレゼンにも使えます。

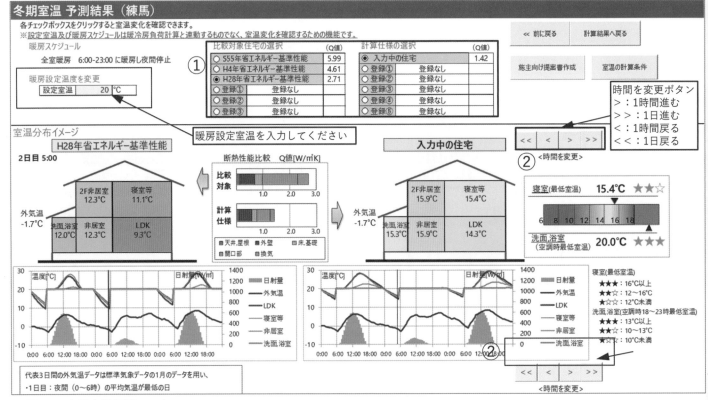

図3-7　冬期室温予測シート

① 比較対象住宅と入力中住宅との比較

本機能では、入力中の住宅と、ある比較対象の住宅の2つの仕様のプランを、同時に確認出来ます。

デフォルトの比較対象住宅の断熱仕様として、S55年基準、H4年基準、H28年基準の3種類の仕様が選択できるようになっています。尚、S55年基準及びH4年基準の住宅は、気密性が低いものとして、壁体内部の気流を想定し、外壁の断熱厚さは、実際の断熱厚さの2/10、換気回数は1.5回(H28年基準は0.5回)として計算しています。また、熱容量の効果については、室温変動には熱容量の効果を反映しており、AE Sim/heatとの整合性を確認していますが、実際には温度低下が緩和される可能性があります。

又、性能を登録した住宅がある場合、その登録住宅と入力中住宅との比較は勿論、異なる登録住宅同志も比較が可能です。

② 時刻移動ボタン

左側の簡略化された断面図と温度グラフが、比較対象住宅を表し、右側に描かれた断面図と温度グラフが計算仕様を表しています。

時間の変更ボタンを押すと、各室の室温が刻々とそれぞれ変化していきます。

6:00〜23:00においては、当然のことながら、室温設定温度になります。特に昼間の時間で日射があるときは、日射によって室温が上昇するので、設定室温より高くなります。

このシミュレーションでは、23:00に暖房を停止して、少しずつ室温が下がり翌日の5:00に最も下がりますから、その低下具合を知ることが出来ます。上のサンプルでは、1日目の23:00に暖房を停めて、翌2日目の朝5:00の室温が、省エネ基準住宅ではLDKが、9.3℃にまで下がってしまいますが、入力中の住宅では、14.3℃と、5℃違う性能であることが読み取れます。

○ 気象データ

外気温及び日射量は、拡張アメダス気象データ2000年版の標準年気象データの1月データを使用しています。地域区分及び日射量に応じて代表地点を選定し、

・1日目　夜間(0〜6時)の平均気温が最低の日
・2日目　日平均日射量が最低の日
・3日目　日平均日射量が最高の日 としています。

尚、3日目が1日目と同一になる場合などは2番目に日射量が大きい日とするなどしています。

代表地点の上記3日間の外気温及び日射量の変化をベースとして、その他の地域は月平均気温、月平均 日射量をもとに補正しています。

第4章

∙∙∙∙∙∙∙∙∙∙∙∙∙∙∙∙∙∙∙∙∙∙∙∙∙∙∙∙∙∙∙∙∙∙∙∙∙∙

エネルギー消費性能計算
（一次エネルギー）

4-1　QPEXでの一次エネルギー計算

　省エネ基準の説明義務化や各種申請を行う場合、住宅の一次エネルギー消費量が求められます。この時、一次エネルギーの計算は、Webプログラムにより求められます。QPEXで外皮の断熱性能等を計算した場合、計算結果シートから、UA値やη値の結果をメモし、Webプログラム（http://house.prev.lowenergy.jp/）にメモしたUA値やη値を入力した上で、そのままWebプログラムに各項目の入力を進めて、一次エネルギーを計算することになり、通常、入力がQPEXとWebプログラムとの2段階となります。

　そこで、QPEXでは、計算結果シートから一次エネルギー計算まで連続的に行えるように一次エネルギー計算が用意されています。3章までの入力と同じような方法や操作で、Webプログラム計算に準拠した一次エネルギー計算が可能です。

　なお、各種認定等の申請書を提出する際は、Webプログラムでの計算出力が必要です。そこで、QPEXでの一次エネルギー計算項目入力後、QPEXのデータを、Webプログラムへ移植することが可能です。ですから、Webプログラムでの計算出力書式も簡単に作成できます。

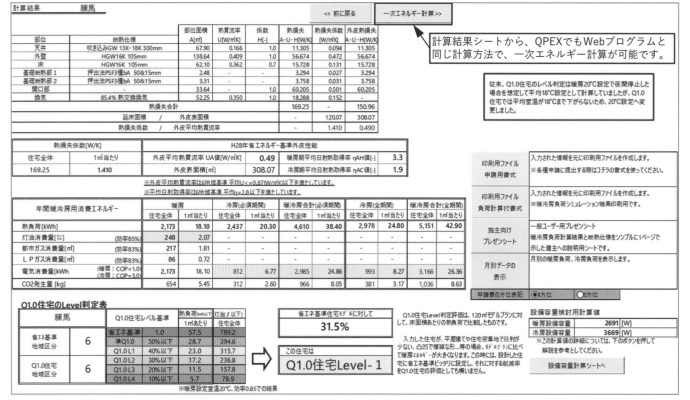

図4-1　一次エネルギー計算へ進むボタン

4-2　一次エネルギー計算の種別

　一次エネルギー計算は、暖房・冷房に加えて、換気・給湯・照明等のエネルギー計算と太陽光発電での発電量を計算します。QPEXでの計算は、下記の通り、省エネ基準の計算方法をベースに、全国836地点でより実態に近い値を計算したものです。

○ 暖房・冷房

　計算結果シートまでの入力によって、暖冷房用消費エネルギーが求められ、QPEXでは、全国836地点それぞれの消費量を実態に近い値として計算します。ですから、暖冷房による一次エネルギー消費量については、この計算結果から換算され、Webプログラムでの計算とは全く別の結果となりますので注意してください。

○ 換気・照明

　一次エネルギーWebプログラムと同様の入力項目とし、計算も同じ方式を用いています。

○ 給湯・太陽光

　一次エネルギー判定プログラムの計算をベースに改良し、836地点の気象データから、より実態に近い値を計算し表示します。

○ 家電・調理

　一次エネルギー判定プログラムで、その他として表示される結果を家電と調理に分けて表示します。また、これらのエネルギーは基準では固定値となっていますが、QPEXでは調理機器に応じた調理エネルギーに換算します。

4-3　エネルギー消費性能計算タイトル画面

QPEXでの一次エネルギー計算は、Webプログラム(エネルギー消費性能計算プログラム～住宅版Ver 2.8)の計算方法に準拠した計算を行っています。

エネルギー消費性能計算は、暖房・冷房に加えて、換気・給湯・照明等のエネルギー計算と太陽光発電での発電量を計算します。暖冷房エネルギーについてはQPEXで独自に計算を行っていますから、この結果を使います。

Webプログラムによる暖冷房計算は、部分間歇暖房、居室のみ連続暖房などの設定で、全室暖房を想定するQPEXの計算とは異なります。また、エアコン１～２台で全室暖冷房したり、ストーブ１台で全室暖房が可能になるQ1.0住宅で、設備としてエアコンやストーブを選択すると間歇暖冷房の計算しかできません。そこで、暖冷房エネルギーに関しては、QPEXの計算結果を使います。

図4-2　エネルギー消費性能計算開始画面

①　住宅情報の入力

一次エネルギー計算では、床面積を、主たる居室とその他の居室・非居室の3種類に分けて床面積を入力する必要があります。なお、面積は0.001m(1mm)単位で計算し、四捨五入により㎡単位(小数点以下2桁)とします。又、水平方向の寸法は壁芯寸法を使用します。

○ 主たる居室：リビング、ダイニング、キッチンを指します。図4-3ではリビングと和室の間に引き戸がありますが、もし建具で仕切ることが出来ない場合には、和室も主たる居室に含まれます。廊下についても同様ですので、室内建具がなく連続した空間の場合には注意してください。図4-3で、仮に二階中央の子供室が、吹き抜けになっている設計の場合、二階のホールは吹き抜けを介して一階のリビングと空間的につながってしまいますから、主たる居室として面積を計算することになります。

○ その他の居室：主たる居室を除く居室（寝室、子供室、和室など）です。尚、各居室に付随するクローゼットなどは、建具で仕切られる場合でもその他居室の面積に加えることもできます。しかし、居室の面積が増えると、Webプログラム上の暖冷房エネルギー計算結果が大きく

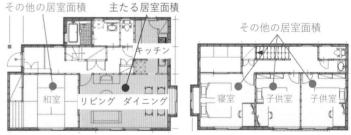

図4-3　居室面積の分類(色のない部分は非居室)

増えることになり、省エネ住宅の評価としては不利に働きます。そのため、Webプログラムで暖冷房エネルギーを計算する場合は面倒でも、和室の押し入れなどは除いた方が良いと考えられます。QPEXでの暖冷房エネルギー計算には全く関係ありません。

○ 仮想床面積を加算：主たる居室とその他の居室に、仮想床面積がある場合はそれも加えた面積とします。QPEXには２章－５で相当延床面積が入力されています。そのとき計算した仮想床面積を、それぞれ該当する居室の面積に加えます。

○ 非居室：居室以外の面積です。（自動で延床面積から居室面積を差し引くため入力不要です。）

② エアコン能力入力画面

エアコンの性能レベルが3種類に分類されます。図4-2の表4-1にエアコンの定格冷房能力と定格消費電力を入力すると、エネルギー消費効率の区分(い ろ は)が、自動的に判定されます。表4-1のように、能力ごとに定められたエネルギー消費効率を満たすかどうかで、い～はの3段階が決定します。最も高性能が、区分(い)です。

普通はその他居室は、複数ありますから、複数のエアコンを設置することになります。その場合、それぞれの効率を計算した上で最も効率の低い区分が選択されます。なお、これはWebのプログラムで一次エネルギーを計算するための区分であり、QPEXでの暖冷房計算結果には関わりありません。

表4-1　エアコンの効率区分条件

エアコンの効率区分

定格冷房能力	定格冷房エネルギー消費効率	
	区分(い)を満たす条件	区分(ろ)を満たす条件
2.2kW以下	5.13以上	4.78以上
2.2-2.5kW	4.96以上	4.62以上
2.5-2.8kW	4.80以上	4.47以上
2.8-3.2kW	4.58以上	4.27以上
3.2-3.6kW	4.35以上	4.07以上
3.6-4.0kw	4.13以上	3.87以上
4.0-4.5kW	3.86以上	3.62以上
4.5-5.0kW	3.58以上	3.36以上
5.0-5.6kW	3.25以上	3.06以上
5.6-6.3kW	2.86以上	2.71以上
6.3kWを超える	2.42以上	2.31以上

※定格冷房エネルギー消費効率 ＝ 定格冷房能力 ÷ 定格冷房消費電力 で計算されます。

4-4　換気・照明設備の入力

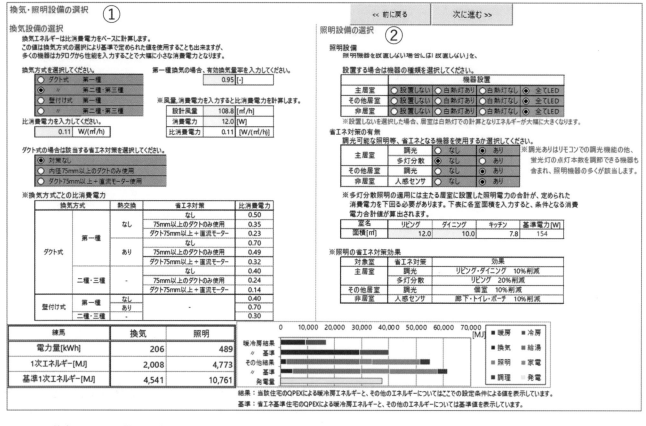

図4-4　換気・照明設備の入力

① 換気設備の入力

図4-4で、最初に換気方式を選択し、次に換気システムの設計風量と消費電力を入力してください。比消費電力が自動的に計算され、入力されます。第一種換気を使用する場合には、その有効換気量率を入力してください。これでここでの入力は終わりです。次の「ダクト式の場合は省エネ対策を選択してください」のボタンは、そのままにして選択しないでください。

もし、設計風量や消費電力がわからない場合は、省エネ対策を選択したり、その下の表を参考に比消費電力を入力してください。

換気エネルギーは、比消費電力×換気量で計算されます。換気量は住宅面積により自動で計算されるため、比消費電力のみが機器により変化します。

比消費電力 ＝ 消費電力 ÷ 設計風量

ですが、このときの設計風量は住宅に換気システムを施工し、ダクト等の圧力損失を計算に入れたときの、換気システムの風量です。熱交換換気の場合は、QPEXの熱性能計算の換気入力で入力する設計風量とは異なります。その場合は、自然換気分を引いた値を入力してください

② 照明設備の入力

　照明エネルギーは白熱灯の有無と各室の省エネ対策を選択することで計算されます。主居室、その他居室、非居室について、照明設備を設置しない場合は「設置しない」とします。照明を設置する場合、一ヵ所でも白熱灯（一般電球、ハロゲンランプ、ミニクリプトンランプ等）があれば「あり」とし、一つも白熱灯を設置しない場合は「なし」を選択してください。ただし、設置しない或いは白熱灯ありを選択すると、照明エネルギーが莫大になります。LEDとする設計をしましょう。さらに、こうした器具はほとんど調光機能がありますから、調光有りを選択できます。

○ 省エネ対策の有無について

○ 調光：LEDの場合は、普通はありを選択してください。LED以外の場合、調光設備があるかどうかを確認してください。

○ 多灯分散：主たる居室に照明器具を多灯分散で設置する場合、照明器具の消費電力合計が、定められた電力を下回る場合のみ「あり」を選択することが可能です。条件となる電力はリビング及びダイニングの面積を入力すると算出されます。

○ 人感センサ：非居室の照明設備の1つでも人感センサを採用する場合には「あり」を選択して下さい。玄関ポーチの照明は対象となりますが、外構に設置した照明は対象外です。

4 - 5　給湯設備の入力

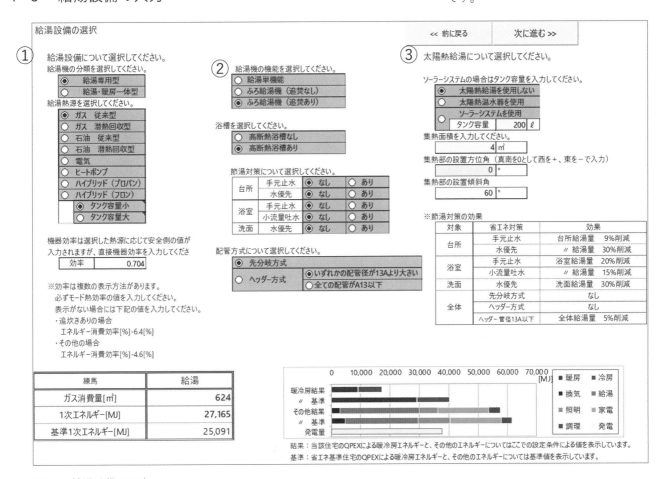

図4-5　給湯設備の入力

① 給湯設備の入力

　給湯機器はガスや石油など熱源での選択となります。熱源を選択するとデフォルト値が「効率」欄に自動で入力され、そのまま申請に使用することが可能です。

　効率は直接入力もできますので、高効率の機器を用いる場合などはその効率を入力してください。各熱源の効率デフォルト値は右の通りとなっており、極めて低い数値になっています。メーカーカタログから必ず効率を入力してください。

・ガス：0.704（70.4%）　　・石油：0.774（77.4%）
・電気：1.0（効率は固定）　・ヒートポンプ：2.7
・ハイブリッド：効率入力なし（固定値で自動計算）
　ハイブリッド（フロン）の場合のみ、
　　　　　　　タンク容量の大小を選択してください。
※選択肢にマウスのポイントを合わせると、該当する機種が表示されます。

②　給湯器と高断熱浴槽の有無の選択

該当する給湯機の機能と高断熱浴槽採用の有無を選択してください。給湯器では追焚無しにすると給湯エネルギーが減少します。また高断熱浴槽の効果も大きいです。

○ 節湯対策について選択

手元止水とは、使用者がボタンやセンサーで簡易に吐水・止水を切り替えることのできる機能を指し、小流量吐水とは、空気を利用するなどし、小流量で一定の吐水力を得られるシャワーを言います。又、水優先吐水とは、温度調整のハンドルが、水栓の正面に位置するときに湯が出ない構造の水栓を指します。(図4-6)

③　太陽熱給湯設備の入力

太陽熱給湯設備を利用する場合には、システムの種類と集熱面積・設置方位・設置傾斜角をそれぞれ入力して

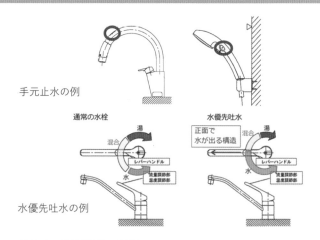

手元止水の例

水優先吐水の例

図4-6　節湯設備の種類

ください。また、ソーラーシステムを使用する場合には、そのタンク容量を入力してください。

4-6　太陽光発電設備と家電・調理設備の入力

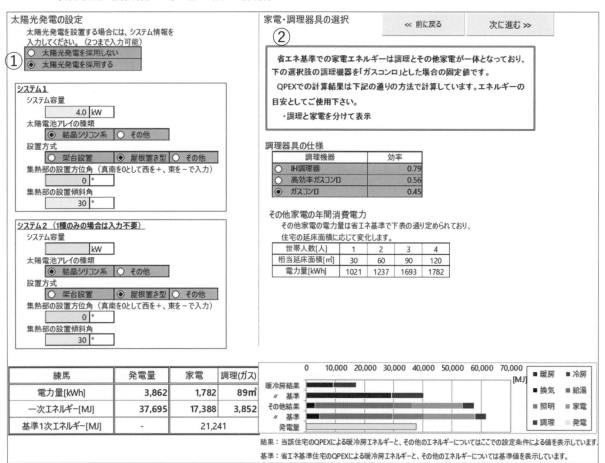

練馬	発電量	家電	調理(ガス)
電力量[kWh]	3,862	1,782	89㎥
一次エネルギー[MJ]	37,695	17,388	3,852
基準1次エネルギー[MJ]	-	21,241	

結果：当該住宅のQPEXによる暖冷房エネルギーと、その他のエネルギーについてはここでの設定条件による値を表示しています。
基準：省エネ基準住宅のQPEXによる暖冷房エネルギーと、その他のエネルギーについては基準値を表示しています。

図4-7　太陽光発電設備と家電・調理器具設備の入力

①　太陽光発電設備の入力

太陽光発電を採用する場合には、その容量と機器概要を入力することで発電量を計算することが出来ます。システム容量・太陽電池アレイの種類・設置方式・設置方位角・設置傾斜角を入力してください。
尚、太陽光発電設備が3種類以上ある場合はQPEXでは対応できません、Webプログラムで入力してください。

②　調理機器の選択

Webプログラムでは、この調理家電をまとめたその他の設備について、床面積当たりの固定値となっています。QPEXでは、調理機器に応じた調理エネルギーに換算しますので、調理機器の種類についてラジオボタンから選択してください。。

4-7　一次エネルギー計算結果

一次エネルギー計算結果は、
① 暖房と冷房のQPEX独自計算による一次エネルギー
　 消費量（上：当該住宅、下：省エネ基準基準値相当）
② 暖房と冷房以外のWebプログラム計算に基づいた
　 一次エネルギー消費量（上：当該住宅、下：省エネ基
　 準基準値相当）
を分けて表記しています。これら①と②を合わせた一次
エネルギーが住宅全体のエネルギー消費量です。
　これは、QPEXでの暖冷房の一次エネルギー計算につ
いて、Webプログラムで計算する省エネ基準の一次エネ
ルギーとは計算条件が異なります。次の理由等から大き
く結果が異なります。
○ QPEXは選択した地点で計算しますが、Webプログラ
　 ムでは、各地域の代表地点における計算がおこなれて

います。
○ QPEXは、あくまでも全館連続暖冷房での計算が前提
　 ですが、Webプログラムでは、選択する設備機器によ
　 り自動で連続運転,間欠運転などが切り替わるため、
　 計算結果が大きく異なります。また、Webプログラム
　 にある、ダクトエアコンによる全室連続暖冷房を選択
　 すると、QPEXでの計算結果より大幅に大きな値が計
　 算されて表示されます。
○ QPEXは、入力した設定室温で計算しますが、Webプ
　 ログラムでは、暖房20℃、冷房27℃で計算し地域や
　 断熱性能に応じて補正した値を使用します。
○ QPEXは、入力した機器効率で計算しますが、Webプ
　 ログラムでは断熱性能等により自動計算されます。

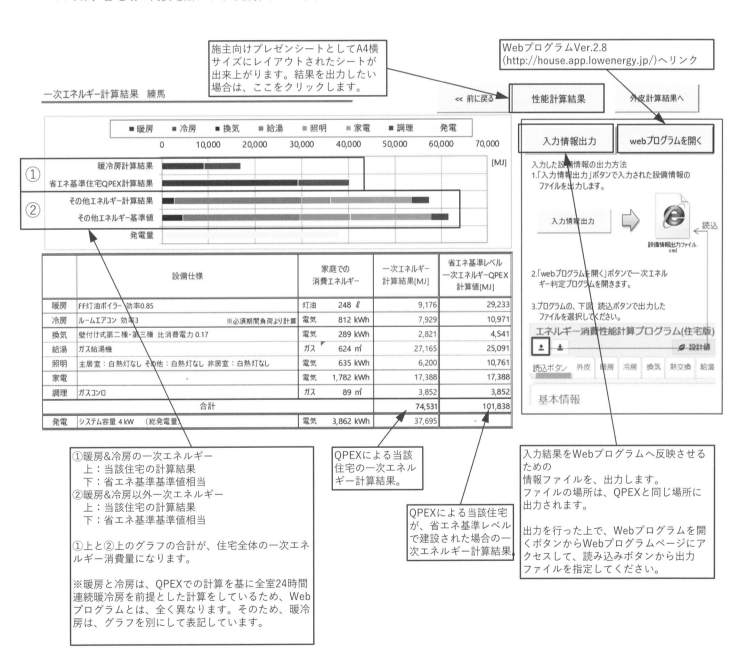

図4-8　一次エネルギー計算結果

4-8　一次エネルギー性能計算結果シート

　施主向けプレゼンシートは、暖房と冷房のみに絞った出力用シートでしたが、これに、一次エネルギー消費量計算結果を組み合わせたシートが、この性能計算結果(全消費エネルギー)シートです。

　前項の解説の通り、暖房と冷房については、QPEXでの計算に基づいた全室全館連続暖冷房とした場合の一次エネルギー消費量を示しており、暖房、冷房以外の一次エネルギー消費量は、Webプログラムの計算とほとんど同じ計算を行っています。

　目安として、右欄のエネルギー単価設定を行うと、

　それぞれの燃費概算が算出されます。単価設定で、電力が2種類用意されているのは、エコキュートを使用する場合、深夜時間帯にお湯を沸かし、その単価は昼間の価格と異なるので、別途設定可能としました。尚、この単価設定欄は印刷範囲から除外されています。

　又、住宅の省エネ性能グラフは、一目で当該住宅の性能が基準住宅と比較できるシンプルなグラフです。
尚、太陽光発電等によって、消費エネルギーよりもプラスになるケースも表記されます。

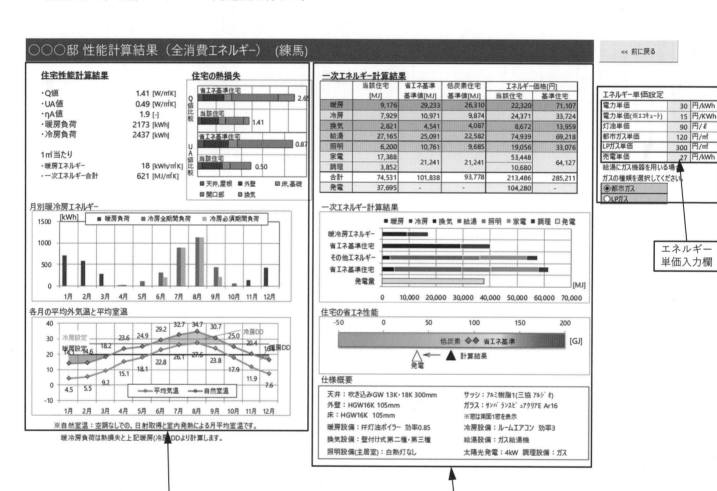

図4-9　一次エネルギー性能計算結果シート

第5章

....

QPEXプログラムの
計算の詳細

5-1　一般部の熱貫流率

　一般部の熱貫流率の計算に関しては「改正次世代省エネルギー基準の計算方法[1]」を参照して下さい。ただし、本プログラムでは天井、及び外壁には通気層があるという前提で計算していますので、省エネルギー基準に従って室外側表面熱伝達抵抗は室内側表面熱伝達抵抗と同じ値を使用しています。熱橋面積比率は「住宅の省エネルギー基準の解説[3]」に記されている値を採用していますが、ブルーのセルの工法については該当する断面構成の熱橋比率が基準書に記載されていないため、独自の計算値を使用しています。

　また、基礎の熱貫流率は独自の計算方法を使用しているため、「5-2 基礎の熱貫流率」を参照してください。

各部位の表面熱伝達抵抗

	屋根	天井	外壁	床	
室内側	0.09	0.09	0.11	0.15	
外気側	0.09	0.09	0.11	0.15(床下)	0.04(外気)

熱橋面積比率一覧

屋根構成（共通）	充填断熱材 付加断熱材	充填断熱材 付加下地材	構造部材 付加断熱材	構造部材 付加下地材
充填断熱のみ	0.86	0	0.14	0
充填+付加断熱(下地@455)	0.79	0.08	0.12	0.01

壁構成（在来構法）	充填断熱材 付加断熱材	充填断熱材 付加下地材	構造部材 付加断熱材	構造部材 付加下地材
充填断熱のみ	0.83	0	0.17	0
充填断熱+付加断熱(横胴縁@455)	0.75	0.08	0.12	0.05
充填断熱+付加断熱(縦胴縁@455)	0.79	0.04	0.04	0.13
充填断熱+外貼り	0.83	0	0.17	0
外貼りのみ	1.00	0	0	0

壁構成（枠組壁構法）	充填断熱材 付加断熱材	充填断熱材 付加下地材	壁枠組材等 付加断熱材	壁枠組材等 付加下地材	まぐさ 付加断熱材	まぐさ 付加下地材
充填断熱のみ(204)	0.77	0	0.20	0	0.03	0
充填断熱のみ(206)	0.77	0	0.20	0	0.03	0
充填+付加断熱(横胴縁@455)	0.69	0.08	0.14	0.06	0.02	0.01
充填+付加断熱(縦胴縁@455)	0.76	0.01	0	0.20	0.02	0.01
充填断熱+外貼	0.77	0	0.20	0	0.03	0
外貼りのみ	1.00	0	0	0	0	0

床構成（在来構法）	根太間断熱材 大引間断熱材	根太間断熱材 大引材等	根太材 大引間断熱材	根太材 大引材等
根太間断熱のみ(根太@455)	0.80	0	0.20	0
大引間断熱のみ	0.85	0.15	0	0
根太・大引間断熱(根太@303)	0.70	0.10	0.15	0.05
根太・大引間断熱(根太@455)	0.74	0.11	0.11	0.04
根太・大引同面(根太@303)	0.73	-	0.12	0.15
根太・大引同面(根太@455)	0.78	-	0.08	0.14

該当する断面構成の熱橋比率が、省エネ基準の解説にないため、独自の計算値を使用

床構成（枠組壁構法）	根太間断熱材 大引間断熱材	根太間断熱材 大引材等	根太材 大引間断熱材	根太材 大引材等
根太間断熱のみ	0.87	0.00	0.13	0

階間部構成（在来構法）	充填断熱材 付加断熱材	充填断熱材 付加下地材	構造部材 付加断熱材	構造部材 付加下地材
充填断熱のみ	0.50	0	0.50	0
充填断熱+付加断熱(横胴縁@455)	0.50	0	0.50	0
充填断熱+付加断熱(縦胴縁@455)	0.45	0.05	0.45	0.05
充填断熱+外貼り	0.50	0	0.50	0
外貼りのみ	1.00	0	0	0

階間部構成（枠組壁構法）	壁枠組材等	壁枠組材等 付加断熱材	壁枠組材等 付加下地材
充填断熱のみ(204)	1.00	0	0
充填断熱のみ(206)	1.00	0	0
充填+付加断熱(縦胴縁@455)	0	0.78	0.22
充填断熱+外貼	1.00	0	0
外貼りのみ	1.00	0	0

5-2　基礎の熱貫流率

　　基礎の熱貫流率計算は、改正省エネルギー基準や次世代省エネルギー基準の解説に示されている計算方法が選択可能ですが、計算不可能な基礎の形状が多くあります。QPEXでは、実際に施工される基礎形状に対応するために、独自に計算式を作成して各基礎形状の計算を可能としています。

　　計算式は省エネルギー基準の計算同様に基礎外周部と中央部に分け、2次元伝熱シミュレーションにより熱貫流率を計算し、その値を重回帰することで近似式を作成し、QPEXに反映しています。なお、基礎からの熱損失は地盤の影響を受けるため、非定常計算により正確な熱貫流率が算出されます。独自計算式作成の際には定常計算でシミュレーションを行っていますが、計算法の違いによる補正係数を決定し、各モデルの熱貫流率に乗じています。

○ 計算可能なモデル

　　選択可能な基礎のモデルは図5-1の9モデルです。それぞれで外スカート、内スカート、土間下全面断熱の設定が可能です。

　　基礎の内側、外側両方にスカート断熱を施工している場合には、効果の大きいスカートの効果のみを反映して計算します。

　　また、内断熱の計算の場合は、QPEXの計算は熱橋からの熱損失を防ぐため、室内側へ断熱補強をした場合の計算値を示します。（図5-2）熱橋部位の数は設定可能です。

○ 断熱改修で床断熱、基礎断熱を併用する場合

　　断熱改修計算の場合のみ、床断熱と基礎断熱を併用した計算が可能です。計算は床、基礎それぞれの熱貫流率より床下温度を算出し、基礎からの熱損失を計算します。しかし、床断熱に対して基礎断熱の性能が不十分な場合には床下温度が低くなり、結露する恐れがあります。その場合は、可能な限り床下温度が10℃以上となるように設定してください。

○ シミュレーション方法

　　シミュレーションに使用した断熱材は、押出法ポリスチレンフォーム3種としています。他の断熱材で計算する際には断熱厚さを熱抵抗換算することで計算されます。

　　シミュレーションを行った断熱厚さなどは表5-2の範囲です。また、基礎の高さは450mmとしており、それよりも高い場合には通常の外壁と同様の計算方法で熱貫流率を計算します。

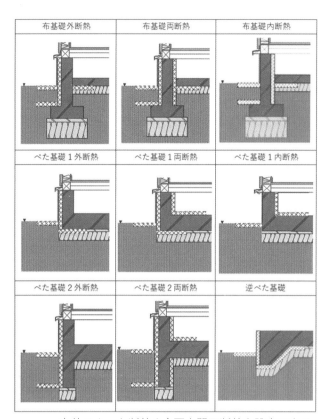

内外スカート断熱や全面土間下断熱を設定できる

図5-1　基礎断熱の熱損失を計算可能なモデル

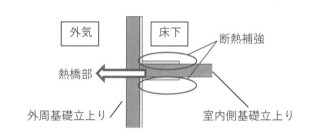

図5-2　基礎内断熱の断熱補強

表5-1　シミュレーションに用いた境界条件と部材の物性値

境界条件	温度T [℃]	表面熱伝達率 α [W/㎡K]
外気	0.0	25.000
室内	1.0	9.091

材料名	熱伝導率 λ [W/mK]
コンクリート	1.600
押出法ポリスチレンフォーム3種	0.028
砂利	0.395
土	0.700
木材1種	0.120

表5-2　シミュレーションの寸法範囲

		布基礎	ベタ基礎
基礎壁部	d：断熱厚さ	50〜150mm	50〜150mm
	H：基礎断熱深さ	150〜1050mm	150〜2100mm
スカート断熱部	d2：スカート断熱厚さ	50〜100mm	50〜100mm
	L：スカート断熱巾	450〜900mm	450〜900mm

○ 基礎の熱損失計算式作成の概要

　基礎の計算式は外壁壁芯から室内側へ1mの範囲を外周部、それ以外を中央部としてそれぞれ別に計算します。

　計算式は、断熱の深さ、断熱の厚さ、スカート断熱の幅・厚さなどを変数として重回帰分析により作成しています。布基礎外断熱モデルを例として計算式の作成方法を示します。

○ 伝熱シミュレーションによる熱貫流率計算

　基礎形状に応じて変数を設定してINSYSを用いてシミュレーションしています。布基礎外断熱モデルでは断熱の地中深さHを150〜1050mmまで150mm間隔、断熱の厚さdを50〜150mmまで25mm間隔で設定しています。外周部、中央部それぞれで図5-3、図5-4のような熱貫流率となります。

○ 重回帰分析による計算式作成

　シミュレーション結果を重回帰分析することで計算式を作成します。説明変数は前述の断熱深さ及び断熱厚さを基本とし、両者の掛け合わせや2乗、平方根などを検討して最も相関の高い変数を選択しています。

　例として、布基礎外断熱計算式で使用している変数と、計算結果を表5-3に示します。

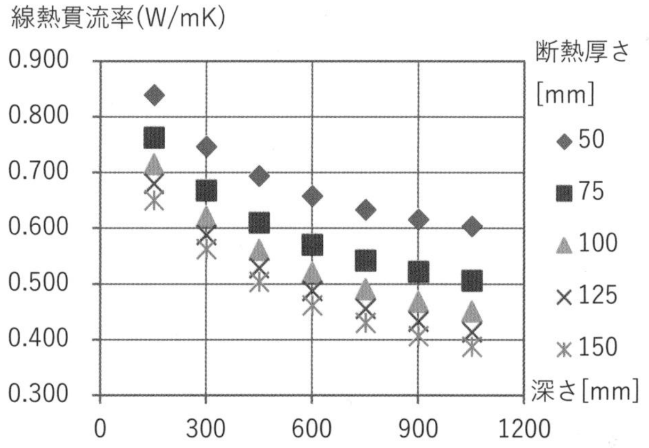

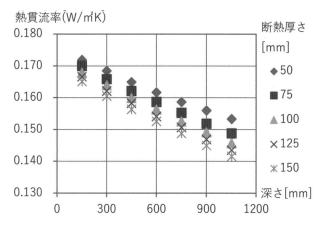

図5-3　伝熱シミュレーションPrg.による熱貫流率計算(外周部)

図5-4　伝熱シミュレーションPrg.による熱貫流率計算(中央部)

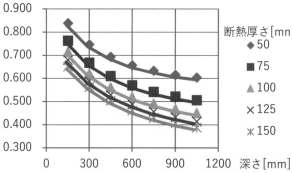

表5-3　重回帰分析に使用する変数と重回帰分析結果

外周部 （R2：99.96%）

	係数	t	P-値
切片	1.7.E+00	74.0	0.00%
断熱深さH	3.5.E-04	23.9	0.00%
断熱厚さd	4.1.E-03	19.9	0.00%
$\sqrt{H}$	-2.6.E-02	-31.4	0.00%
$\sqrt{d}$	-1.1.E-01	-26.5	0.00%
$\sqrt{dH}$	-2.9.E-04	-6.0	0.00%

中央部 （R2：99.75%）

	係数	t	P-値
切片	1.8.E-01	264.3	0.00%
断熱深さH	-1.9.E-05	-19.0	0.00%
断熱厚さd	-6.1.E-05	-9.7	0.00%
dH	-5.0.E-08	-5.3	0.00%

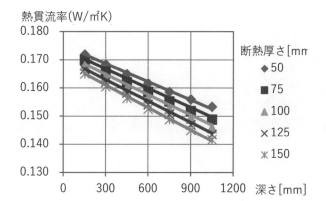

図5-5　伝熱シミュレーションPrg.による熱貫流率計算(外周部)

図5-6　伝熱シミュレーションPrg.による熱貫流率計算(外周部)

○ 計算式一覧

作成した基礎部の熱貫流率計算式の一覧を以下に示します。スカート断熱や土間全面断熱を使用する場合には、基本となる立上り部のみ断熱したU値を計算してスカート等の効果を加えます。基礎内側と外側、内側の土間下と土間上などのように、スカートを併用する場合等には単純にスカートの効果は加算されず、2つの効果を合わせるよりも低い熱損失削減効果となります。そのため、スカート断熱を併用した場合の計算では、最も効果の高いスカート断熱の効果のみ反映されます。

基礎の熱貫流率U = ULa - max (ULb , ULc ,ULc' ,リブ効果)

基礎種別	断熱種別	部位	計算式
布基礎	外断熱	立上り	ULa=3.5E-04H+4.1E-03d-2.6E-02√H-0.11√d-2.9E-04√dH+1.7
		外スカート	ULb=3.0E-04H-1.4E-02√H+1.7E-04L+2.3E-04d2-1.9E-04√HL+0.19
		内スカート	ULc=5.7E-05H-6.1E-04√H+2.5E-04L+3.6E-04d2-1.9E-04√HL-1.4E-02
		土間全面断熱	ULc=7.0E-05H-7.4E-03√H+2.8E-04d2+0.19
		全面+外スカート	ULb=2.0E-04H-9.1E-03√H+1.0E-04L+1.7E-04d2-9.9E-05d2-1.2E-04√HL+0.14
	両断熱	立上り	ULa=2.2E-04H+3.6E-03d+3.1E-03d'-1.6E-02√H-9.8E-02√d-2.6E-04√dH+1.4
		外スカート	ULb=1.8E-04H-7.9E-03√H+1.1E-04L+1.8E-04d2-1.3E-04√HL+0.12
		内スカート	ULc=1.7E-04H-6.5E-03√H+3.4E-04L+5.6E-04d2-2.5E-04√HL+7.2E-02
		土間全面断熱	ULc=1.8E-04H-1.5E-02√H+8.0E-04d2+0.34
		全面+外スカート	ULb=6.1E-05H-3.1E-03√H+3.1E-05L+7.1E-05d2-1.1E-04d2-1.7E-08√HL+0.14
	内断熱	立上り	ULa=2.7E-04H+3.8E-03d-2.2E-02√H-1.2E-01√d+1.6
		外スカート	ULb=5.1E-05H-2.1E-03√H+6.6E-05L+9.9E-05d2-7.6E-05√HL+3.8E-02
		内スカート	ULc=2.3E-04H-1.0E-02√H+3.5E-04L+6.5E-04d2-2.7E-04√HL+0.14
		土間全面断熱	ULc=2.5E-04H-2.0E-02√H+9.6E-04d2+0.42
		全面+外スカート	ULb=-5.8E-06H+7.8E-06L+2.4E-05d2-6.7E-05d2+9.0E-03
べた基礎	外断熱	立上り	ULa=1.6E-04H+6.9E-03d+6.0E-03√H-1.5E-01√d-1.4E-03√dH+1.6
		外スカート	ULb=1.3E-04H-9.1E-03√H+1.3E-04L+2.1E-04d2-5.5E-05√HL+0.19
		内スカート	ULc=1.2E-04H-1.1E-02√H+2.0E-04L+5.8E-04d2-4.9E-08√HL+0.24
		土間全面断熱	ULc=8.8E-05H-1.2E-02√H+9.1E-04d2+0.43
		全面+外スカート	ULb=-6.3E-06H+2.0E-05L+1.4E-04d2-1.2E-04d2+3.8E-05√HL-1.5E-03
	両断熱	立上り	ULa=8.9E-05H+5.5E-03d+5.7E-03d'+9.6E-03√H-1.4E-01√d-1.1E-03√dH+1.5
		外スカート	ULb=5.4E-05H-3.6E-03√H+9.7E-05L+2.5E-04d2-5.3E-05√HL+5.2E-02
		内下スカート	ULc=5.8E-05H-2.2E-03√H+2.3E-04L+4.3E-04d2-1.5E-04√HL+3.9E-02
		内上スカート	ULc'=1.7E-05H+3.8E-03√H+5.7E-04L+1.5E-03d2-3.6E-04√HL-0.11
		土間全面断熱	ULc=3.0E-05H-6.0E-03√H+7.9E-04L+2.2E-04d2+0.22
		下全面+外スカート	ULb=-1.6E-05H+1.5E-05L+1.7E-04d2-1.1E-04d2+5.4E-05√HL+1.8E-03
		土間全面断熱	ULc'=-9.1E-03√H-1.1E-03d2+8.3E-04d+3.6E-04√dH+0.43
		上全面+外スカート	ULb=2.0E-05H+1.2E-05L+1.7E-04d2-3.4E-04d2+5.9E-05√HL-0.12
	内断熱	立上り	ULa=3.8E-04H+5.7E-03d-1.7E-02√H-1.3E-01√d-1.3E-03√dH+2.1
		外スカート	ULb=8.7E-05H-8.6E-03√H+7.3E-05L+2.2E-04d2+7.2E-04da+0.19
		内スカート	ULc=2.7E-04H-1.5E-02√H+9.1E-04L+9.3E-04d2-6.2E-04√HL+0.4
		土間全面断熱	ULc=3.4E-04H-6.2E-02√H+1.4E-03d2+2.2E-03√HL+1.2
		全面+外スカート	ULb=-6.4E-06H+5.6E-05d2-1.1E-04d2+3.3E-05√HL+3.5E-03
べた基礎リブあり	外断熱	立上り	ULa=1.6E-04H+6.9E-03d+6.0E-03√H-1.5E-01√d-1.4E-03√dH+1.6
		外スカート	ULb=1.3E-04H-9.1E-03√H+1.3E-04L+2.1E-04d2-5.5E-05√HL+0.19
		リブ効果	リブ効果=2.1E-04H-9.8E-03√H+3.3E-04H20.0E+00d2-2.2E-04HH2+0.18
	両断熱	立上り	ULa=8.9E-05H+5.5E-03d+5.7E-03d'+9.6E-03√H-1.4E-01√d-1.1E-03√dH+1.5
		外スカート	ULb=5.4E-05H-3.6E-03√H+9.7E-05L+2.5E-04d2-5.3E-05HL+5.2E-02
		内上スカート	ULc'=1.7E-05H+3.8E-03√H+5.7E-04L+1.5E-03d2-3.6E-04√HL-0.11
		リブ効果	リブ効果=2.1E-04H-9.8E-03√H+3.3E-04H20.0E+00d2-2.2E-04√HH2+0.18
		土間全面断熱	ULc'=-9.1E-03√H-1.1E-03d2+8.3E-04d+3.6E-04√dH+0.43
		全面+外スカート	ULb=2.2E-05L+7.3E-05d2-2.6E-04d2+2.5E-05H2+3.2E-02
逆べた基礎		立上り	ULa=-2.8E-04H+1.7E-03d-5.2E-02√d+0.87
		外スカート	ULb=7.3E-05L+2.9E-04d2-1.3E-04d+1.5E-02
		内スカート	ULc=1.5E-04L+6.9E-04d2+1.5E-04d-3.5E-02
		土間全面断熱	ULc=1.1E-03d2+1.0E-04d+8.4E-02
		全面+外スカート	ULb=2.5E-05L+1.0E-04d2-2.1E-04d2+1.7E-02
断熱改修	布基礎	外スカートなし	ULa=1.77-1.3E-02√H+8.0E-03d-1.8E-01√d
		外スカートあり	ULa=1.55-5.8E-03√H+8.2E-03d-1.8E-01√d

布基礎	外断熱	立上り	UFa=-1.9E-05H-6.1E-05d-5.0E-08dH+0.18
		外スカート	UFb=2.3E-05H-1.2E-03√H+2.8E-05L+4.1E-05d2-1.5E-08√HL+1.1E-02
		内スカート	UFc=-3.1E-04√H-4.6E-05L-6.3E-05d2+2.3E-05√HL+1.3E-02
		土間全面断熱	UFc=-6.4E-06H+4.9E-04d2+1.3E-02
		全面+外スカート	UFb=1.5E-05H-6.4E-04√H+1.8E-05L+2.8E-05d2-3.7E-05d2-1.6E-05√HL+1.2E-02
	両断熱	立上り	UFa=-2.4E-05H-6.8E-05d+4.7E-06d'-5.7E-08dH+1.9E-01
		外スカート	UFb=1.7E-05H-6.7E-04√H+3.1E-05L+5.1E-05d2-2.6E-05√HL+9.7E-03
		内スカート	UFc=-5.4E-05L-9.1E-05d2+1.4E-05√HL+9.5E-03
		土間全面断熱	UFc=-1.0E-05H+5.3E-04d2+1.1E-02
		全面+外スカート	UFb=9.1E-06H-4.0E-04√H+1.4E-05L+2.4E-05d2-4.6E-05d2-1.1E-05√HL+9.8E-03
	内断熱	立上り	UFa=-1.5E-05H+6.5E-05d-3.0E-04√H-1.1E-07dH+0.2
		外スカート	UFb=-1.4E-05H+7.4E-04√H+2.4E-05L+3.8E-05d2-2.1E-05√HL-6.6E-03
		内スカート	UFc=-2.0E-05H+7.5E-04√H-4.9E-05L-9.9E-05d2+1.8E-05√HL-2.2E-03
		土間全面断熱	UFc=-1.4E-05H+5.9E-04d2+1.4E-02
		全面+外スカート	UFb=9.1E-06H-4.0E-04√H+1.4E-05L+2.4E-05d2-4.6E-05d2-1.1E-05√HL+9.8E-03
べた基礎	外断熱	立上り	UFa=-1.9E-05H-8.4E-05d-2.0E-03√H+6.6E-05√d+2.0E-01√dH+0.2
		外スカート	UFb=8.8E-07H-1.1E-04√H+3.3E-05L+2.3E-05d2-2.9E-05√HL+5.8E-03
		内スカート	UFc=-8.3E-06H-3.3E-05L-4.5E-05d2+4.3E-09√HL+8.9E-03
		土間全面断熱	UFc=-1.2E-03√H+3.7E-04d2+2.8E-02
		全面+外スカート	UFb=-2.2E-06H+8.1E-06L+1.9E-05d2-3.4E-05d2+3.3E-03
	両断熱	立上り	UFa=-1.9E-05H-1.2E-04d+5.8E-05d'-1.8E-03√H+6.2E-05√dH+0.2
		外スカート	UFb=-2.0E-06H+3.2E-05L+3.3E-05d2-2.4E-05√HL+1.8E-03
		内下スカート	UFc=-9.1E-06H-3.3E-05L-4.5E-05d2+1.1E-05√HL+9.3E-03
		内上スカート	UFc'=-2.0E-03√H-1.4E-04L+7.9E-04d2+7.6E-05√HL+1.5E-02
		土間全面断熱	UFc=-1.1E-03√H+3.8E-04d2-2.4E-05L+3.1E-02
		下全面+外スカート	UFb=3.8E-06H-1.4E-04√H+1.4E-05L+1.9E-05d2-3.1E-05d2-9.2E-06√HL+4.8E-03
		土間全面断熱	UFc'=-8.0E-06H+5.9E-04d2-1.4E-07d2H-5.5E-03
		上全面+外スカート	UFb=3.8E-06H-1.4E-04√H+1.4E-05L+1.9E-05d2-3.1E-05d2-9.2E-06√HL+4.8E-03
	内断熱	立上り	UFa=9.0E-05d-3.1E-03√H+0.24
		外スカート	UFb=8.8E-07H-1.1E-04√H+3.3E-05L+2.3E-05d2-2.9E-05√HL+5.8E-03
		内スカート	UFc=2.4E-05H-2.2E-03√H-5.0E-06L-2.5E-04d2+6.4E-02
		土間全面断熱	UFc=3.0E-05H-2.8E-03√H+5.3E-04d2-4.2E-05√dH+5.2E-02
		全面+外スカート	ULb=-1.5E-06H+6.0E-06L+1.4E-05d2-3.1E-05d2+3.1E-03
べた基礎 リブあり	外断熱	立上り	UFa=-1.9E-05H-8.4E-05d-2.0E-03√H+d6.6E-05√d+2.0E-01√dH+0.2
		外スカート	UFb=8.8E-07H-1.1E-04√H+3.3E-05L+2.3E-05d2-2.9E-05√HL+5.8E-03
		リブ効果	リブ効果=-1.8E-05H+1.7E-05H2+8.3E-03
	両断熱	立上り	UFa=-1.9E-05H-1.2E-04d+5.8E-05d'-1.8E-03√Hd6.2E-05√d+2.0E-01√dH+0.2
		外スカート	UFb=-2.0E-06H0.0E+00UFa+3.2E-05L+3.3E-05d2-2.4E-05HL+1.8E-03
		内上スカート	UFc'=-2.0E-03√H-1.4E-04L+7.9E-04d2+7.6E-05√HL+1.5E-02
		リブ効果	リブ効果=-1.8E-05H+1.7E-05H2+8.3E-03
		土間全面断熱	UFc'=-8.0E-06H+5.9E-04d2-1.4E-07d2H-5.5E-03
		全面+外スカート	UFb=8.9E-06H-4.8E-04√H+8.4E-06L+2.1E-05d2-6.2E-05d2-2.1E-09H2+9.4E-03
逆べた基礎		立上り	UFa=-2.8E-05H0.0E+00d-1.7E-03√d+0.19
		外スカート	UFb=2.3E-05L+7.2E-05d2-2.4E-03
		内スカート	UFc=-2.7E-05L-4.9E-05d2+9.9E-03
		土間全面断熱	UFc=5.0E-04d2-3.4E-05d+1.4E-02
		全面+外スカート	UFb=1.1E-05L+2.7E-05d2-6.4E-05d2+4.4E-03
断熱改修	布基礎	外スカートなし	UFa=0.14-4.0E-04√H+5.9E-05d-2.2E-03√d
		外スカートあり	UFa=0.12-2.6E-05√H+5.0E-05d-1.8E-03√d

5-3　開口部の熱貫流率

○ 開口部の熱貫流率

　開口部の熱貫流率はフレームとガラス仕様による仕様値とJIS計算式による計算値、及び開口部の開閉方式ごとに定められた代表寸法について、各メーカーが保証する値として発表している代表値が選択可能です。

　仕様値は、省エネ基準技術情報Ver.2.8が現行の数値で、QPEX Ver.4.0はこれにしたがっています。これは2022年3月まで有効です。QPEX Ver.4.1で技術情報Ver.3.0に対応する予定です。

　代表値は、メーカー各社のホームページなどからダウンロードでき、QPEXでは、その数値を入力できるようになっています。2章-7を参照ください。

○ 断熱戸使用時の開口部の熱貫流率

　窓の断熱性能は壁体に比べると断熱性能は著しく低くなります。日射取得熱が期待できる昼間は大きな開口部は有効的ですが、その反面夜間では熱損失・冷輻射・冷気流などの原因となります。

　本プログラムでは開口部の付属品として有効な断熱戸を用意し、改正省エネルギー基準の解説[1] に基づいて開口部の熱貫流率を計算しています。

断熱戸付き開口部の熱貫流率は、

　$U = 0.5 \times Ud + 0.5 \times Un$　・・・・①

Ud：付属品を除いた場合の開口部の熱貫流率(W/㎡K)
Un：Udに付属品の熱抵抗の効果を加味して補正した熱貫流率(W/㎡K)

ここで、図5-7に示す熱抵抗ΔRの断熱戸を考えると、

　$Rn = Rd + \Delta R$　　　・・・・・②

　　　Rd ：開口部の熱抵抗(㎡K/W)
　　　ΔR：開口部付属品の熱抵抗(㎡K/W)

②式より

　$(1/Un) = (1/Ud) + \Delta R$
　$Un = [1 / \{(1/Ud) + \Delta R\}]$　・・・・・③

①式に③式を代入して

　$U = 0.5 \times Ud + 0.5 \times [1 / \{(1/Ud) + \Delta R\}]$　・・・・・④

　従って本プログラムでは④式により断熱戸使用時の開口部の熱貫流率を求めています。また、本プログラムで用意している断熱戸を、表5-4に示します。

○ 開口部JIS計算による熱貫流率

　JIS A 2102-1[7],2102-2[8] の計算式では、フレームとガラスそれぞれの熱貫流率を元にして、ガラス率からサッシ全体の熱貫流率を計算することが可能です。計算式と計算に必要な値は以下に示す通りです。

$$Uw = \frac{A_g U_g + A_f U_f + l_g \Psi_g}{A_g + A_f}$$

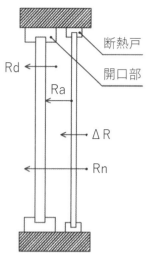

図5-7　断熱戸使用時の熱貫流率

表5-4　QPEXで用意している断熱戸

断熱戸仕様	熱抵抗 (㎡K/W)	備考
ハニカムサーモスクリーン	0.214	ハニカムサーモスクリーン実験値
ルームラック断熱障子	0.178	ルームラック和紙調λ=0.0337(W/mK)厚さ6mm
ウレタン断熱戸	0.656	硬質ウレタンフォームλ=0.024(W/mK)厚さ15mm
グラスウール断熱戸	0.606	グラスウールボード λ=0.033(W/mK)厚さ20mm
シャッター、雨戸	0.100	

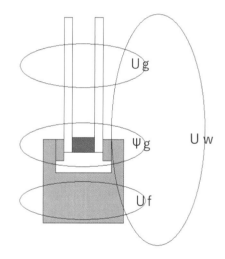

図5-8　開口部JIS計算による熱貫流率

Ag = Aw × Ga
Af = Aw × (1 - Ga)

　　Ag：ガラス面積（㎡）
　　Af：フレーム面積（㎡）
　　Aw：窓面積（㎡）
　　Ga：ガラス率（ガラス面積/窓面積）
　　Ug：ガラスの熱貫流率（W/㎡K）
　　Uf：フレームの熱貫流率（W/㎡K）
　　Ψg：ガラスとフレームの境界の線熱貫流率（W/mK）
　　lg：ガラス・フレーム境界の周長（m）

○ ガラス-フレーム境界の線熱貫流率 ψg

ガラス周長はメーカーや開閉方式により異なりますが、入力された窓のWH寸法のみから実態に近い長さを算出するため、サッシ四方のフレームの見付け寸法を全て同じとして計算しています。

1枚建（縦辷り出し窓、FIX窓など）の例

a：四方のフレーム見付寸法、Ga：ガラス率 とすると、

$$Ga = (x - 2a)(y - 2a)/xy$$

$$4a^2 - 2(x + y)a + (1 - Ga)xy = 0$$

$$a = 1/4 \left\{ (x + y) - \sqrt{(x + y)^2 - 4(1 - Ga)xy} \right\}$$

$$lg = 2(x - 2a) + 2(y - 2a)$$

○ ガラスのUg、ηg

ガラスの熱貫流率及び日射侵入率は共通値(表5-5)と各社のカタログデータを使用します。共通として選択可能なガラスを下記に示します。各社ガラスデータは、表5-6及び次頁の表5-7を参照してください。

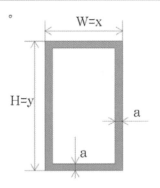

図5-9　ガラス・フレーム境界の関係図

表5-5　ガラスの熱貫流率(Ug)と日射侵入率(ηg)の共通値

	ガラス仕様	Ug値	ηg値
共通	シングル	6.00	0.88
	ペア 6mm	3.40	0.79
	ペア 12mm	2.90	0.79
	断熱Low-Eペア	1.80	0.64
	遮熱Low-Eペア	1.70	0.40
	断熱ArLow-Eへペア	1.40	0.64
	遮熱ArLow-Eペア	1.40	0.40

表5-6　QPEXに導入されている各社ガラスデータ一覧（1）

省エネ基準仕様値一覧

No.	分類	ガラス仕様	Ug値	ηg値
1	省エネ基準仕様値	シングル	6.00	0.88
2		ペア A6mm	3.40	0.79
3		ペア A12mm	2.90	0.79
4		断熱LowEペア	1.80	0.64
5		遮熱LowEペア	1.70	0.40
6		断熱ArLowE ペア	1.40	0.64
7		遮熱ArLowE ペア	1.40	0.40

ペアガラス一覧 （1）

No.	メーカー	ガラス名称		Ug値	ηg値
8	旭硝子	サンバランス シルバー	A6	2.62	0.64
9			A10	2.01	0.64
10			A12	1.82	0.64
11			A16	1.59	0.65
12			Ar12	1.51	0.65
13			Ar14	1.39	0.65
14			Ar16	1.37	0.65
15		サンバランス ピュアクリアE	A6	2.50	0.61
16			A10	1.88	0.62
17			A12	1.68	0.62
18			A16	1.42	0.62
19			Ar12	1.34	0.62
20			Ar14	1.21	0.62
21			Ar16	1.18	0.62
22		サンバランス アクアグリーン	A6	2.50	0.47
23			A10	1.84	0.48
24			A12	1.65	0.48
25			A16	1.39	0.48
26			Ar12	1.31	0.48
27			Ar14	1.18	0.48
28			Ar16	1.15	0.49
29		サンバランス アクアグリーン （高遮熱）	A6	2.50	0.41
30			A10	1.85	0.41
31			A12	1.65	0.40
32			A16	1.39	0.40
33			Ar12	1.31	0.40
34			Ar14	1.18	0.39
35			Ar16	1.15	0.40

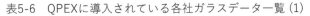 アルゴンガス封入

ペアガラス一覧 （2）

No.	メーカー	ガラス名称		Ug値	ηg値
63	日本板硝子	ペアマルチEA	A6	2.67	0.67
64			A10	2.09	0.67
65			A12	1.91	0.67
66			A16	1.69	0.67
67			Ar12	1.63	0.67
68			Ar14	1.51	0.66
69			Ar16	1.49	0.66
70		ペアマルチ スーパークリア	A6	2.53	0.61
71			A10	1.89	0.60
72			A12	1.70	0.61
73			A16	1.45	0.62
74			Ar12	1.38	0.62
75			Ar14	1.25	0.61
76			Ar16	1.23	0.62
77		ペアマルチEA 寒冷地	A6	2.67	0.73
78			A10	2.09	0.74
79			A12	1.91	0.74
80			A16	1.69	0.74
81			Ar12	1.63	0.74
82			Ar14	1.51	0.74
83			Ar16	1.49	0.74
84		ペアマルチ スーパー グリーン	A6	2.50	0.47
85			A10	1.85	0.48
86			A12	1.65	0.48
87			A16	1.40	0.48
88			Ar12	1.33	0.48
89			Ar14	1.20	0.48
90			Ar16	1.17	0.48
91		ペアマルチ スーパー ブロンズ	Ar12	1.33	0.44
92			Ar14	1.19	0.44
93			Ar16	1.17	0.44
94		同上(遮熱型)	Ar16	1.17	0.38
95		ペアマルチ レイボーグ グリーン	A6	2.50	0.40
96			A10	1.85	0.39
97			A12	1.65	0.39
98			A16	1.40	0.39
99			Ar12	1.33	0.39
100			Ar14	1.20	0.39
101			Ar16	1.17	0.39

表5-7　QPEXに導入されている各社ガラスデーター覧 (1)

ペアガラス一覧（3）

No.	メーカー	ガラス名称		Ug値	ng値
102	日本板硝子	ペアマルチSE	A6	2.67	0.49
103			A10	2.10	0.48
104			A12	1.92	0.47
105			A16	1.69	0.47
106			Ar12	1.64	0.47
107			Ar14	1.53	0.46
108			Ar16	1.50	0.46
129	セントラル硝子	ペアレックスヒートガード	A6	2.62	0.62
130			A12	1.84	0.62
131			Ar12	1.53	0.63
132		ペアレックスツインガードシルバー	A6	2.62	0.55
133			A12	1.84	0.55
134			Ar12	1.53	0.54
135		ペアレックスツインガードクリア	A6	2.62	0.61
136			A12	1.83	0.60
137			Ar12	1.52	0.60
138		ペアレックスツインガードグリーン	A6	2.49	0.39
139			A12	1.63	0.38
140			Ar12	1.28	0.37
141	YKKAP	断熱ニュートラル	A12	1.70	0.60
142			Ar12	1.40	0.60
143			Ar16	1.30	0.61
144		断熱ブルー	A12	1.60	0.45
145			Ar12	1.30	0.45
146			Ar16	1.20	0.45
147		断熱ブロンズ	A12	1.60	0.44
148			Ar12	1.30	0.44
149			Ar16	1.20	0.44
150		遮熱 ブルー	A12	1.60	0.40
151			Ar12	1.30	0.40
152			Ar16	1.20	0.40

トリプルガラス一覧

No.	メーカー	ガラス名称		Ug値	ng値
56	旭硝子	サンバランスアクアグリーントリプル	A10	0.79	0.33
57			Ar16	0.64	0.33
58			Kr10	0.59	0.33
59		サンバランスピュアクリアトリプル	A10	0.81	0.49
60			Ar16	0.66	0.49
61			Kr10	0.61	0.49
109	日本板硝子	スペーシア	-	1.40	0.66
110		スペーシアクール	-	1.00	0.49
111		スペーシア21クリア	Ar12	0.85	0.58
112			Ar16	0.79	0.58
113		スペーシア21遮熱クリア	Ar12	0.70	0.46
114			Ar16	0.66	0.46
115		スペーシア21遮熱グリーン	Ar12	0.76	0.34
116			Ar16	0.68	0.34
118		断熱トリプル(EA)	Ar16	0.81	0.58
119			Kr11	0.77	0.58
121		遮熱トリプル (クリア)	Ar16	0.61	0.46
122			Kr11	0.60	0.46
124		遮熱トリプル (グリーン)	Ar16	0.60	0.32
125			Kr11	0.56	0.32
127		遮熱トリプル (ブロンズ)	Ar16	0.60	0.29
128			Kr11	0.56	0.29
161	ガデリウス	トリプル1Ar1LowE12	Ar12	1.00	0.57
162		トリプルAr2LowE12	Ar12	0.70	0.51
163		トリプル2Ar2LowE16	Ar16	0.60	0.37
164		トリプル2Kr2LowE16	Kr16	0.50	0.51
165	VELUX	ペア合わせガラス	Ar9	1.50	0.29
166		ペア網入透明ガラス	Ar8	1.70	0.29

追加ガラス一覧

No.	メーカー	ガラス名称		Ug値	ng値
167	エクセルシャノン	ESスーパークリアトリプル	Ar15	0.56	0.44
168			Ar11	0.73	0.44
169			Kr11	0.47	0.44
170		ESスーパークリア ペア	Ar16	1.05	0.56
171		ESクリアトリプル	Ar15	0.61	0.58
172			Ar11	0.78	0.58
173			Kr11	0.52	0.58
174		ESクリア ペア	Ar16	1.13	0.68
175	サンゴバン	ECLAZ	Ar16	1.13	0.70
176		ECLAZ One	Ar16	1.05	0.58
177		ECLAZ	Ar15	0.61	0.60
178		ECLAZ One	Ar15	0.56	0.45
179		ECLAZ	Ar10	0.83	0.60
180		ECLAZ One	Ar10	0.79	0.45
181		ECLAZ	Kr10	0.56	0.60
182		ECLAZ One	Kr10	0.51	0.45

　アルゴンガス封入
　クリプトンガス封入

○ フレームの熱貫流率 Uf

フレームの熱貫流率は、一般社団法人リビングアメニティ協会の断熱性能プログラム「WindEye」より各社の窓性能を算出し、前述のJIS A 2102-1計算式から逆算することによりフレーム全体の平均熱貫流率を計算しています。

つまり、下の式で Uf 以外の数値をWindeyeから得て、Ufを算出するわけです。

なお、Windeyeに登録されていない窓種については各メーカーで算出した値を代用しています。

$$Uw = \frac{A_g U_g + A_f U_f + l_g \Psi_g}{A_g + A_f}$$

図5-10はWindeyeより各窓サイズで算出したUw値を元に計算した平均Uf値です。いずれのサッシも窓サイズに関わらず横ばいの数値となるため、これらのUf値を単純平均した値をQPEXの平均Uf値として採用しています。表5-8に示すように、窓種は引き違い形式（窓）、引き違い形式（テラス）、辷り出し窓、FIX窓の4窓種で計算し、辷り出しとFIXの連窓窓は、各社の掲載データが少ないことから、辷り出し窓と同様の値としています。

QPEXに掲載されているサッシの平均Uf値を、表5-9に示します。

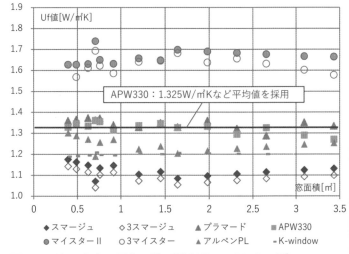

図5-10　色々な窓の平均Uf値（樹脂サッシFIX窓の例）

表5-8　平均Uf値を算出した窓形式とサイズ

W (mm)	H (mm)	引き違い窓	引き違いテラス度	辷り出し窓	FIX窓
405	970			○	○
500	970			○	○
640	970			○	○
780	970	○		○	○
780	1,170	○		○	○
1,235	570	○			○
1,235	970	○			○
1,235	1,170	○			○
1,690	970	○			○
1,690	1,170	○			○
1,690	1,370	○			○
1,690	1,570	○			○
1,690	1,830		○		○
1,690	2,030		○		○
2,600	2,030		○		

表5-9　QPEXに掲載されている窓の平均Uf値

No.	枠名称	サッシ枠材料（線熱貫流率決定用）	1 引違2枚建窓 半外	2 引違2枚建窓 外付	3 引違2枚建テラス 半外	4 引違2枚建テラス 外付	5 引違4枚建窓 半外	6 引違4枚建窓 外付	7 引違4枚建テラス 半外	8 引違4枚建テラス 外付	9 辷り出し他 単窓	10 辷り出し他 片袖FIX	11 辷り出し他 両袖FIX	12 FIX 窓	13 FIX テラス	14 上げ下げ窓	15 勝手口ドア	16 大型片引き窓
		ガラス枚数	2	2	2	2	4	4	4	4	1	2	3	1	1	2	1	2
1	アルミ	1 アルミ,アルミ熱遮断	7.74	7.74	7.74	7.74	7.74	7.74	7.74	7.74	6.88	6.88	6.88	8.11	8.11	7.74	6.88	
2	アルミ熱遮断	1 アルミ,アルミ熱遮断	5.90	5.90	5.90	5.90	5.90	5.90	5.90	5.90	5.26	5.26	5.26	5.26	5.26	5.90	5.26	
3	アルミ樹脂1(三協 アルジオ)	2 アルミ樹脂,アルミ木	3.62		3.87		3.62		3.87		2.55	2.55	2.55	3.15	3.15	3.62	2.55	
4	アルミ樹脂2(三協 マディオJ)	2 アルミ樹脂,アルミ木	4.40	4.40	4.70	4.70	4.40	4.40	4.70	4.70	4.07	4.07	4.07	3.04	3.04	4.40	4.07	
5	アルミ樹脂3(YKK APW310)	2 アルミ樹脂,アルミ木	3.95		4.52		3.95		4.52		3.89	3.89	3.89	2.62	2.62	3.95	3.89	
6	アルミ樹脂4(YKK エピソード NEO)	2 アルミ樹脂,アルミ木	3.95		4.52		3.95		4.52		3.89	3.89		2.62	2.62	3.95	3.89	
7	アルミ樹脂5(LIXIL サーモスX)	2 アルミ樹脂,アルミ木	3.53		4.26		3.53		4.26		3.13	3.13	3.13	1.61	1.61	3.53	3.13	
8	アルミ樹脂6(LIXIL サーモスH)	2 アルミ樹脂,アルミ木	4.17		5.35		4.17		5.35		4.61	4.61	4.61	3.11	3.11	4.17	4.61	
9	アルミ樹脂(その他)	2 アルミ樹脂,アルミ木	4.30	4.30	4.70	4.70	4.30	4.30	4.70	4.70	3.64	3.64	3.64	2.99	2.99	4.30	3.64	
10	樹脂1(三協 スマージュ)	3 樹脂,木製	2.03	2.03	2.08	2.08	2.03	2.03	2.08	2.08	1.46	1.46	1.46	1.11	1.11	2.03	1.46	
11	樹脂2(YKK APW330)	3 樹脂,木製	1.96		2.69				2.69		1.46	1.46	1.46	1.33	1.33	1.96	1.46	
12	樹脂3(YKK APW430)	3 樹脂,木製	1.97		1.99		1.97		1.99		1.27	1.27	1.27	1.13	1.13	-	1.27	1.58
13	樹脂4(LIXIL エルスターS)	3 樹脂,木製	1.96		2.01		1.96		2.01		1.46	1.46	1.46	1.20	1.20	1.96	1.46	
14	樹脂5(LIXIL エルスターX)	3 樹脂,木製	1.97		1.99		1.97		1.99		1.40	1.40	1.40	1.12	1.12	1.97	1.40	
15	樹脂6(LIXIL レガリス)	3 樹脂,木製									0.81	0.81	0.81	0.61	0.61		0.81	
16	樹脂7(シャノンⅡs)	3 樹脂,木製	2.01	2.01	1.97	1.97	2.01	2.01	1.97	1.97	1.51	1.51	1.51	1.24	1.24	2.01	1.51	
17	樹脂8(シャノンⅡsスマートシリーズ)	3 樹脂,木製									1.46	1.46	1.46	1.00	1.00		1.46	
18	樹脂9(K-WINDOW)	3 樹脂,木製	1.56	1.56	2.02	2.02	1.56	1.56	2.02	2.02	1.25	1.25	1.25	1.20	1.20	1.56	1.25	
19	木1(ヨーロッパ製)	3 樹脂,木製	1.59	1.59	1.59	1.59	1.59	1.59	1.59	1.59	1.11	1.11	1.11	1.40	1.40	1.59	1.11	
20	アルス(木製窓)<ペアガラス>	3 樹脂,木製	1.23	1.23	1.25	1.25	1.23	1.23	1.25	1.25	0.85	0.85	0.85	1.16	1.16	1.23	0.85	1.25
21	アルス(木製窓)<トリプルガラス>	3 樹脂,木製	1.18	1.18	1.20	1.20	1.18	1.18	1.20	1.20	0.98	0.98	0.98	1.06	1.08	1.18	0.98	1.20
22	ノルド(木製)	3 樹脂,木製			1.29						1.34			1.08	1.08		1.25	1.22
23	ノルド(アルミクラッド)	3 樹脂,木製			1.56						1.56			1.59	1.58			
24	YKK APW511	2 アルミ樹脂,アルミ木									6.60	8.24						5.11
25	LIXIL LW	2 アルミ樹脂,アルミ木																7.39

5-4　換気回数の低減効果

○ 次世代基準での熱損失係数における換気回数の低減効果

　　熱回収装置を採用した場合の省エネルギー効果についての考え方と評価・計算方法を示します。

　　熱回収装置は顕熱のみと全熱(顕熱＋潜熱)を回収するものがあります。いずれも給気を室温に近づける効果があるので熱負荷を削減する効果がありますが、逆に換気用の空気搬送動力は増加します。これを公平に評価するため、熱負荷の削減と換気動力の増大を共に評価し、その結果を熱損失係数に反映させなければなりません。

　　熱回収装置の効果を熱損失係数に反映させる方法として、本プログラムでは換気回数 n を下式[3] ①で与えられる n' に置き換えます。

$$n'=0.5-em+(\Delta F \times \rho E)/(0.35 \times B \times \varepsilon H \times \rho H)$$
$$\times \tau/D \quad (回/h) \quad \cdots\cdots ①$$

e：熱回収装置の顕熱回収効率(-)
m：熱回収対象の換気量を換気回数で表したもの
　　(回/h)
　　=VA/B
　VA ：実質的な熱回収対象換気量(漏気を除く)(㎥)
　ΔF：熱回収装置の熱交換素子による換気用消費電力の増加分(W)
　　　ΔF =VA × ΔP/(3600 × ηV)
　　　　VA ：熱回収対象換気量(漏気を含む)(㎥)
　　　　ΔP：その風量での風圧差(Pa)
　　　　ηV：送風機の総合効率(-)
ρE：電力の1次エネルギー換算係数(-)
B：気積(㎥)
εH：暖房熱源機器の2次エネルギー係数(-)
ρH：暖房熱源に使用する2次エネルギーの
　　　　1次エネルギー換算係数(-)
τ ：熱回収装置の年間稼働時間(s/年)
D ：拡張暖房デグリーデ(Ks)

　　QPEXの計算ではまず住宅の熱損失係数を算出し、暖房用エネルギー消費量を計算します。その後で灯油や電気式暖房など各暖房法での消費エネルギーを割り出すので、ここでのエネルギー換算は不要となります。したがって、ここではρE、εH、ρHについては考慮する必要はありません。よって、実質的な換気回数は下式により算出されます。

$$n' = 0.5-em+\Delta F/(0.35 \times B) \times \tau/D \quad [回/h]$$

尚、顕熱交換効率に上記式により消費電力を考慮するため、全熱交換換気を使用し潜熱回収効率を入力している場合には換気回数に消費電力を考慮せず、下式により熱交換効率から換気回数を計算します。

$$n' = 0.5 - em \quad [回/h]$$

※ τ/Dは居住者の生活や気象などの一定しない因子が関係するので次世代基準の解説に基づき、表5-10の値とします。

表5-10　次世代基準で示されている τ/Dの値

地域	τ/D[k^{-1}]
I	0.112
II	0.116
III	0.112
IV	0.122
V	0.170
VI	0.200

○ 熱回収対象の換気量mの算定法

　　住宅内には壁の上下端や開口部など隙間があり、漏気が発生するため、熱回収の対象となる換気量は実際の換気量とは異なります。熱回収対象の換気量mを算定する上で「床面積当たりの相当隙間面積：c㎡/㎡」と、熱交換機内の漏気を除く換気の割合を示す「有効換気率(%)」の2つから推定します。

　　相当隙間面積と自然換気回数の関係は表5-11の通りです。この数値は隙間の位置や形状により必ずしも対応しませんが、おおよそ相当隙間面積の1/10から1/20となっています。本プログラムでは1/10回の自然換気があると設定しており、0.5からこの自然換気回数を引き、有効換気率を乗算した値が熱回収対象の換気回数となります。

$$m = (0.5 - 相当隙間面積/10) \times 有効換気率$$

表5-11　相当隙間面積と自然換気回数の関係

内外温度差	相当隙間面積（c㎡/㎡）				
	1.0	2.0	3.0	4.0	5.0
40℃	0.13	0.27	0.40	0.53	0.66
30℃	0.10	0.20	0.30	0.40	0.50
20℃	0.07	0.13	0.20	0.27	0.33
10℃	0.03	0.07	0.10	0.13	0.17

○ 消費電力増分の推定

　　消費電力の増分は、熱交換換気使用時の消費電力と第3種換気使用時の消費電力の差です。前者は使用する機器のカタログ値からわかりますが、比較する第3種換気の消費電力については基準となる値が必要となるため、本プログラムでは、各メーカーのセントラル排気を使用したときの消費電力と換気量との関係から近似式を作成し、入力された気積に応じて消費電力量を割り出します。

$$消費電力[W] = 0.297 \times 換気量V[㎥]-12.623$$

○ 熱交換換気と第3種換気を併用する場合の換気回数の評価

　熱交換換気を採用する住宅においても、トイレや浴室などで第3種換気を併用する例は多くあり、この場合の第3種換気による熱損失は、24時間使用する熱交換換気の熱損失に加算する形で計算する必要があります。そこで本プログラム内では、熱交換と併用する第3種換気がある場合にはその場所ごとの1時間当たりの換気量とおおよその使用時間を入力することで、住宅の気積に対する換気回数に自動で換算し、24時間換気の換気回数に加算されることとしました。

　計算例：モデル住宅（気積 = 359.72［㎥］）において、
　　　　　トイレ・浴室に第3種換気を使用する場合

表5-910のように、第3種換気の稼働時間を想定すると

第3種換気による換気回数 ＝ 110 /（24 × 359.72）
　　　　　　　　　　　　 ＝ 0.013（回/h）

表5-12　熱交換換気と併用する第3種換気の換気量(例)

使用場所	1時間当たりの換気量	使用時間	1日の換気量
トイレ	30[㎥/h]	2[h]	60[㎥]
浴室	50[㎥/h]	1[h]	50[㎥]

5-5　暖房用エネルギー消費量

　暖房用エネルギー消費量の計算は、デグリーデー法をベースにして下式で計算しています。

Q_s＝(24×qa×D×補正係数-熱容量による削減効果)/η
　Q_s：暖房用エネルギー消費量 ［ℓ］
　qa：総熱損失 ［W/K］＝ 熱損失係数Q［W/㎡K］
　　　　　　　　　　　　　× 相当延べ床面積 ［㎡］
　D：暖房度日数 ［K日］
　η：暖房システム効率 ［-］
　補正係数：時間非定常計算との誤差を補正する係数

※灯油の使用量に換算する場合には、発熱量である10289［W］で除する必要があります。熱容量による削減効果は、［5-12 熱容量・通風による負荷削減効果］を参照してください。

○ 熱損失係数（Q値）

　本プログラムにより算出した値を使用します。

○ 暖房度日数（D）

　本プログラムでは暖房度日数を近似式化し計算により暖房度日数を求めています。

D=aX2+bX+c

　a,b,c：選択した都市により変化する定数
　X：暖房設定室温－自然温度差 ［℃］
　暖房設定室温：10～25 ［℃］（1℃刻み）より選択
　自然温度差：(室内発生熱＋日射取得熱)/qa ［℃］
　室内発生熱：室内に存在する物体から発生する床面
　　　　　　　積当りの熱量×相当延べ床面積 ［W］
　室内に存在する物体から発生する熱は
　　　　　　床面積当りの熱量：4.65 ［W/㎡］
　　　　　　『住宅の省エネルギー基準の解説』3) より
　日射取得熱：Σ(水平面日射量×方位係数×日射熱
　　　　　　　取得率×開口部面積×入射角特性) ［W］
　水平面日射量：選択した都市の水平面1㎡あたり
　　　　　　　　の日射量 ［W/㎡］
　　　　　　　　《 7-1 気象データ概要 》 参照
　方位係数：建設地域と開口部の取付方位・位置
　　　　　　による係数 ［-］
　　　　　　　《 4-8 方位係数 》 参照
　日射熱取得率：室内に流入する通過日射の割合[-]
　　　　　　　　《 4-7 日射熱取得率 》 参照
　開口部面積：開口部の見付け面積(W×H) ［㎡］

○ 暖房システム効率（η）

　選択画面により暖房方法に応じた値が自動で入力されますが、値を直接入力することも可能です。

ヒートポンプ：直接入力　　電気ボイラー： 1.0
高効率FFボイラー：0.95　　FFボイラー：0.85
FFストーブ：0.75
煙突付きボイラー：0.66　　煙突付きストーブ：0.57
エコジョーズ：0.91　　　　FFガスボイラー：0.83

　エコキュートの性能については、社団法人日本冷凍空調工業会で定められた条件に基づいて、各メーカーのCOPを表示していますが、貯湯槽からの放熱や寒冷地の1、2月の外気温を考慮すると、実際の使用条件でのCOPは1.5程度まで下がる可能性もあるので、計算時には機器の性能と使用条件をよく考慮してCOPを決定してください。

5-6　冷房用エネルギー消費量

　冷房用エネルギー消費量の計算は暖房用エネルギー消費量同様にデグリーデー法をベースにしていますが、冷房負荷計算では顕熱に加えて潜熱も計算する必要があります。QPEXでのそれぞれの計算方法を以下に示します。

○ 顕熱負荷

$Qs =$ （24×qa×D×補正係数 － 通風・熱容量による
　　　削減効果）/ η

Qs：暖房用灯油消費量［ℓ］

qa：総熱損失係数［W/K］

D ：冷房度日数［K日］

η：冷房システム効率[-]

補正係数：時間非定常計算との誤差を補正する係数

※通風・熱容量による削減効果は[5-12 熱容量・通風による負荷削減効果]を参照してください。

○ 冷房度日数（D）

冷房度日数は暖房同様に算出結果を近似式化し、以下の計算により冷房度日数を求めています。

$D=aX^2+bX+c$

a,b,c：選択した都市により変化する定数

X ：冷房設定室温－自然温度差(℃)

冷房設定室温：20～30 (℃)より選択

自然温度差：(室内発生熱＋日射取得熱)/qa(℃)

室内発生熱：室内に存在する物体から発生する
　　　　　　床面積当りの熱量×相当延べ床面積(W)

室内に存在する物体から発生する熱は床面積当り
　　　　4.65(W/㎡)

日射取得熱＝Σ(水平面日射量×夏期日射取得係数
　　　　　　×相当延べ床面積)(W)

○ 潜熱負荷

　冷房の潜熱負荷は室内の家電・人体から発生する水蒸気と、換気により外気から侵入する水蒸気の2種類があります。QPEXではそれぞれの潜熱負荷を以下の方法で計算します。

室内で発生する水蒸気
　　= 1.16[W/㎡]×相当延べ床面積[㎡]×冷房時間[h]

1.16[W/㎡]：住宅の省エネルギー基準の解説[3] より

冷房時間　：潜熱負荷は水蒸気量に関わらず、冷房使用時間のみ発生します。

QPEXでは地域ごとに冷房時間を計算し、顕熱負荷のデグリーデー同様に [ax²+bx+c]の近似式を作成し、計算により求めます。

換気により外気から侵入する水蒸気
= 除湿すべき水蒸気量[g]×住宅容積[㎥]×換気回数[-]
　　　　×蒸発潜熱2.45[W/g] × 空気の 比重1.20[g/㎥]

除湿すべき水蒸気量：

　各設定室温・自然温度差で、相対湿度60%を超える水蒸気量を算出し、QPEXではその計算値の補間法により水蒸気量を求めます。(表5-13)

表5-13　各温度の蒸発潜熱

温度	蒸発潜熱	
℃	kJ/g	W/g
20	2.451	0.681
21	2.449	0.680
22	2.447	0.680
23	2.444	0.679
24	2.442	0.678
25	2.440	0.678
26	2.437	0.677
27	2.435	0.676
28	2.433	0.676
29	2.430	0.675
30	2.428	0.674

5-7　日射熱取得率の計算

○ 日射熱取得率計算の概要

　日射熱取得率は窓からの日射熱取得率と躯体からの日射熱取得率をそれぞれ以下の方法により計算します。

窓からの日射熱取得率
　　　= 窓の日射侵入率ηw × 窓面積
　　　　　　× 入射角特性係数 × 庇による補正係数

窓の日射侵入率ηw：ガラス、フレームを考慮した窓の日射侵入率 [-]

入射角特性：日射の窓への入射角による低減係数 [-]
　入射角特性については[6-9 入射角特性]を参照してください。

庇による補正係数：暖冷房共に窓からの日射取得熱には庇による補正係数が掛かります。

補正係数について [6-11 日射遮蔽] を参照してください。

○ 開口部の日射浸入率

　JISの計算式ではフレームからの日射取得を考慮することが可能となっています。計算式と計算に必要な値は以下に示す通りです。

ガラスの日射侵入率　$\eta W = \dfrac{A_g \eta_g + A_f \eta_f}{A_g + A_f}$

フレームの日射侵入率　$\eta_f = \alpha_f \dfrac{U_f}{\dfrac{d_s}{d_f} h_{ex}}$

Ag = Aw × Ga

Af = Aw × (1 - Ga)

Ag： ガラス面積　[㎡]

Af： フレーム面積　[㎡]

Aw： 窓面積　[㎡]

Ga： ガラス率　[-]

Uf： フレームの熱貫流率　[W/(㎡・K)]

ηg： ガラスの日射侵入率　[-]

αf： フレーム外表面日射吸収率　[-]

ds/df = k： フレーム見付寸法/外部露出長さの割合　[-]

h_{ex}： 室外側表面熱伝達率　[W/(㎡・K)]

夏期の室外側表面熱伝達率　17.64[W/(㎡・K)]を使用

※ガラスデータについては [5-3 開口部の熱貫流率] を参照。

○　2重ガラスの場合のηg値

2重サッシの場合のガラスηは、表5-14 のガラスの中で最もη値が近い値を使用します。なお、この値は負荷計算のみに使用します

表5-14　2重ガラスの場合のηg値

外 ＼ 内			η値	シングル	ペア	断熱		トリプル	断熱	遮熱	トリプル
						EA	ブルー	EA	グリーン	グリーン	
				-	A12	AR12	AR12	AR9	AR12	AR12	AR9
シングル		-	0.88	0.792	0.719	0.672	0.601	0.542	0.461	0.407	0.294
ペア		A12	0.79	0.715	0.654	0.610	0.550	0.504	0.432	0.395	0.295
断熱	EA	AR12	0.74	0.671	0.572	0.568	0.520	0.482	0.415	0.404	0.316
	ブルー	AR12	0.64	0.600	0.554	0.514	0.474	0.440	0.394	0.374	0.296
トリプルEA		AR9	0.58	0.524	0.485	0.449	0.417	0.390	0.358	0.342	0.281
断熱	グリーン	AR12	0.48	0.449	0.416	0.384	0.361	0.332	0.313	0.298	0.241
遮熱	グリーン	AR12	0.39	0.377	0.354	0.334	0.311	0.290	0.262	0.249	0.200
トリプル		AR9	0.32	0.259	0.242	0.224	0.214	0.197	0.199	0.186	0.182

5-8　方位係数

○ 方位係数の概要

方位係数は、水平面日射量を1とした場合の各方位の日射量の比率です。QPEXには842地点の水平面日射量が組み込まれており、水平面日射量に方位係数を掛けて、各方位の日射量を算出します。方位係数の算出時に用いた日射量は「拡張アメダス気象データ 1981-2000」[4]のデータを基にしています。

○ 地表面反射率

地表面反射率とは地表面が太陽の光を反射する割合です。実際の住宅では、積雪など季節による影響や隣家や木などの周辺環境により値が大きく変化するため、表5-13に示す拡張アメダス気象データ内の値を参考に、全都市・全期間の地表面反射率を「20%」としています。

○ 代表都市

方位係数は、暖房DD18-18による気候区分のⅠ～Ⅵの地域区分及び日射量により区分した計19の地域で分け、その地域の代表都市の値を用いています。代表都市は、表5-16に示す通りです。

表5-15　拡張アメダス気象データ内の地表面反射率(参考値)

表面の種類		(%)
雪・氷	新雪	75～49
	古雪	40～70
	海氷	30～40
砂・土壌	砂（乾）	30～40
	砂（湿）	20～30
	土（暗色）	5～15
	灰色土（乾）	25～30
	灰色土（湿）	10～12
	黒土（乾）	14
	黒土（湿）	8
	コンクリート（乾）	17～27
	アスファルト道	5～10

表5-16　代表都市一覧

		地域						
		1	2	3	4	5	6	7
日射量	A	帯広	－	佐久	松本	前橋	練馬	宮崎
	B	旭川	札幌	盛岡	福島	中津川	豊中	福岡
	C	倶知安	増毛	弘前	秋田	新潟	金沢	－

日射量による地域区分A～Cについては、7-2 気候区分の設定を参照してください。

○ 鉛直面の方位係数

　鉛直面は拡張アメダス気象データ[4] より代表都市で月ごとに8方位の平均日射量を算出し、

　　[各方位の日射量]/[水平面日射量]

で方位係数を計算しています。この各方位の方位係数から、方位角θを変数とした3次近似式

$[a\cos3\theta + b\cos2\theta + c\cos\theta + d]$ を作成し、入力された方位角に応じて方位係数を計算します。なお、東と西、南東と南西、北東と北西についてはそれぞれ計算して平均値を使用しています。

　例として Ⅲ～Ⅴ地域の方位係数を図5-11に示します。

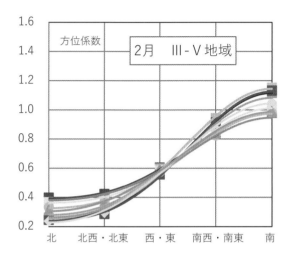

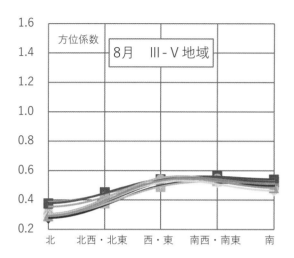

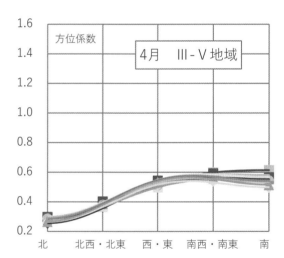

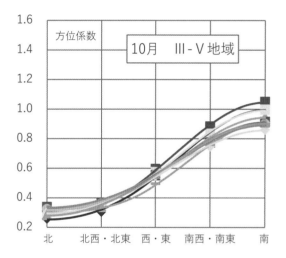

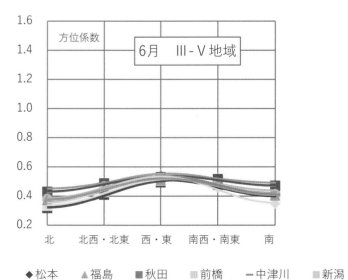

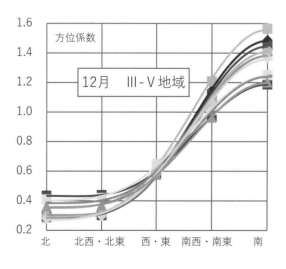

◆松本　▲福島　■秋田　▦前橋　―中津川　▨新潟　▨練馬　▨豊中　－金沢　◆宮崎　▲福岡

　図5-11　鉛直面の方位係数のデータと近似式　（例）Ⅲ、Ⅳ地域一部抜粋

○ 傾斜面の方位係数

　傾斜面は0〜45°の範囲で7パターンの角度で方位係数を計算しています。水平の0°と右の表の各勾配を使用しています。

　各傾斜、各方位の方位係数から、方位角 θ、傾斜角 ϕ を変数として重回帰式

$$[\,a + b\,\phi\cos\theta + c\cos\theta + d\cos\phi + e\cos\theta\cos\phi\,]$$

を作成し、計算に使用しています。

○ 傾斜面の方位係数算出に用いた角度

11.31° = 2/10勾配	30.96° = 6/10勾配
21.80° = 4/10勾配	38.66° = 8/10勾配
26.57° = 5/10勾配	45.00° = 10/10勾配

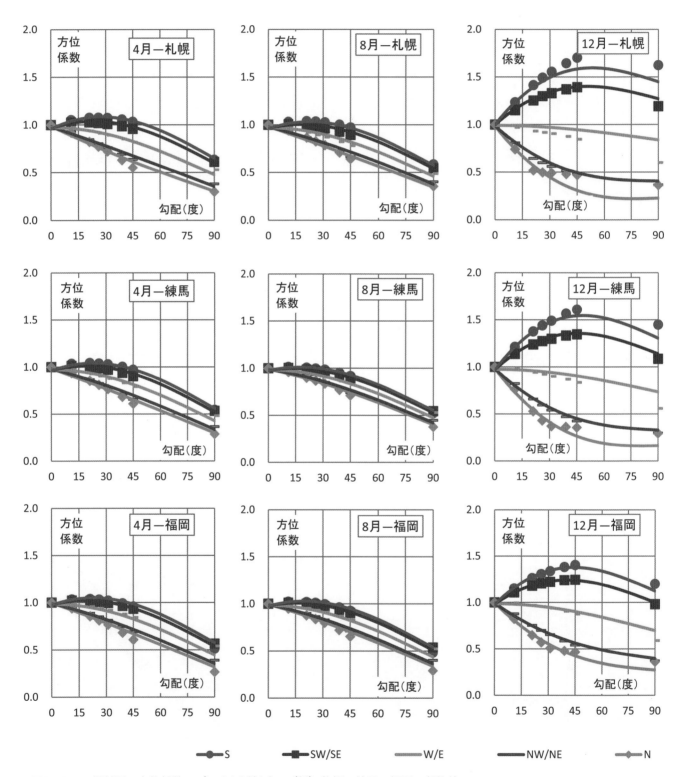

図5-12　　傾斜面の方位係数のデータと近似式　　（例）札幌、練馬、福岡一部抜粋

5-9　日射の入射角による補正

　ガラスの日射透過率・日射反射率は、入射する日射の角度により大きく変化します。この入射角による影響を加味するため、入射角補正係数を定めています。

　入射角補正係数は、直達日射と天空日射・地表面反射日射で異なり、それぞれを下記の式で計算します。それら全ての日射を合計し、[入射角補正した日射量]/[日射量]の比率を入射角補正係数とし、各月で方位ごとに計算しています。プログラム内では方位角の補間法により計算します。なお、地表面反射率・都市選定は方位係数と同様のものを用いています。

<u>窓透過日射量 = 窓透過直達日射量 + 窓透過天空日射量
　　　　　　　+ 窓透過地表面反射日射量</u>

　窓透過直達日射量 = 窓面直達日射量 × 入射角補正

　　入射角補正 = 2.392cosi - 3.8636cos3i + 3.7568cos5i
　　　　　　　- 1.3965cos7i

入射角 I : $\cos i = \cos\theta\sinh + \sin\theta\cosh\cos(A\text{-}A\theta)$

　　θ :傾斜面の傾斜角

　　h :太陽高度

　　A :太陽方位角

　　$A\theta$:傾斜面の方位角

　窓透過天空日射量 = 窓面天空日射量× 0.81

　窓透過地表面反射日射量 =窓地表面反射日射量× 0.81

○ 鉛直面の入射角補正

　鉛直面は代表都市での16方位の月ごとの平均入射角補正係数を出し、西と東、西南西と東南東といった南北の軸から等角度の14方位を、それぞれ平均化したものに南と北を足した計9方位の入射角補正係数を算出したところ、南鉛直面でⅠ～Ⅲ地域とⅣ地域以南に差が表れたため(図5-13)、南と南南西・南南東の値はそれぞれの地域の平均値を使用しています。他の方位の値は統一の値を使用しています。

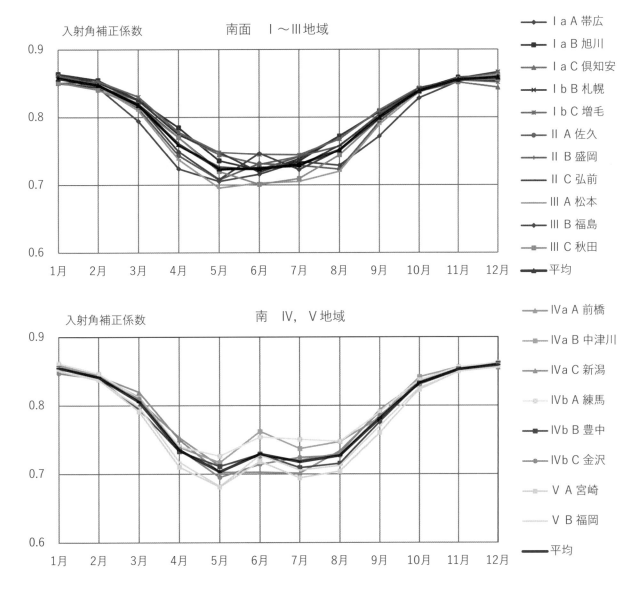

図5-13　南鉛直面のⅠ～Ⅲ地域とⅣ地域以南の入射角補正係数(黒線は各平均値)

○ 傾斜面の入射角補正

傾斜面は、一般的な屋根勾配の角度である0〜45度内にある0、15、30、45度での値を鉛直面の場合と同様に算出しました。角度による差や地域による差は大きくないため、全地域・角度で平均化した統一の値を使用しています。図5-14の黒線が全角度、全地域の平均値です。

表5-17に入射角補正係数一覧を示します。

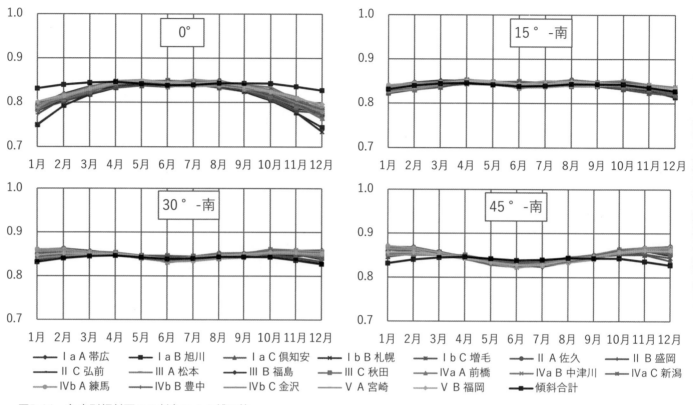

図5-14　角度別傾斜面の入射角による補正値

表5-17　入射角補正係数一覧

・鉛直面　Ⅰ〜Ⅲ地域

		1月	2月	3月	4月	5月	6月	7月	8月	9月	10月	11月	12月
北	0	0.810	0.810	0.810	0.799	0.779	0.780	0.783	0.798	0.809	0.810	0.810	0.810
北北西	22.5	0.810	0.808	0.794	0.780	0.783	0.789	0.788	0.785	0.793	0.805	0.810	0.810
北西	45	0.792	0.776	0.779	0.788	0.798	0.800	0.799	0.793	0.787	0.780	0.786	0.795
西北西	67.5	0.771	0.781	0.796	0.806	0.812	0.810	0.809	0.806	0.800	0.786	0.774	0.770
西	90	0.792	0.805	0.813	0.816	0.816	0.812	0.813	0.814	0.812	0.805	0.793	0.789
西南西	112.5	0.813	0.820	0.822	0.818	0.812	0.808	0.808	0.813	0.817	0.819	0.816	0.814
南西	135	0.830	0.828	0.821	0.809	0.796	0.789	0.792	0.803	0.815	0.826	0.829	0.830
南南西	157.5	0.849	0.837	0.820	0.788	0.753	0.745	0.753	0.778	0.810	0.831	0.846	0.851
南	180	0.858	0.848	0.818	0.760	0.724	0.724	0.730	0.751	0.799	0.839	0.856	0.859

・鉛直面　Ⅳ地域以南

		1月	2月	3月	4月	5月	6月	7月	8月	9月	10月	11月	12月
北	0	0.810	0.810	0.810	0.799	0.779	0.780	0.783	0.798	0.809	0.810	0.810	0.810
北北西	22.5	0.810	0.808	0.794	0.780	0.783	0.789	0.788	0.785	0.793	0.805	0.810	0.810
北西	45	0.792	0.776	0.779	0.788	0.798	0.800	0.799	0.793	0.787	0.780	0.786	0.795
西北西	67.5	0.771	0.781	0.796	0.806	0.812	0.810	0.809	0.806	0.800	0.786	0.774	0.770
西	90	0.792	0.805	0.813	0.816	0.816	0.812	0.813	0.814	0.812	0.805	0.793	0.789
西南西	112.5	0.813	0.820	0.822	0.818	0.812	0.808	0.808	0.813	0.817	0.819	0.816	0.814
南西	135	0.830	0.828	0.821	0.809	0.796	0.789	0.792	0.803	0.815	0.826	0.829	0.830
南南西	157.5	0.844	0.830	0.813	0.774	0.736	0.741	0.740	0.764	0.800	0.825	0.841	0.849
南	180	0.855	0.841	0.805	0.735	0.703	0.729	0.718	0.727	0.781	0.833	0.853	0.859

・傾斜面

		1月	2月	3月	4月	5月	6月	7月	8月	9月	10月	11月	12月
北	0	0.764	0.760	0.761	0.790	0.820	0.829	0.826	0.807	0.777	0.765	0.762	0.767
北北西	22.5	0.756	0.749	0.771	0.806	0.823	0.828	0.826	0.816	0.792	0.759	0.754	0.757
北西	45	0.747	0.770	0.802	0.824	0.831	0.831	0.831	0.826	0.813	0.785	0.754	0.741
西北西	67.5	0.768	0.794	0.817	0.833	0.838	0.837	0.837	0.833	0.823	0.805	0.776	0.758
西	90	0.794	0.813	0.828	0.840	0.842	0.840	0.840	0.839	0.832	0.820	0.800	0.786
西南西	112.5	0.810	0.824	0.836	0.844	0.844	0.841	0.841	0.842	0.837	0.830	0.815	0.804
南西	135	0.821	0.833	0.841	0.846	0.844	0.840	0.841	0.844	0.841	0.837	0.826	0.816
南南西	157.5	0.829	0.838	0.844	0.846	0.843	0.839	0.840	0.844	0.842	0.841	0.833	0.824
南	180	0.832	0.840	0.845	0.846	0.842	0.839	0.840	0.844	0.843	0.843	0.836	0.828

5 -10　日射利用率

高断熱住宅では、日射が強くなる時期の日中に日射熱でオーバーヒートしてしまうことがあります。そのため暖房日であっても、日中には大きな気温差により室内の熱が外へ逃げ、夜になると再び暖房が必要となってしまいます。この無駄になってしまう日射熱を考慮し、実際に

利用できる日射熱の割合を表すのが日射利用率です。

本プログラムでは、AE Simheat を用いて日射の有無による熱の変化を比較し、日射取得全体のエネルギーに対する暖房負荷の削減量を各代表地点で調査し、回帰式を作成しています。

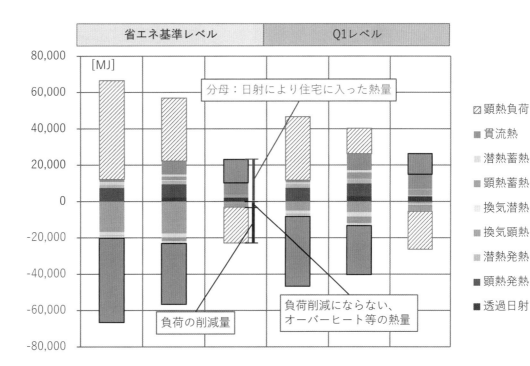

		次世代レベル			Q1レベル		
		日射なし	日射あり	差	日射なし	日射あり	差
透過日射		0	2,097	2,097	0	2,744	2,744
室内発熱	顕熱	7,419	7,307	-113	7,406	7,078	-328
	潜熱	1,662	1,888	225	1,690	2,346	656
換気	顕熱	5	0	-5	2	0	-2
		-16,739	-17,597	-858	-5,030	-5,909	-879
	潜熱	402	385	-17	191	191	0
		-2,072	-2,284	-212	-1,887	-2,553	-666
蓄熱	顕熱	150	1,943	1,793	267	3,502	3,235
		-154	-1,928	-1,775	-268	-3,478	-3,210
	潜熱	1,216	1,305	90	1,041	1,361	320
		-1,209	-1,295	-86	-1,035	-1,345	-310
貫流熱		1,216	7,254	6,037	1,083	9,066	7,983
		-46,434	-33,564	12,870	-38,406	-26,980	11,427
暖房負荷		54,535	34,700	-19,835	34,947	13,968	-20,980
熱取得増分の合計				23,112			26,365
日射利用率				85.8%			79.6%

図5-15　暖房期間の熱収支（前橋PBモデル）

○ 各地域、住宅仕様による日射利用率の変化

住宅の断熱性能、日射遮蔽性能、熱容量を変化させて各都市で計算した結果、日射利用率には下記のような傾向があります。

- Q値を小さくしていくと高断熱でオーバーヒートが増えるため、日射利用率が小さくなる。
- μ値を小さく日射遮蔽性能を高くすると、日射の取得そのものが減りロスも減るため、利用率が大きくなる。

- 熱容量を増やすと蓄熱によりオーバーヒートが減るため、日射利用率が大きくなる。
- 日射量が多い地域ほどオーバーヒートが増えるため、日射利用率が小さくなる。
- 暖かい地域に行くほど必要な暖房エネルギーが減りオーバーヒートが増える為、日射利用率が小さくなる。

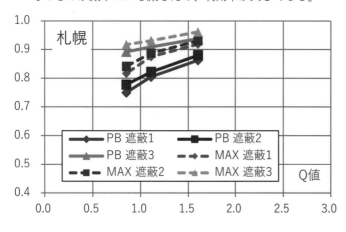
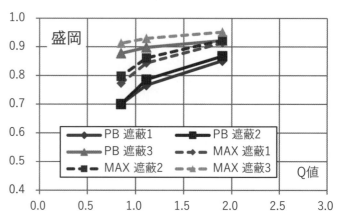
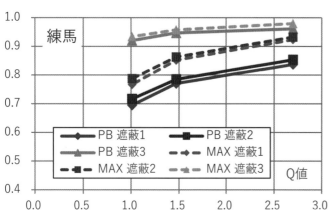
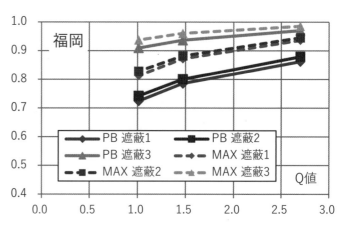

図5-16　各地域の日射利用率変化
（遮蔽レベル及び熱容量レベルについては《5-12 熱容量・通風による負荷削減量》を参照してください。）

QPEXには全国18地点での計算結果をもとにし、下記の形式の重回帰式を作成して計算に反映しています。

$$日射利用率 = a\sqrt{Q} + b\sqrt{\mu} + c\sqrt{\mu}\,P + d\sqrt{Q}\sqrt{\mu} + e$$

（a,b,c,d,eは各都市の係数、Pは熱容量）

計算値と重回帰式の誤差はおおよそ上下3%となっています。Ⅰ地域、Ⅳ地域の相関を例に示します。

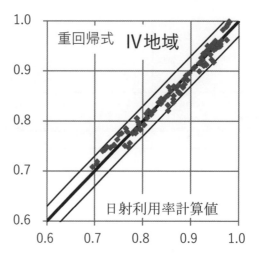

図5-17　日射利用率計算値と重回帰式の値の比較

5-11　日射遮蔽

○ 外皮日射熱取得率の計算

外皮日射熱取得率 ηA値は下記の計算式より算出します。

$$\eta A = \Sigma（\Sigma Aij\eta ij）\nu j + \Sigma Ari\eta ri）/ S$$

Aij：j番目の方位におけるi番目の外壁（開口部
　　　含む）の面積[㎡]

ηij：j番目の方位におけるi番目の外壁（開口部
　　　含む）の日射侵入率[-]

νj：j番目の方位の方位係数[-]

Ari：i番目の屋根（開口部含む）の実面積[㎡]

ηri：i番目の屋根（開口部含む）の日射侵入率[-]

外壁及び屋根の η = aU / ao = 0.8U / 23 ≒ 0.034U

　a：壁体の日射吸収率0.8

　ao：外気側熱伝達率23[W/㎡K]

ηA値算出に必要な方位係数は住宅の省エネルギー基準の解説1) に示されている、表5-18の値を使用します。

住宅の省エネルギー基準では開口部の日射侵入率 η 値を開口部全面ガラスとして計算しています。そのため、QPEXでは ηA値計算用と冷房負荷計算用の η 値をそれぞれ違う計算としています。また方位係数も同様に、計算方法をそれぞれで区別しています。

・基準値計算　　窓の η 値：窓全面をガラスとした値
　　　　　　　　方位係数：表5-18に示した固定値

・冷房負荷計算　窓の η 値：ガラス・フレームそれぞれ
　　　　　　　　　　　　　　の日射取得を計算
　　　　　　　　方位係数：各地域、各月の値を近似式
　　　　　　　　　　　　　により計算

表5-18　省エネ基準に示されている ηA算出のための方位係数

地域	方位							
	北	北東	東	南東	南	南西	西	北西
1地域（Ⅰa）	0.260	0.333	0.654	0.823	0.935	0.790	0.535	0.325
2地域（Ⅰb）	0.263	0.341	0.554	0.766	0.856	0.753	0.544	0.341
3地域（Ⅱ）	0.284	0.348	0.540	0.751	0.851	0.750	0.542	0.351
4地域（Ⅲ）	0.256	0.330	0.531	0.724	0.815	0.723	0.527	0.326
5地域（Ⅳa）	0.238	0.310	0.568	0.846	0.983	0.815	0.538	0.297
6地域（Ⅳb）	0.261	0.325	0.579	0.833	0.936	0.763	0.523	0.317
7地域（Ⅴ）	0.227	0.281	0.543	0.843	1.023	0.848	0.548	0.284
8地域（Ⅵ）	0.260	0.333	0.564	0.823	0.935	0.790	0.535	0.325

○ 日射遮蔽物によるガラス η 値の補正

改正省エネルギー基準では日射遮蔽物を設置した場合のガラスの η 値を表5-19の値としています。基準値の計算には表5-19の値を使用しますが、負荷計算ではその他の日射遮蔽物にも対応しています。計算では遮蔽物ごとの係数（表5-20）を各ガラスの η 値に乗じて計算します。

表5-19　日射遮蔽物を設置した場合のガラスの η 値

ガラス仕様		日射遮蔽物等の種類		
		ガラスのみ	和障子	外付ブラインド
Low-E三層複層(2Low-E)	日射取得型	0.54	0.34	0.12
	日射遮蔽型	0.33	0.22	0.08
Low-E三層複層（1Low-E）	日射取得型	0.59	0.37	0.14
	日射遮蔽型	0.37	0.25	0.10
三層複層ガラス		0.72	0.38	0.18
Low-E複層ガラス	日射取得型	0.64	0.38	0.15
	日射遮蔽型	0.40	0.26	0.11
複層ガラス		0.79	0.38	0.17
単板ガラス		0.88	0.38	0.19
単板+複層ガラス		0.72	0.39	0.17
単板+Low-E複層ガラス	日射取得型	0.60	0.38	0.14
	日射遮蔽型	0.46	0.34	0.12

表5-20　負荷計算用各遮蔽物によるガラスの η 値 補正係数

日射遮蔽物	係数	日射遮蔽物	係数
レースカーテン	0.743	内付けロールスクリーン	0.599
内付ブラインド	0.660	外付けロールスクリーン	0.412
和障子	0.587	ハニカムスクリーン	0.497
外付けブラインド	0.237	すだれ	0.320

○ 外付けブラインドによるフレームη値の補正

　フレームのη値は開口部の外部側にブラインドがある場合に限り、下記理論式によりフレームへ入射する日射量の減少を評価します。

$\eta f = c \eta f$

$$c = \tau b / (1 - \rho bb \rho f)$$

　　　τb：ブラインドの日射透過率　　0.2

　　　ρbb：ブラインド背面の日射反射率　0.5

　　　ρf：フレームの日射反射率（1－日射吸収率）

外付けブラインドの性能値は、住宅の省エネルギー基準の解説より引用しています。

○ 庇等による日射侵入率の補正

　住宅の省エネルギー基準では、開口部の日射侵入率を庇等により補正することが認められており、下記の計算式により補正係数fcを計算します。ただし、fcの算出に必要な値は、オーバーハング型庇による夏期日除け効果係数表のみで、その他の庇効果には対応していません。一方、建築環境・省エネルギー機構の日除け効果係数チャート(図5-19)では夏期冬期ともにオーバーハング型、サイドフィン(窓両袖に設置)型両方の庇効果がグラフで記されています。

　QPEXでは基準値計算及び冷房負荷計算には基準に則したオーバーハングのみを使用し、暖房負荷計算は側壁の影響を安全側に計算するため、図5-19からサイドフィン効果を読み取り、計算に使用しています。(表5-21)

○ 補正係数fcの算出式（日射取得にfcを乗じて補正）

$$fc = (f2 (y1 + y2) - f1y1) / y2$$

　　　y1：庇と窓の間隔

　　　y2：窓の高さ

　　　f1,f2：日除け効果係数（表[3]より参照）

　　　日除け効果係数f1,f2を表より読み取るための数値

　　　　　l1 = y1 / Z

　　　　　l2 = (y1 + y2) / Z

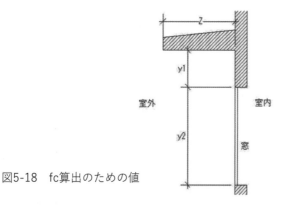

図5-18　fc算出のための値

○ 日除け効果係数

日除け効果係数チャートには図5-19のようなグラフにより日除け効果を記しています。グラフのx軸がl1,l2、y軸がf1,f2に対応しています。グラフより読み取った値を基に、冬期のサイドフィンの効果を基準書同様の形の表にし、計算に使用しています。詳しくは、建築環境・省エネルギー機構 改訂 拡張デグリーデー表[5]を参照してください。

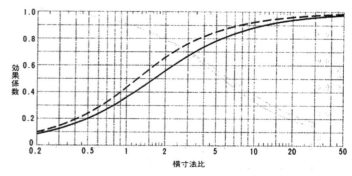

図5-19　日除け効果係数チャート

表5-21　暖房負荷計算用サイドフィン型日除けの効果係数
（日除け効果係数チャートより読み取った値）

l1 又は l2	0・I地域 南	南東 南西	東・西	北東 北西	北	II地域 南	南東 南西	東・西	北東 北西	北
0.0	0.00	0.00	0.00	0.00	0.00	0.00	0.00	0.00	0.00	0.00
0.2	0.11	0.12	0.10	0.07	0.10	0.10	0.12	0.09	0.08	0.10
0.3	0.16	0.17	0.14	0.10	0.14	0.15	0.17	0.12	0.11	0.15
0.4	0.20	0.22	0.18	0.13	0.18	0.20	0.22	0.16	0.15	0.19
0.5	0.25	0.27	0.22	0.16	0.23	0.25	0.27	0.20	0.18	0.23
0.6	0.30	0.31	0.26	0.19	0.26	0.29	0.31	0.24	0.22	0.27
0.7	0.34	0.35	0.30	0.22	0.30	0.33	0.35	0.27	0.25	0.31
0.8	0.37	0.39	0.33	0.25	0.33	0.37	0.39	0.30	0.28	0.34
0.9	0.41	0.42	0.36	0.28	0.36	0.40	0.42	0.34	0.30	0.38
1.0	0.44	0.45	0.39	0.31	0.40	0.44	0.46	0.36	0.33	0.40
1.5	0.57	0.57	0.51	0.42	0.51	0.56	0.58	0.49	0.45	0.52
2.0	0.65	0.66	0.59	0.52	0.59	0.65	0.65	0.57	0.54	0.60
3.0	0.75	0.75	0.70	0.64	0.69	0.75	0.75	0.69	0.65	0.71
4.0	0.81	0.81	0.77	0.71	0.75	0.80	0.80	0.75	0.72	0.77
5.0	0.84	0.84	0.80	0.76	0.79	0.84	0.84	0.80	0.77	0.80
6.0	0.87	0.87	0.84	0.79	0.82	0.87	0.87	0.83	0.80	0.84
7.0	0.89	0.89	0.86	0.82	0.84	0.89	0.88	0.85	0.83	0.86
8.0	0.90	0.90	0.88	0.84	0.86	0.90	0.90	0.87	0.85	0.87
9.0	0.91	0.91	0.89	0.86	0.87	0.91	0.91	0.88	0.86	0.89
10.0	0.92	0.92	0.90	0.87	0.88	0.92	0.91	0.89	0.88	0.90

l1 又は l2	III地域 南	南東 南西	東・西	北東 北西	北	IV地域 南	南東 南西	東・西	北東 北西	北
0.0	0.00	0.00	0.00	0.00	0.00	0.00	0.00	0.00	0.00	0.00
0.2	0.10	0.14	0.06	0.09	0.10	0.10	0.13	0.06	0.09	0.10
0.3	0.15	0.19	0.10	0.13	0.15	0.14	0.20	0.09	0.13	0.15
0.4	0.20	0.24	0.13	0.17	0.19	0.19	0.25	0.11	0.16	0.19
0.5	0.24	0.29	0.17	0.21	0.23	0.24	0.30	0.15	0.20	0.24
0.6	0.29	0.33	0.20	0.24	0.28	0.28	0.35	0.18	0.24	0.27
0.7	0.33	0.38	0.23	0.28	0.32	0.32	0.39	0.21	0.27	0.32
0.8	0.37	0.41	0.26	0.31	0.35	0.36	0.42	0.24	0.30	0.35
0.9	0.40	0.44	0.30	0.34	0.39	0.40	0.45	0.27	0.33	0.39
1.0	0.44	0.47	0.33	0.37	0.42	0.43	0.48	0.30	0.35	0.42
1.5	0.57	0.59	0.45	0.48	0.53	0.57	0.60	0.43	0.46	0.54
2.0	0.66	0.66	0.55	0.56	0.62	0.66	0.67	0.52	0.54	0.62
3.0	0.76	0.75	0.67	0.67	0.72	0.76	0.76	0.65	0.66	0.72
4.0	0.81	0.81	0.74	0.73	0.78	0.82	0.81	0.73	0.72	0.78
5.0	0.85	0.84	0.79	0.79	0.82	0.85	0.84	0.77	0.76	0.82
6.0	0.87	0.86	0.82	0.81	0.85	0.87	0.87	0.81	0.80	0.85
7.0	0.89	0.88	0.84	0.83	0.87	0.89	0.88	0.83	0.82	0.87
8.0	0.90	0.90	0.86	0.85	0.88	0.90	0.90	0.85	0.84	0.88
9.0	0.92	0.91	0.88	0.87	0.89	0.91	0.91	0.87	0.86	0.89
10.0	0.92	0.92	0.89	0.88	0.90	0.92	0.92	0.88	0.87	0.90

l1 又は l2	V地域 南	南東 南西	東・西	北東 北西	北	VI地域 南	南東 南西	東・西	北東 北西	北
0.0	0.00	0.00	0.00	0.00	0.00	0.00	0.00	0.00	0.00	0.00
0.2	0.09	0.16	0.04	0.07	0.10	0.09	0.15	0.04	0.08	0.10
0.3	0.14	0.23	0.06	0.11	0.15	0.13	0.23	0.06	0.12	0.15
0.4	0.18	0.29	0.08	0.14	0.19	0.17	0.29	0.09	0.16	0.19
0.5	0.22	0.34	0.11	0.18	0.24	0.21	0.35	0.11	0.20	0.24
0.6	0.27	0.39	0.14	0.21	0.28	0.25	0.39	0.15	0.23	0.28
0.7	0.31	0.43	0.18	0.23	0.32	0.29	0.43	0.18	0.27	0.32
0.8	0.34	0.47	0.21	0.26	0.35	0.32	0.47	0.22	0.30	0.35
0.9	0.38	0.50	0.25	0.28	0.38	0.35	0.50	0.26	0.32	0.38
1.0	0.41	0.53	0.28	0.31	0.41	0.39	0.53	0.29	0.35	0.41
1.5	0.55	0.63	0.43	0.40	0.53	0.52	0.63	0.43	0.45	0.53
2.0	0.64	0.70	0.53	0.47	0.62	0.62	0.69	0.54	0.52	0.62
3.0	0.75	0.78	0.66	0.58	0.72	0.74	0.78	0.67	0.62	0.72
4.0	0.81	0.83	0.73	0.65	0.78	0.80	0.82	0.74	0.69	0.78
5.0	0.84	0.86	0.78	0.70	0.82	0.84	0.85	0.79	0.74	0.82
6.0	0.87	0.88	0.82	0.77	0.85	0.86	0.88	0.82	0.77	0.85
7.0	0.88	0.90	0.84	0.77	0.87	0.88	0.90	0.84	0.80	0.87
8.0	0.90	0.91	0.86	0.80	0.88	0.90	0.90	0.86	0.82	0.88
9.0	0.91	0.92	0.87	0.82	0.90	0.91	0.92	0.88	0.84	0.90
10.0	0.92	0.92	0.88	0.83	0.90	0.92	0.92	0.89	0.85	0.90

5-12　熱容量・通風による負荷削減効果

○ 負荷計算について条件・水準

QPEXに熱容量・通風による負荷削減効果を反映させるために、熱負荷計算ソフトAE-Sim/heatで行った計算結果を使用しています。AE-Sim/heatでの計算条件は、床断熱モデル・基礎断熱モデルそれぞれで、住宅性能を
・次世代省エネ基準適合モデル（以降、次世代と表記）

・Q1.0-X住宅モデルLevel-1（以降、Q1.0と表記）、
・Q1.0-X住宅モデルLebel-3相当（以降、Q1.0-Sと表記）
の3パターン、日射遮蔽を4パターン（表5-22）、熱容量を8パターン（表5-23）としています。空調のスケジュールは、暖房は設定温度20℃で全室24時間運転、全室6-22時運転の2パターンとし、冷房は設定温度を27℃、湿度60%とし、通風を考慮し下記4パターン（表5-22）としています。これらの条件で、表5-24の代表都市について計算しています。

表5-22　日射遮蔽と通風パターンの計算モデル

日射遮蔽	内容
遮蔽0	遮蔽1の庇、軒、レースのカーテンが無いレベル
遮蔽1	住宅事業建築主の判断基準における標準モデル
遮蔽2	東西南の庇を伸長し、東西に外付けブラインド設置
遮蔽3	遮蔽2に加えて南にも外付けブラインド設置

通風パターン	内容
通風無し	通風を行わず、連続冷房
24時間通風	室温27℃未満で通風、室温27℃以上で冷房
0-7時通風	0-7時に通風、それ以外の時間は冷房
21-8時通風	21-8時に通風、それ以外の時間は冷房

表5-23　熱容量水準の計算モデル

	モデル名	外壁	間仕切り壁	1階床	2階床
1	熱容量0	-		-	-
2	PB12.5mm	PB12.5mm	PB12.5mm両面	合板28mm + FL12mm	合板28mm+FL12mm
3	1FM20	PB12.5mm	PB12.5mm両面	合板+モルタル20mm+FL	合板+FL
4	1FM60	PB12.5mm	PB12.5mm両面	合板+モルタル60mm+FL	合板+FL
5	1FM100	PB12.5mm	PB12.5mm両面	合板+モルタル100mm FL	合板+FL
6	WP20	PB+プラスター20mm	PB+プラスター20mm両面	合板+FL	合板+FL
7	1FM100-2FM20	PB12.5mm	PB12.5mm両面	合板+モルタル100mm+FL	合板+モルタル20mm+FL
8	1FM100-WP20-2FM20	PB+プラスター20mm	PB+プラスター20mm両面	合板+モルタル100mm+FL	合板+モルタル20mm+FL

表5-24　代表都市

		地域						
		1	2	3	4	5	6	7
日射量	A	帯広	−	−	松本	前橋	練馬	宮崎
	B	旭川	札幌	盛岡	福島	中津川	豊中・大阪	福岡
	C	倶知安	増毛	弘前	秋田	新潟	金沢	−

○ 熱容量・通風による負荷削減効果について

熱容量0を基準とし、各モデルの熱容量・通風による負荷削減量を算出しました。さらに、重回帰式を作成す

ることでQPEXに反映しています。なお、重回帰式を作成する際の目的変数は、各モデルの負荷削減量を直線近似した値としています。例として前橋の床断熱での負荷削減効果を示します。（図5-20～22）

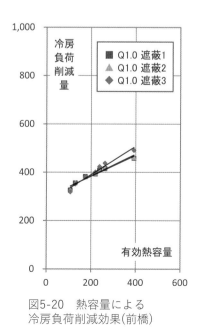

図5-20　熱容量による
冷房負荷削減効果(前橋)

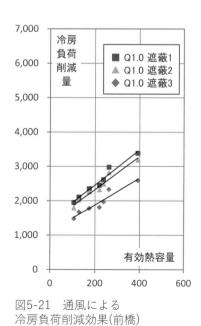

図5-21　通風による
冷房負荷削減効果(前橋)

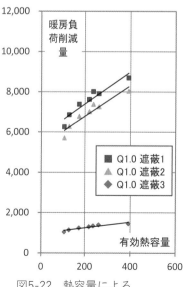

図5-22　熱容量による
暖房負荷削減効果(前橋)

○ 重回帰分析について

　重回帰分析に使用する目的変数と説明変数を表5-25のように設定します。

　説明変数のQ・μ値はQPEXにより算出し、暖房μ値は暖房期の方位係数、庇補正係数で算出しています。

　熱容量と通風両方の要素が含まれるモデルでは、それらの効果が複合的であるため、熱容量・通風の効果を個別に区別することができません。そのため、図5-23のように

① 「熱容量あり/通風なし」のときの熱容量による負荷削減効果(図中①)「熱容量あり/通風あり」でも適用し、

② 「熱容量なし/通風なし」のときの削減分全体から①を引いた分を「通風・熱容量による複合的な通風削減効果」とします。

　表5-26に前橋での通風による重回帰式の例を示します。

この重回帰式は

負荷削減効果

$$= 2.\mathrm{E}{+}03 \times Q + 7.\mathrm{E}{+}04 \times \mu$$
$$+ 4.\mathrm{E}{+}00 \times C + 5.\mathrm{E}{+}01 \times \mu \times c$$
$$+ 2.\mathrm{E}{-}01 \times Q\mu \times c - 4.\mathrm{E}{-}01 \times Q \times c$$
$$+ 3.\mathrm{E}{+}02 \times Q^2 - 8.\mathrm{E}{+}05 \times \mu^2$$

となります。

表5-25　重回帰分析に使用する目的変数と説明変数

	冷房負荷削減量の算出回帰式	暖房負荷削減量の回帰式
目的変数	熱負荷削減量	
説明変数	Q値	
	Q値2乗	
	有効熱容量	
	μ値	暖房μ値
	μ値2乗	暖房μ値2乗
	Q値×有効熱容量	Q値×有効熱容量
	μ値×有効熱容量	暖房μ値×有効熱容量
	Q値×μ値×有効熱容量	Q値×暖房μ値×有効熱容量

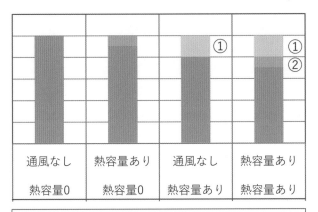

図5-23　通風あり、熱容量ありの時の削減効果の考え方

表5-26　24時間通風による削減効果を求める重回帰式（前橋）

回帰統計	
重相関 R	99.8%
重決定 R2	99.7%
補正 R2	99.6%
標準誤差	37.8
観測数	63

	係数	標準誤差	t	P-値
切片	3.E+03	124	22	0%
Q	-2.E+03	94	-22	0%
μ	7.E+04	5,507	12	0%
c	4.E+00	0	8	0%
μ×c	5.E+01	17	3	0%
Qμ×c	2.E-01	8	0	98%
Q×c	-4.E-01	0	-2	9%
Q^2	3.E+02	23	14	0%
μ^2	-8.E+05	92,744	-8	0%

○ 整合性の確認

　AE-Sim/Heatの算出値と重回帰分析による推定値比較のグラフを示します。例として3つの地点の冷房について、削減量と負荷量を比較しています。
（図5-24〜図5-29）

・通風無し　　（熱容量効果）
・24時間通風（熱容量効果+24時間通風削減効果）
・0-7時通風　（熱容量効果+24時間通風削減効果
　　　　　　　　　　　　　×0-7時通風変換式）
・21-8時通風（熱容量効果+24時間通風削減効果
　　　　　　　　　　　　　×21-8時通風変換式）

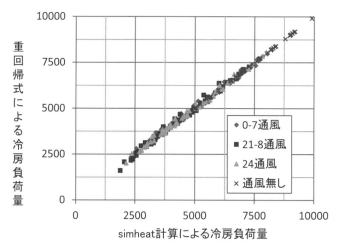

図5-24　重回帰式とSimHeatの冷房負荷量（前橋）

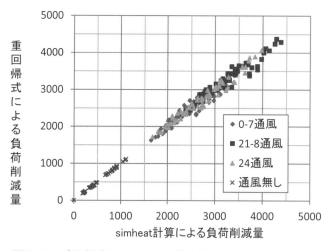

図5-25　重回帰式とSimHeatの熱容量＋通風による
　　　　冷房負荷削減量（前橋）

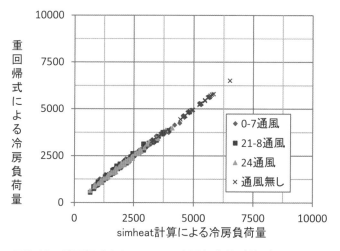

図5-26　重回帰式とSimHeatの冷房負荷量（秋田）

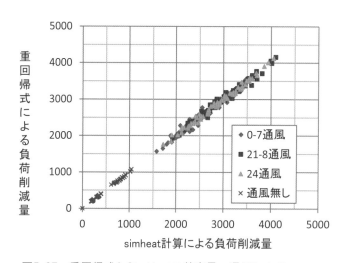

図5-27　重回帰式とSimHeatの熱容量＋通風による
　　　　冷房負荷削減量（秋田）

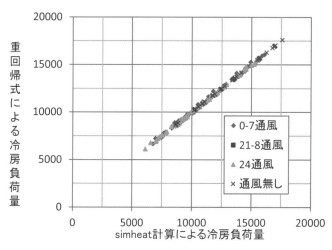

図5-28　重回帰式とSimHeatの冷房負荷量（宮崎）

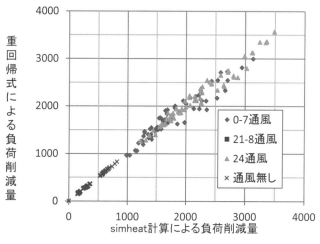

図5-29　重回帰式とSimHeatの熱容量＋通風による
　　　　冷房負荷削減量（宮崎）

5-13　冷房必須期間

○ 冷房必須期間概要

QPEXの冷房負荷計算は、通常の冷房期間と冷房必須期間として設定した期間の2種類の計算が可能です。省エネルギー基準等の冷房負荷計算は窓を閉めた状態を仮定し住宅の省エネルギー性能を評価するものであり、春期、秋期の広い期間で冷房負荷が発生します。しかし、実際には負荷が発生する多くの期間は窓を開けた通風により室温を下げ、冷房を使用しないことが一般的です。この実生活に近い条件での冷房負荷を計算するため、冷房を使用しなくては過ごせない期間として冷房必須期間を定め計算しています。暖冷房期間の定義については《6章-1 気象データ概要》を参照してください。

○ 冷房必須期間の決定方法

冷房を使用する期間は温度だけでなく湿度条件にも影響を受けるため、エンタルピーを閾値(いきち)として期間を決定しました。冷房を使用すると考えられる8時から23時の平均値とし、一時的に暑い日の気象条件を除外するために前後数日での移動平均値とします。また、冷房を使用する期間、は南の地域に比べて寒冷地ではやや低い温度で冷房を使用する傾向があるため、Ⅰ地域、Ⅱ・Ⅲ地域、Ⅳ地域以南の3つの地域ごとに冷房負荷の数値とエンタルピーを比較し、表5-27のエンタルピーを閾値として設定しました。参考に表5-28に、温度26～29℃、湿度60～70%でのエンタルピーの値を示します。

Ⅰ地域以外の地域では、前後2日移動平均で初めに閾値を超える日から最後に閾値を超える日までが冷房必須期間とします。しかし、Ⅰ地域は連続で冷房が必須となる期間がなく、暑い期間が断続的に続きそれに対応して冷房を使用することが一般的と考えられます。そのため、Ⅰ地域のみ前後1日移動平均で温度27℃、相対湿度60%を超えた日の積算で冷房負荷を計算します。

閾値の決定には、各地域で通風を有効に利用した場合の日冷房負荷の推移とエンタルピーの推移をもとにしています。例として各地域で2種の住宅仕様で計算したグラフを図5-30～34に示します。

表5-27　閾値とするエンタルピー[kJ/kg]

地域	閾値[kJ/kg]	温湿度	移動平均期間
Ⅰ地域	61.22	27℃60%	前後1日
Ⅱ・Ⅲ地域	65.00	約28℃60%	前後2日
Ⅳ地域以南	68.00	約29℃60%	前後2日

表5-28　各温度、相対湿度でのエンタルピー[kJ/kg]

		相対湿度		
		60%	65%	70%
温度	29℃	68.38	71.65	74.92
	28℃	65.05	68.13	71.21
	27℃	61.22	64.74	67.63
	26℃	58.77	61.49	64.21

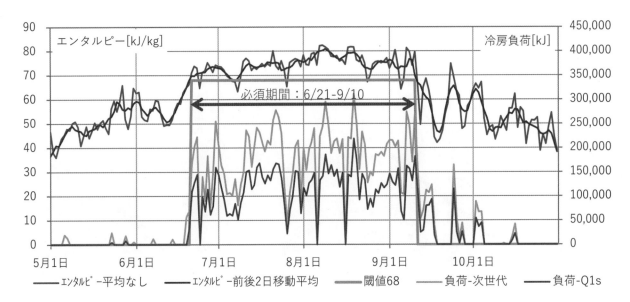

図5-30　宮崎（Ⅴ地域）での日冷房負荷の推移と冷房必須期間

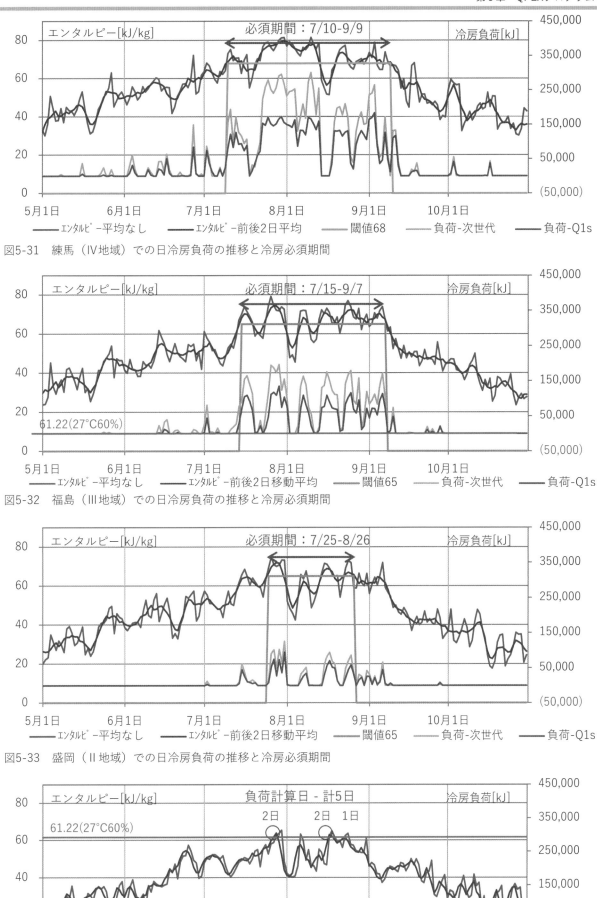

図5-31　練馬（Ⅳ地域）での日冷房負荷の推移と冷房必須期間

図5-32　福島（Ⅲ地域）での日冷房負荷の推移と冷房必須期間

図5-33　盛岡（Ⅱ地域）での日冷房負荷の推移と冷房必須期間

図5-34　札幌（Ⅰ地域）での日冷房負荷の推移とエンタルピー推移

5-14　暖房設備容量

○　暖房設備容量の計算方法

　暖房設備容量は、（一社）北海道建築技術協会 BISで示された下式で計算します。

暖房設備容量 ＝ 24 / T × {qa × (ti－to)－E}

　T ： 暖房時間(h)：QPEXは連続暖房での計算をするため24時間

　qa：熱損失係数(W/K)：QPEXで計算された結果を使用

　ti：暖房設定室温(℃)：入力された室温を使用

　to：暖房用設計外気温(℃)：地点ごとに設定（下記）

　E ： 室内取得熱量(W)：BISでは日射取得を含むが、ピークは夜間のため日射なしとし、負荷計算に用いる室内発生熱を使用。

○　暖房用設計外気温の設定

　計算に用いる各地点の設計用外気温は、各地の外気温頻度とBISの設計用外気温とを比較し、地域による外気温の頻度分布の傾向を検証の上で以下のように決定しました。（図5-35〜36）

頻度分布確認の対象：1月及び2月 0〜6時の計1416時間の外気温データ（拡張アメダス気象データ 2010年 標準年）

計算に採用する外気温：1〜3地域は15％の頻度で発生する温度、4地域以南は20％の頻度で発生する温度

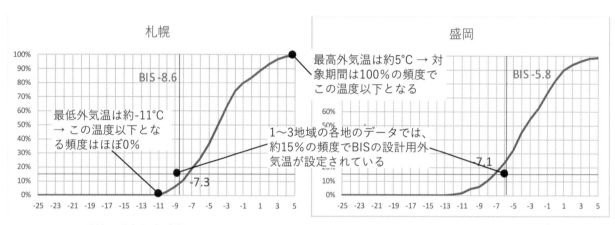

図5-35　1〜3地域の外気温頻度例

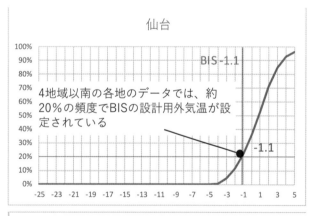

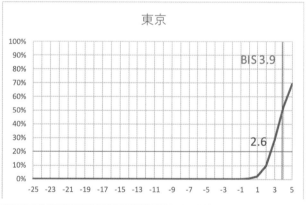

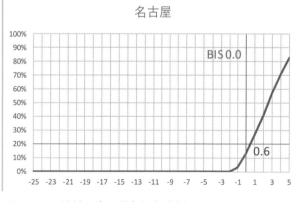

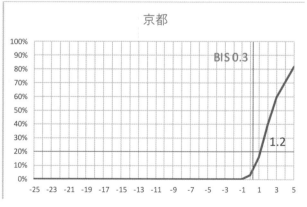

図5-36　4地域以南の外気温頻度例

5-15　冷房設備容量

○ 冷房設備容量の計算方法

　冷房設備容量は既存の計算方法がなく、暖房設備容量計算の考え方をベースとして独自に設定しています。

　暖房との違いとして、"外気温"、"日射量"が関わる昼間がピークとなり、さらに湿度も関わることから、ピークの負荷を直接QPEXで算出し、0.8の掛け率を乗じることで設備容量を計算しています。

○ ピーク負荷算出に用いる外気温

・使用する気象データ：拡張アメダス2010 冷房設計用Jc
　　　　　　　　　　　－t（円柱面日射量−気温）
　　〜アメダス20年分の気象データから特に過酷な日の
　　　条件として設定された気象データです。
・計算する時間　　　　：11〜15時の5時間分
　　〜住宅の方位、各面の開口部、太陽の位置などで
　　　ピーク時間が異なるため、負荷の傾向を検証して
　　　上記の5時間を選定しています。

○ ピーク負荷に乗じる掛け率

　前頁の暖房同様の考え方で、7,8月の10〜16時の時間別負荷を計算すると、図5-37の頻度分布となります。Q1.0 Level2相当の住宅性能で遮蔽強化（南面に外付けブラインドを設置）した場合、ピーク負荷は約4kW（14畳用程度）となり、実態として高性能住宅で冷房に使用されているエアコンに比べ容量が大きくなります。

　一方、8割の頻度を冷房可能と想定した場合（頻度20％）、約2.8kW（10畳用程度）となり実態に近いことから、この負荷をベンチマークとして掛け率を設定しています。

　全国各地で[20％の頻度で発生する負荷]／[冷房設計用気象データで算出されるピーク負荷]を計算すると図5-38の通りとなります。やや地域差はあるものの概ねピークの80％を平均とした結果であることから、算出されるピーク負荷に0.8を乗じることとしています。

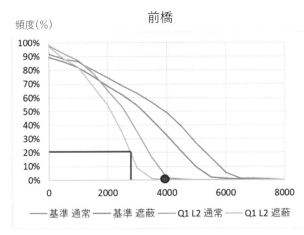
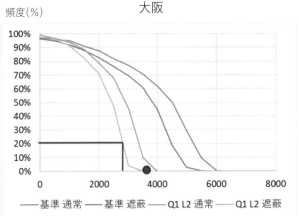

図5-37　　7、8月の10〜16時の時間別負荷の頻度分布

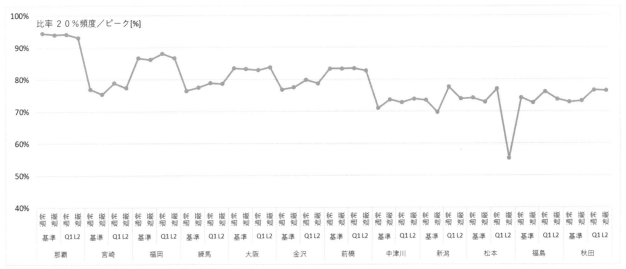

図5-38　20％頻度負荷のピーク負荷に対する割合

5-16　冬期室温計算

　一般的な室温計算では熱回路網により、例えば、外気⇔外壁材表面⇔外壁材内部 などの熱流や温度を繰り返し計算することで時間を要します。

　一方、QPEXでは熱貫流率を用いて、例えば、外気⇔室温⇔隣の室温　など空間同士の熱流や温度のみを30分ごとの繰り返し計算とすることで瞬時に結果を表示します。

　QPEXの熱損失計算を部屋ごとに行い、"熱損失＞熱取得となれば熱容量に応じて室温が下がる""熱損失＜熱取得となれば熱容量に応じて室温が上がる"という方法とし、時間による変化を確認する上で必要とされる数値のみ時間ごとに設定しています。図5-39に熱回路のイメージと、AESim/heatの熱回路計算との違いのイメージを示します。

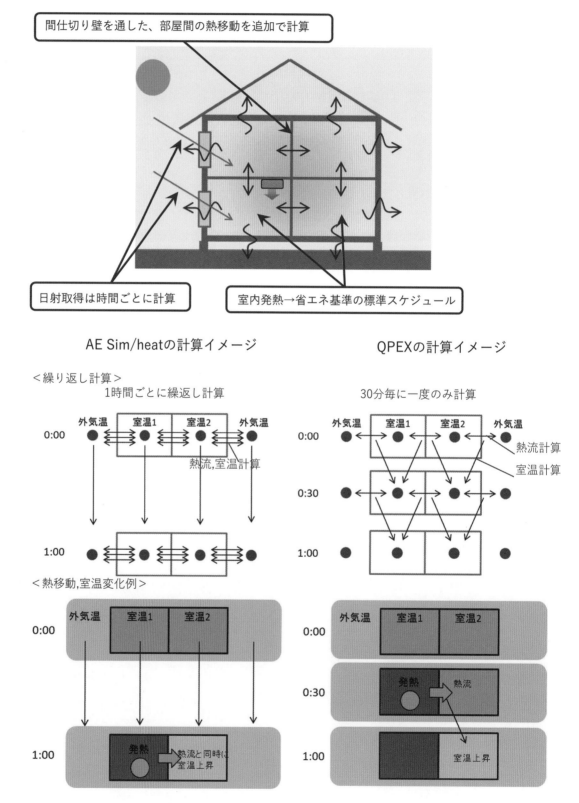

図5-39　冬期室温計算の計算方法

○　計算方法の詳細

① 室温算出

各空間の室温 ＝ 熱収支合計[W]／室内熱容量[J/K]
×時間[h]

　熱取得は、②～⑥に示す「貫流熱」「換気熱損失」
「日射取得熱」「室内発熱」「暖房負荷」を合計したも
のであり、室内熱容量は従来の躯体の熱容量と空気の熱
容量を合算し算出します。

② 貫流熱の算出

貫流熱 ＝ U値[W/㎡K]×面積[㎡]
×隣接する空間との温度差[K]

　U値は基本的には隣接する空間との境界となる躯体や
窓のU値を用いることとし、室間仕切りは熱容量計算
用に入力された建材からU値を算出します。ただし、以
下の場合には、部位ごとの加重平均値を用います。
・天井、屋根断熱併用や外壁構成が2種類ある場合
　　～該当部位全ての熱損失を合計して全面積で割るこ
　　とにより平均U値を用います。
・床下空間に面する床断熱部
　　～省エネルギー基準の計算では床下空間の温度を考
　　慮し温度差係数0.7を乗じますが、室温計算にお
　　いても同様に0.7を乗じた値を用います。

③ 換気熱損失の算出

換気熱損失
　＝ 空気の容積比熱0.35[W/㎥K]×（室容積[㎥]
　　×換気回数[回/h]×外気との温度差[K]
　　＋吹抜け部相互換気量[㎥/h]×空間間温度差[K]）

・室容積　：入力を簡略化するために各空間の床面積に
　　　　　　2.4mを乗じて算出。この値は省エネル
　　　　　　ギー基準の一次エネルギー計算において、
　　　　　　UA値から換気を含めたQ値を計算する方法
　　　　　　と同様です。

・換気回数：QPEXの換気熱損失計算に用いている、熱
　　　　　　交換や消費電量の増分、局所換気を考慮し
　　　　　　た実質換気回数を用います。
・吹抜け部相互換気量
　　　　　　：階段吹抜けにより上下階の空間が繋がって
　　　　　　いるモデルでは、該当部分に省エネルギー
　　　　　　基準の一次エネルギー計算に用いられてい
　　　　　　る273㎥/hの相互換気があるとして計算に
　　　　　　加えます。

④ 日射取得熱の算出

日射取得熱 ＝ 該当時間の水平面日射量[W/h]
×（単位日射量あたりの窓日射取得熱[-]
＋単位時間当たりの躯体日射熱取得[-]）

　単位日射量当たりの日射取得熱の算出は、窓・躯体と
もに従来のQPEXの日射熱取得率算出方法を用いるもの
としますが、水平面日射量に対する各方位の日射量を表
す方位係数及び、太陽高度・方位角に応じた入射角によ
る補正値はQPEXで各月ごとに算出しており、それぞれ
1月の値を使用して計算します。室温を計算する1月の平
均的な日射取得熱としては高い精度を持つと思われます
が、時間ごとの太陽高度・方位を考慮した計算はできな
いため、昼間の温度計算の精度は夜間に比べて低いもの
となります。また、開口部ごとに日射熱取得率が異なる
場合、方位ごとの平均値を使用します。

⑤ 室内発熱

　室内発熱は「住宅事業建築主の判断の基準」で示され
ているスケジュールを引用し、時間ごとの人体・照明・
その他発熱を合算して使用しています（表5-29）。この
発熱量は120㎡モデルプランを想定したものであるため、
住宅の相当延床面積の比率で補正します。

⑥ 暖房負荷

　暖房負荷は暖房使用時間には設定室温を保つよう暖房
能力の制限をなくし、室温算出に用いる①に示す計算式
において室温＝設定室温を満たす暖房負荷を逆算します。

表5-29　ベースとする各時間の室内発熱量[W]（120㎡モデルプラン）

	0	1	2	3	4	5	6	7	8	9	10	11
LDK	66.9	66.9	66.9	66.9	66.9	66.9	194.8	532.5	396.6	398.2	138.4	66.9
寝室等	270.0	270.0	270.0	270.0	270.0	270.0	207.0	18.0	18.0	398.1	18.0	18.0
1F非居室	30.0	30.0	30.0	30.0	30.0	30.0	103.0	158.8	121.2	156.5	92.7	30.0
洗面,浴室	11.5	11.5	11.5	11.5	11.5	11.5	34.3	110.7	46.0	53.3	34.3	11.5

	12	13	14	15	16	17	18	19	20	21	22	23
LDK	370.0	344.7	66.9	66.9	313.7	428.7	554.7	594.9	642.9	479.1	389.9	348.0
寝室等	18.0	18.0	18.0	18.0	18.0	18.0	116.0	53.0	178.5	166.0	384.3	326.3
1F非居室	31.1	64.2	30.0	30.0	88.1	88.1	88.1	88.1	122.3	227.2	223.8	97.3
洗面,浴室	11.5	34.3	11.5	11.5	19.1	19.1	26.7	34.3	42.1	225.6	126.1	87.9

○ 住宅モデル

実際の住宅を計算する場合には、部屋ごとに「間仕切り壁は各面に何㎡か」、「隣接する部屋はどこか」など大幅に入力項目を追加する必要があることから、予め必要情報を整備した5つのモデルから選択し、そのプランでの計算をすることとしています。

また、例えば水回りでは「トイレ」「浴室」「洗面所」など空間が区切られていますが、これらを一つの空間として平均化して室温を算出することとし、各モデルは最大でも5つの空間のみ計算することで瞬時の結果算出を実現しています。

		外部境界の面積					室間境界の面積及び内部間仕切り面積						開口部面積			
		外気	南	東	西	北	室1	室2	室3	室4	室5	内部	南	東	西	北
天井	室1	4.14						21.53	0.00	0.00	4.14	0.00				
	室2	43.06					0.00		0.00	0.00	0.00	13.25				
	室3	1.66					0.00	4.97		8.28		0.00				
	室4	6.62					0.00	0.00	0.00		0.00	0.00				
	室5	12.42					0.00	0.00	0.00	0.00		0.00				
壁	室1		14.37	17.69	0.00	5.53		8.85	17.69	0.00	0.00	5.53	6.86	3.02	0.00	1.61
	室2		39.43	10.81	25.06	10.32			8.85	0.00	25.68	36.36	12.92	0.91	1.83	0.00
	室3		0.00	0.00	4.42	8.85				13.27	0.00	13.27	0.00	0.00	2.19	1.24
	室4		0.00	0.00	4.42	8.85					0.00	4.42	0.00	0.00	0.62	0.62
	室5		0.00	5.41	0.00	20.27						13.51	0.00	0.00	0.00	1.82
床	室1	29.81														
	室2	16.56														
	室3	14.91														
	室4	6.62														
	室5	0.00														

図5-39　各部面積（モデル1の120㎡モデルプランの例）

○ 気象データ

外気温及び日射量は、拡張アメダス気象データ2000年版の標準年気象データの1月データを使用しています。地域区分及び日射量に応じて代表地点(表5-30)を選定し、
・1日目　夜間（0～6時）の平均気温が最低の日
・2日目　日平均日射量が最低の日
・3日目　日平均日射量が最高の日
の3日間の外気温を使用しています。なお、3日目が1日目と同一になる場合は2番目に日射量が大きい日とするなどの調整を加えています。

代表地点の上記3日間の外気温及び日射量の変化をベースとして、その他の地域は月平均気温、月平均日射量を用いて代表地点に対する補正をしています。例えば、代表地点練馬（6地域 日射量大）の1月平均気温は4.8℃であり、同地域区分の千葉は平均気温が6.0℃であるため、練馬の温度変化に対して1.2℃高く推移する気象条件とします。

日射量は上記の方法で水平面日射量のデータを持ち、負荷計算同様の方位係数及び入射角補正（1月データ）を乗じて各面からの取得量を計算します。

表5-30　代表地点の一覧

		日射量区分		
		C	B	A
地域区分	1	倶知安	旭川	帯広
	2	増毛	札幌	
	3	弘前	盛岡	佐久
	4	秋田	福島	松本
	5	新潟	中津川	前橋
	6	金沢	大阪	練馬
	7		福岡	宮崎
	8			那覇

90　　130
冬期南面鉛直面日射量[W/㎡]

○ 計算精度の検証結果

　室温計算の精度確認として、以下の計算条件において AE Sim/heatとの比較を行いました。サンプル数は部屋数×時間数の計10,800水準。また、Q値を2.70から1.25へと性能向上した場合にどれだけ室温が変わるかの差分を4,320水準で比較しました。

・断熱性能　　Q値2.70、1.25W/㎡K
・計算地域　　東京、札幌
・暖房条件　　居室連続運転 夜間停止、全館連続運転 夜間停止、居室間欠運転
・計算モデル　120㎡モデルプランの区画方法を変更した2パターン
　※Q値2.70 東京 条件のみ、建築学会標準モデル及び暖房設定室温を22℃とした条件を追加

　全計算結果を比較した結果、プログラムによる室温の差は概ね3℃以内となります。この内、81.5％のサンプルは1℃以内の差であり、97.1％のサンプルは2℃以内の差に収まる結果となっています。

　また、Q値を2.7→1.25に性能向上した場合の室温変化量は、95.6％のサンプルが1℃以内に収まっており、仕様変更による室温向上の効果は適切に計算へ反映されていると考えられます。

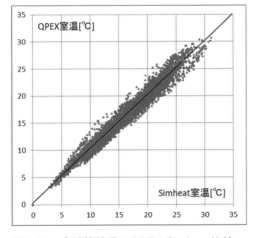

図5-40　全計算結果のQPEX-Simheat比較

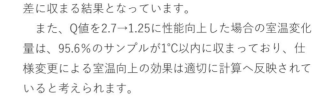

図5-41　プログラムによる室温の差及び、性能向上による温度変化量の分布割合

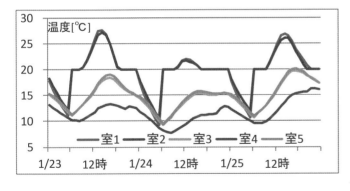

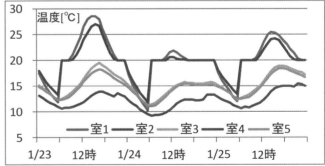

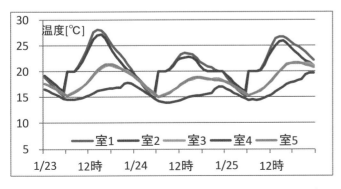

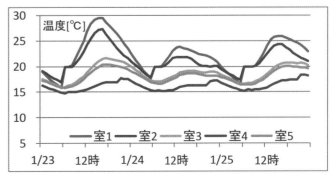

図5-42　参考：計算精度の確認例（東京 – 居室連続空調で夜間は暖房停止）

5-17　一次エネルギー計算

　暖冷房負荷計算に加えて、省エネ基準の計算方法を
ベースとした換気・照明・給湯・家電・調理・太陽光発
電の計算をし、住宅全体のエネルギー計算をします。各
エネルギーの計算法は下記の通りです。計算に使用され
る詳細な計算方法については、省エネルギー基準の解説
を参照してください。

暖房・冷房：前頁までに示すQPEXで計算した結果です。
換気・照明：省エネ基準の計算方法に則して、同様の計
　　　　　　算を行います。
給湯・太陽光：省エネ基準の計算方法では時間ごとの全
　　　　　　国8地点（日射量は31地点）の気象デー
　　　　　　タを用いてエネルギーを計算します。
　　　　　　一方、QPEXでは全国842地点の気象
　　　　　　データを月ごとに平均したデータを用い
　　　　　　て計算します。
家電・調理：計算方法は省エネ基準同様ですが、Webプ
　　　　　　ログラムでその他家電として表示される家
　　　　　　電・調理エネルギーをそれぞれ表示します。
　　　　　　また調理エネルギーは、基準ではガスでの
　　　　　　固定値ですが、熱源・効率に応じたエネル
　　　　　　ギーに変換して計算します。

○ 相当延床面積と家族人数の対応について

　各エネルギー計算の内、局所換気や家電など家族の人
数により変動すると思われる項目については、家族人数
に応じた固定値が設定されています。ただし、QPEX及
びWebプログラムでは家族人数の入力はなく、相当延べ
面積から図5-43の通り家族人数を推定し、エネルギー計
算をします。(表5-32)

○ 換気エネルギー

　換気エネルギーは下式で計算されます。
<u>換気消費電力[kWh] ＝ 全般換気の消費電力[kWh]</u>
　　　　　　　　　　＋局所換気の消費電力[kWh]

<u>全般換気の消費電力[kWh] ＝ 換気量[㎥]</u>
　　　　　　　　　　　　　× 比消費電力 [W/㎥h]
換気量[㎥]：相当延床面積に、簡易的に2.4mの天井高さ
　　　　　　を乗じて気積を算出します。気積に換気回
　　　　　　数、換気量の余裕率1.1と、第1種換気の場
　　　　　　合のみ有効換気量率を乗じます。
比消費電力：比消費電力は選択した機器に応じて表5-31
　　　　　　の値となります。また直接入力して計算す
　　　　　　ることも可能です。

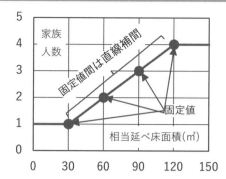

図5-43　相当延床面積と家族人数の対応について

表5-31　換気方式ごとの比消費電力

換気方式		熱交換	省エネ対策	比消費電力
ダクト式	第1種	無し	無し	0.50
			75mm以上のダクトのみ使用	0.35
			ダクト75mm以上＋直流モーター	0.23
		有り	無し	0.70
			75mm以上のダクトのみ使用	0.49
			ダクト75mm以上＋直流モーター	0.32
	第2種 第3種	－	無し	0.40
			75mm以上のダクトのみ使用	0.24
			ダクト75mm以上＋直流モーター	0.14
壁付け式	第1種	無し	－	0.40
		有り		0.70
	2種3種			0.30

表5-32　家族人数に応じた局所換気の消費電力(kWh)

人数	1	2	3	4
延床面積	30	60	90	120
電力量(kWh)	13.3	26.5	39.8	53.0

○ 照明エネルギー

　照明エネルギーは、主居室、その他居室、非居室の基
準電力量を計算し、それぞれの電力に[入力する物件の
面積]：[基準モデル住宅の面積]の比率を乗じることで入
力する物件のエネルギーを計算します。各ゾーンの基準
電力量は、さらに詳細な19の照明区画ごとに下式により
計算します。
<u>消費電力量 ＝ (Fi/Le×Ce)×省エネ対策による補正係数×r</u>

　Fi：室内光束[lm] → 室ごとの固定値
　Le：照明設備の平均総合効率[lm/W]
　　　　→　白熱灯の有無により定められた固定値
　Ce：照明設備の特殊条件による補正値
　　　　→　室ごとの固定値
　r　：照明設備の使用時間率
　　　　→　家族人数に応じスケジュールで定められた、
　　　　　室ごとの固定値
　QPEX及びWebプログラムの入力では、Le（白熱灯有
無の選択による）と調光などの省エネ対策による補正係
数のみが変動し、その他の値は床面積によって変動する
固定値となっています。
　各省エネ対策による補正係数は表5-33の通りです。

表5-33　各省エネ対策による補正係数

対象室	省エネ対策	効果
主居室	調光	リビング・ダイニング　10%削減
	多灯分散	リビング　20%削減
その他の居室	調光	個室　10%削減
非居室	人感センサー	廊下・トイレ・ポーチ　10%削減

○ 給湯エネルギー

　給湯エネルギーは、台所、浴室シャワー、洗面、浴槽湯はりの給湯負荷に、設備使用に応じて浴槽へのさし湯あるいは沸かし直し負荷を加えて、各熱源のエネルギー量に換算します(表5-34)。換算方法は温度や負荷により変動する変数で定められており、詳細は基準の解説書を参照してください。設備や省エネ対策、太陽熱利用給湯の選択により、各用途の負荷を低減させることができます(表5-35)。また給湯エネルギーは、他のエネルギー同様に省エネルギー基準の計算方法を基本としていますが、下記の点は計算方法が異なります。

・負荷計算に用いる給水温度は、省エネ基準では8地点の日別データを用いるが、836地点の月別データとする。

・太陽熱利用給湯の効果計算に用いる日射量は、省エネ基準では31地点の時刻別データを用いるが、836地点の月平均日射量と重回帰式による補正による計算とする。

　計算方法は下記の通りです。

給湯負荷 ＝ 給湯量×（基準給湯温度－給水温度）
　　　　　　× 水の体積比熱4.186×10-3MJ

_給湯量：用途ごとにスケジュールで定められた給湯量
　　　　　を各省エネ対策により補正した値

基準給湯温度：浴槽さし湯は60℃とし、その他の用
　　　　　　　途は40℃

給水温度：日の1日前から10日前までの平均外気温を地
　　　　　域ごとに定められた回帰式により補正した
　　　　　値。 QPEXでは下表の方法で月平均気温か
　　　　　ら給水温度算出に用いる平均外気温を算出。

○ 太陽熱利用給湯による給湯エネルギー低減

　太陽熱給湯の効果は前頁に示す、給湯負荷を低減することで計算に反映されます。集熱部面積及び設置面の日射量から集熱量を計算し、台所、浴室シャワー、洗面、湯はり、差し湯 の負荷をそれぞれの負荷比率に分けて負荷を低減します。太陽熱温水器とソーラーシステムの違いは下記の通りです。

・太陽熱温水器：負荷低減の上限は、給湯負荷合計の
　　　　　　　　90％。前後15日の平均外気温が5℃未
　　　　　　　　満の日は集熱できない計算とする。

・ソーラーシステム：負荷低減の上限は、給湯負荷合計
　　　　　　　　　　の90％・タンク容量のいずれか小
　　　　　　　　　　さい値。循環ポンプの消費電力を
　　　　　　　　　　計算に加えるが、集熱は外気温に
　　　　　　　　　　関係なく常時行われる。

　省エネ基準の計算では、31の代表地点における時間ごとの日射量を用いて集熱量を計算しますが、QPEXでは、836地点の月平均水平面日射量及び、傾斜角・方位角に応じた月平均日射量の割合を表す方位係数 によって集熱量を計算します。時間ごと、月ごとの計算には誤差が生じますが、各傾斜角・方位角・地域での比較結果をも

表5-34　各用途1日当たりの平均基準給湯量
（計算では月ごとの値を用いるため下表は目安の値です）

人数	1日当たりの平均給湯量[ℓ]			
	台所	シャワー	洗面	湯はり
4	98.1	160.8	25.9	165.2
3	93.4	118.2	23.2	165.2
2	61.3	61.8	18.6	128.2
4	37.9	61.5	26.9	53.8

表5-35　給湯での省エネ対策の効果

対象	省エネ対策	効果	
台所	手元止水	台所給湯量	9%削減
	水優先	〃 給湯量	30%削減
浴室	手元止水	浴室給湯量	20%削減
	小流量吐水	〃 給湯量	15%削減
洗面	水優先	洗面給湯量	30%削減
全体	先分岐方式	なし	
	ヘッダー方式	なし	
	ヘッダー 管径13A以下	全体給湯量	5%削減

とに誤差を補正する値を回帰式で求め、QPEXの計算に使用しています。また、ソーラーシステムの循環ポンプ電力は同様に各条件での電力量を算出し、回帰式を作成することで計算しています。

○ 太陽光発電

　太陽光発電モジュールの発電量は、下式で計算します。

発電量 ＝ システム容量×日射量×設計係数×補正係数

　日射量：上記太陽熱利用給湯と同様に月平均日射量
　　　　　及び方位係数により計算

　設計係数：日射を受けたモジュールの温度や設置方
　　　　　　式により決まる変換効率

　補正係数：時間ごとの発電量計算と月ごとの計算結
　　　　　　果の誤差を補正する係数。各設置角度や
　　　　　　方位での計算結果をもとに作成した回帰
　　　　　　式により算出。

○ 家電・調理エネルギー

　省エネ基準では、家電と調理のエネルギーを合算して、その他家電のエネルギーとして計算方法が定められています。家電・調理とも家族人数により定まる固定値となっていて、調理エネルギーはガスコンロでのエネルギー量となっています。

　QPEXでは、家電は省エネ基準同様の値、調理はガスコンロでのエネルギー量を機器効率及び熱源による一次エネルギー換算係数を用いて他の調理機器での計算を行います。(表5-36)

表5-36　年間での家電・調理エネルギー量（調理はガス）

人数	1	2	3	4
家電電力量[kWh]	1020.7	1236.9	1693.0	1781.6
調理エネルギー量[MJ]	2216.6	2724.0	3288.1	3852.3

5 -18　CO2発生量

　計算された暖房用エネルギー消費量から暖房による
CO2発生量を算出します。計算に使用する電気のCO2排
出量原単位は主要電力会社の2020年のデータを使用し
ています。表5-37に各電力会社のCO2排出量原単位を、
表5-38に供給エリア、及びQPEXの建設地点との対応を
示します。
　計算法は下記の通りです。
　また、給湯その他の総合エネルギーとして計算するエ
ネルギーも同様の値を用いてCO2換算します。

$$\underline{CO_2発生量 = 暖冷房用エネルギー消費量 × 原単位CO_2}$$
$$\underline{÷ 暖冷房システム効率}$$

表5-37　主要電力会社のCO2原単位

使用エネルギー [kW]		原単位 [kg-CO2/kWh]
灯油	-	0.256
ガス	都市ガス	0.182
	LPガス	0.212
電気	北海道電力	0.601
	東北電力	0.521
	東京電力	0.441
	中部電力	0.431
	北陸電力	0.497
	関西電力	0.287
	中国電力	0.585
	四国電力	0.408
	九州電力	0.344
	沖縄電力	0.787

2020年データ

表5-38　主要電力会社の供給エリアとQPEXの建設地点との対応

電力会社名	供給地域　　（数値はアメダス気象データの地点番号を示します。）
北海道電力	北海道全域
東北電力	青森、秋田、岩手、宮城、山形、福島、新潟
東京電力	茨城、栃木、群馬、千葉、埼玉、東京、神奈川、山梨 及び、静岡東部（429〜431、440、441、444）
中部電力	長野、山梨、静岡(一部東京電力)、愛知、岐阜(一部北陸電力)、三重(一部関西電力)
北陸電力	富山、石川、福井(一部関西電力)　及び、岐阜(457)
関西電力	滋賀、京都、大阪、兵庫、奈良、和歌山　及び、福井(544、545)、三重(490)
中国電力	岡山、広島、鳥取、島根、山口　及び、香川(671)、愛媛(677)
四国電力	徳島、香川(一部中国電力)、愛媛(一部中国電力)、高知
九州電力	九州全域(福岡、大分、長崎、佐賀、熊本、宮崎、鹿児島)
沖縄電力	沖縄

5 -19　参考・引用文献

1)　低炭素建築物認定に係る技術的審査マニュアル（住宅編）一般社団法人 住宅性能評価表示協会（2013）
2)　住宅事業建築主の判断の基準におけるエネルギー消費量計算方法の解説　財団法人 建築環境・省エネルギー機構（2009）
3)　住宅の省エネルギー基準の解説　財団法人 建築環境・省エネルギー機構（2009）
4)　拡張アメダス気象データ 1981-2000　社団法人 日本建築学会（2005）
5)　改訂 拡張デグリーデー表　　財団法人 住宅・建築 省エネルギー機構（2001）
6)　最新 建築環境工学[改訂2版]　田中俊六・武田仁・足立哲夫・土屋喬雄 共著 井上書院（2001）
7)　JIS A 2102-1　窓及びドアの熱性能-熱貫流率の計算-第1部：一般　財団法人 日本規格協会
8)　JIS A 2102-2　窓及びドアの熱性能-熱貫流率の計算-第2部：フレームの数値計算方法　財団法人 日本規格協会
9)　2011 ソーラーシステム・データブック 社団法人 ソーラーシステム振興協会（2011）
10)　自立循環型住宅設計への設計ガイドライン　財団法人 建築環境・省エネルギー機構（2005）

第6章

気象データ

6-1　気象データ概要

　本プログラムでは、暖冷房用エネルギー消費量を計算する方法としてデグリーデー法を採用し、その計算に必要な各地点で計算に必要な気象データを算出しています。気象データは、『日本建築学会　拡張アメダス気象データ　1981-2000』の標準年EA気象データを使用しており、本プログラムでは全国842地点での計算が可能です。

○ 暖房期間・冷房期間

　QPEXにおける暖房期間は各地点の日平均外気温をフーリエ変換し、日平均気温が15℃以下となる期間としています。冷房期間は暖房期間以外の全期間としています。(図6-1)

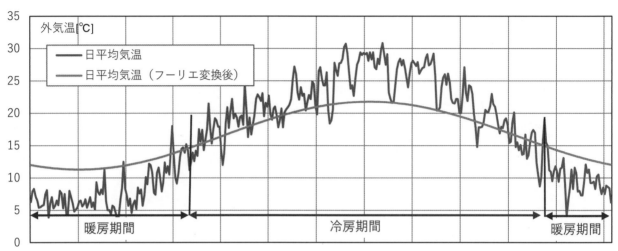

図6-1　フーリエ変換による暖房期間の算出例

○ 暖冷房デグリーデー

　暖房デグリーデーは、日平均気温が暖房設定温度を下回っている日を暖房日とし、暖房日の[暖房設定温度 － 日平均気温]を算出し、それを各月で合計した値を各月の暖房デグリーデーとしています。各都市の気象データから－10℃〜25℃設定温度での暖房デグリーデーを計算し、[ax²+bx+c]の形の近似式を作成し、プログラム内で計算します。実際の計算では設定温度から自然温度差を引いた値から暖房デグリーデーを算出します。

　冷房デグリーデーは24時間連続運転が一般的ではないため、日平均気温を使用せず、[冷房設定温度 - 各時間の気温]を積算し24[h]で除することにより各月のデグ

リーデーとしています。設定温度15℃〜30℃での冷房デグリーデーを暖房デグリーデー同様に近似式としてプログラム内で使用し、自然温度差を差し引いて計算しています。

　なお、冷房デグリーデーは自然温度差が大きくなると、多くの地域で冷房期間全日に負荷が発生するため、室温が1℃下がるごとに1℃×冷房日数が一定で増えていく比例関係となり[ax²+bx+c]の式では対応不可能となります。全日に負荷が発生する温度は計算地点、計算月により異なりますが、冷房デグリーデーが220[℃・日]付近から比例関係となっており、プログラム内では220を超えるとその月の日数分が増えていく設定としています。図6-2、図6-3に前橋の計算例を示します。

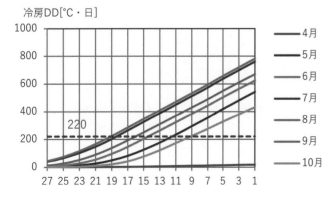

図6-2　各月の冷房DD（例：前橋）

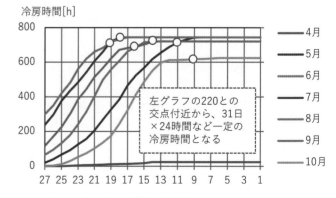

図6-3　各月の冷房時間（例：前橋）

○ 冷房時間

冷房負荷の潜熱負荷計算には換気による外気からの潜熱と室内で発生する潜熱負荷の2種類があります。このうち室内で発生する潜熱は省エネルギー基準では毎時間1.16W/㎡として計算するとされています。実際には冷房を使用している時間にのみ潜熱負荷が発生するため、QPEXでは各地の外気温が[設定温度 － 自然温度差]を超える時間数に1.16W/㎡を乗じて計算します。

冷房時間は0～30℃の範囲で年間冷房時間を補間法で計算し、各月の比率を乗じることで月別冷房時間を計算しています。年間冷房時間から月別冷房時間を計算する方法を以下に示します。

○ 各月の冷房時間比率

各月の冷房時間は冷房デグリーデーをもとに各月の比率を計算し、年間冷房時間にその比率を乗じて計算します。デグリーデーと冷房時間には地域や月に関わらず図6-4のような相関があり、作成した2次近似式のxをデグリーデーとして冷房時間を計算します。xが式の頂点を超える範囲では各月の日数×24時間の固定値とします。

[求めた月別冷房時間 / 求めた月別冷房時間の1年間の合計] により各月比率を計算し、補完法により正確に求めた年間冷房時間に乗じることで各月の冷房時間を計算します。

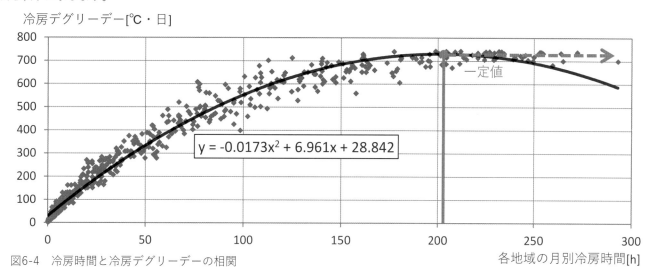

冷房デグリーデー[℃・日]

$$y = -0.0173x^2 + 6.961x + 28.842$$

一定値

図6-4　冷房時間と冷房デグリーデーの相関

各地域の月別冷房時間[h]

○ 換気潜熱計算用の除湿量

換気潜熱負荷は除湿量に蒸発潜熱を乗じて、換気1㎥当たりの潜熱負荷を計算しています。気象データより各設定温度以上の外気温度のときに、表6-1の相対湿度60%での絶対湿度を超える湿度を除湿量としています。

計算には冷房期間全体での積算値を使用しており、自然温度差2～10℃で2℃刻みに計算をし、QPEXでは自然温度差による補完法で計算しています。各月への振り分けは積算値に各月の比率を乗じて計算します。

各月の除湿量比率は設定室温や住宅性能による自然温度差により変化しますが、一般的に使用される設定室温25～29℃、自然温度差6℃～10℃（次世代省エネルギー基準以上の住宅レベルを想定）の範囲では大きな変化はないため、各条件の計算値の平均値を使用しています。

表6-1　各温度での蒸発潜熱と絶対湿度

温度	蒸発潜熱		絶対湿度[g/㎥]	
℃	kJ/g	W/g	100%	60%
20	2.451	0.681	14.7	8.8
21	2.449	0.680	15.6	9.4
22	2.447	0.680	16.6	10.0
23	2.444	0.679	17.7	10.6
24	2.442	0.678	18.8	11.3
25	2.440	0.678	20.0	12.0
26	2.437	0.677	21.3	12.8
27	2.435	0.676	22.6	13.6
28	2.433	0.676	24.1	14.4
29	2.430	0.675	25.5	15.3
30	2.428	0.674	27.1	16.3

表6-2　各自然温度差での月別除湿量比率
　　　　（例：前橋、設定室温27℃）

		5月	6月	7月	8月	9月	10月	11月
自然温度差[℃]	6	1%	7%	31%	38%	23%	0%	0%
	8	1%	10%	32%	35%	22%	0%	0%
	10	1%	10%	32%	35%	22%	0%	0%

表6-3　各設定温度での月別除湿量比率
　　　　（例：前橋、自然温度差6℃）

		5月	6月	7月	8月	9月	10月	11月
設定温度[℃]	29	0%	2%	30%	43%	25%	0%	0%
	28	1%	4%	30%	41%	24%	0%	0%
	27	1%	7%	31%	38%	23%	0%	0%
	26	1%	14%	30%	34%	22%	0%	0%
	25	2%	16%	30%	32%	21%	0%	0%

6-2　暖房期、冷房期の地点気象データ散布図

Q1.0住宅のレベル判定用の地域区分は、QPEXで暖房エネルギーを計算して、それを基に決めている。

ここには全地点を地域区分毎に散布図としてプロットしたグラフを示します。

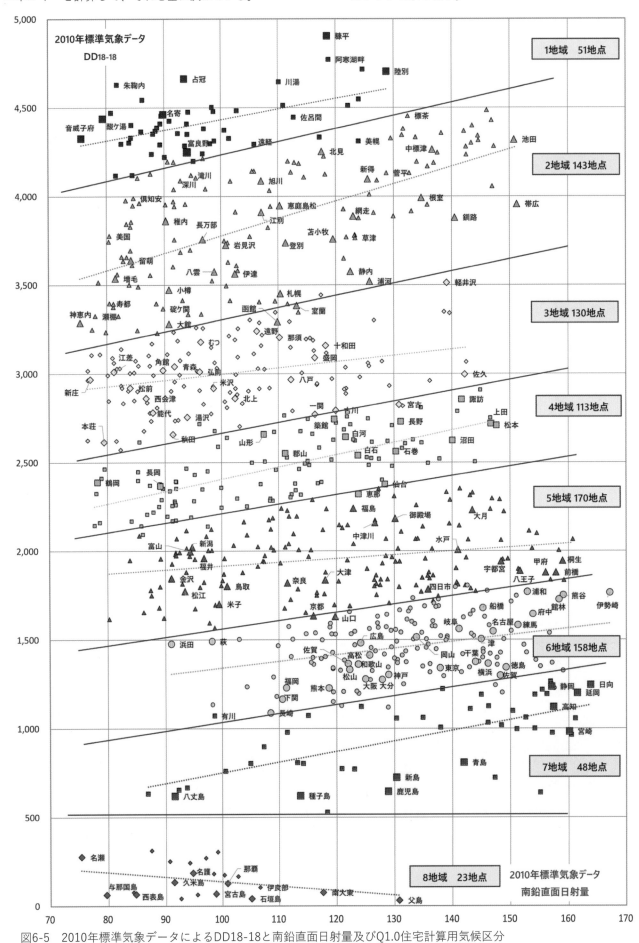

図6-5　2010年標準気象データによるDD18-18と南鉛直面日射量及びQ1.0住宅計算用気候区分

暖房期間の図6-5とは異なり、冷房期間の水平面日射
量とエンタルピーED27-60%を暖房期間の地域区分毎に

プロットした散布グラフです。

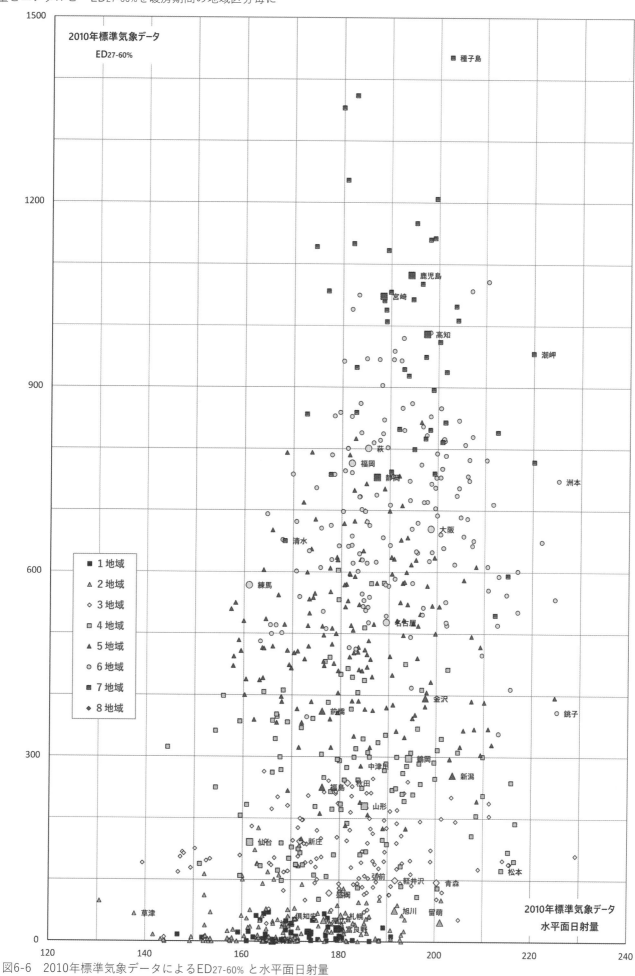

図6-6　2010年標準気象データによるED27-60% と水平面日射量

6 - 3　気象観測地点データ

地点番号	地点名	都道府県	2019省エネ基準気候区分	2021 Q1住宅気候区分	日射量区分	2010標準気象データ				緯度			経度		
						DD_{18-18}	南鉛直面日射量	ED27-60%	水平面日射量	度	分	秒	度	分	秒
1	宗谷岬	北海道	2	2	C	3947	84.6	0	169.8	45	31	6	141	56	24
2	船泊	この地点は2010標準気象データから削除													
3	稚内	北海道	2	2	C	3860	90.2	0	193.0	45	24	48	141	41	0
4	浜鬼志別	北海道	1	1	B	4297	98.1	0	171.5	45	20	0	142	10	30
5	沼川	北海道	2	1	C	4290	89.3	0	166.4	45	14	48	141	51	24
6	沓形	北海道	2	2	C	3855	84.3	7	149.6	45	10	30	141	8	18
7	豊官旦田	北海道	2	2	C	4104	85.4	11	141.7	45	6	6	141	46	54
8	浜頓別	北海道	1	1	C	4198	95.1	1	188.3	45	6	42	142	21	54
9	中頓別	北海道	1	1	C	4470	80.8	7	173.9	44	57	48	142	17	0
10	北見枝幸	北海道	2	2	B	4105	95.5	13	181.1	44	56	18	142	35	24
11	歌登	北海道	1	1	C	4409	89.3	12	174.2	44	50	18	142	29	0
12	中川	北海道	1	1	C	4302	84.0	1	174.2	44	49	24	142	4	30
13	音威子府	北海道	1	1	C	4325	75.7	2	168.8	44	43	30	142	16	12
14	美深	北海道	1	1	C	4329	84.2	19	180.6	44	28	42	142	20	48
15	名寄	北海道	1	1	C	4462	89.8	3	166.3	44	22	18	142	27	30
16	下川	北海道	1	1	C	4479	98.7	0	167.1	44	18	0	142	37	36
17	士別	北海道	1	1	C	4354	92.4	7	165.0	44	11	12	142	24	54
18	朝日	北海道	1	1	C	4381	96.9	4	179.5	44	7	0	142	35	54
19	和寒	北海道	2	1	C	4220	90.1	35	163.8	44	1	36	142	24	54
20	江丹別	北海道	2	1	C	4543	86.2	41	163.0	43	53	18	142	14	48
21	比布	北海道	2	1	C	4240	96.7	15	174.3	43	52	6	142	29	0
22	上川	北海道	1	1	C	4453	89.5	8	190.9	43	50	42	142	45	30
23	旭川	北海道	2	2	B	4087	107.0	51	191.6	43	46	12	142	22	24
24	東川	北海道	2	1	C	4284	93.6	45	164.6	43	42	0	142	30	42
25	忠別	北海道	2	1	C	4409	94.0	36	170.9	43	38	30	142	35	12
26	美瑛	北海道	1	1	B	4386	88.8	45	177.0	43	35	12	142	29	54
27	上富良野	北海道	2	1	C	4193	91.6	53	165.0	43	27	12	142	28	12
28	富良野	北海道	2	1	C	4249	94.0	20	179.7	43	19	48	142	24	18
29	麓郷	北海道	2	1	C	4425	90.9	9	177.3	43	18	0	142	31	30
30	幾寅	北海道	1	1	B	4483	102.8	5	180.7	43	10	0	142	34	24
31	占冠	北海道	1	1	C	4662	93.5	6	162.4	42	58	36	142	24	0
32	天塩	北海道	2	2	C	3961	85.7	0	183.9	44	53	30	141	45	48
33	遠別	北海道	2	2	C	3976	83.3	7	167.1	44	43	18	141	48	36
34	初山別	北海道	2	2	C	3744	80.4	0	157.7	44	31	48	141	46	18
35	焼尻	北海道	2	2	C	3612	84.4	5	187.6	44	25	42	141	25	42
36	羽幌	北海道	2	2	C	3659	82.6	14	185.8	44	21	42	141	42	18
37	達布	北海道	2	2	C	4117	81.6	33	169.2	44	2	48	141	51	42
38	留萌	北海道	2	2	C	3640	84.2	32	201.1	43	56	36	141	38	12
39	増毛	北海道	2	2	C	3537	81.5	29	166.5	43	50	54	141	31	48
40	幌糠	北海道	2	2	C	4127	87.6	37	171.1	43	51	12	141	45	54
41	浜益	北海道	2	2	C	3515	78.6	30	185.2	43	34	48	141	23	30
42	厚田	北海道	2	2	C	3657	83.5	28	178.6	43	23	42	141	26	30
43	新篠津	北海道	2	2	B	3955	93.7	37	185.6	43	13	12	141	39	0
44	山口	北海道	2	2	B	3580	102.9	6	169.0	43	8	42	141	13	36
45	石狩	北海道	2	2	B	3738	101.2	25	169.6	43	11	30	141	22	30
46	札幌	北海道	2	2	B	3393	111.6	42	180.4	43	3	30	141	19	54
47	江別	北海道	2	2	C	3909	107.0	30	182.9	43	6	30	141	36	18
48	恵庭島松	北海道	2	2	B	3947	110.3	28	183.4	42	55	24	141	34	12
49	支笏湖畔	北海道	2	2	B	4033	108.5	19	190.7	42	46	12	141	24	42
50	朱鞠内	北海道	2	1	C	4628	81.8	3	168.3	44	16	48	142	9	54
51	幌加内	北海道	1	1	C	4402	84.3	29	170.2	44	0	24	142	9	12
52	石狩沼田	北海道	2	1	C	4238	87.8	38	177.7	43	48	24	141	57	0
53	深川	北海道	2	2	B	4088	92.8	39	186.1	43	43	0	142	4	42
54	空知吉野	北海道	2	1	C	4119	84.5	47	165.6	43	35	36	141	44	12
55	滝川	北海道	2	2	B	4119	94.7	43	193.1	43	34	6	141	56	42
56	芦別	北海道	2	2	C	3943	91.7	52	169.5	43	30	54	142	11	36
57	月形	北海道	2	2	C	3953	90.2	35	177.4	43	19	42	141	37	24
58	美唄	北海道	2	2	C	3970	91.6	47	181.4	43	21	36	141	49	54
59	岩見沢	北海道	2	2	B	3726	100.9	46	175.6	43	12	36	141	47	18
60	長沼	北海道	2	2	B	3824	108.3	35	182.0	43	0	36	141	41	48
61	夕張	北海道	1	1	B	4312	98.8	34	174.5	43	2	18	141	57	42
62	美国	北海道	2	2	C	3777	80.5	22	161.3	43	16	18	140	34	18
63	神恵内	北海道	2	2	C	3288	75.4	3	192.8	43	8	36	140	25	36
64	余市	北海道	2	2	C	3636	82.9	25	175.8	43	10	48	140	45	48
65	小樽	北海道	2	2	B	3473	90.8	28	180.6	43	10	48	141	1	12

地点番号	地点名	都道府県	2019省エネ基準気候区分	2021Q1住宅気候区分	日射量区分	2010標準気象データ				緯度			経度		
						DD18-18	南鉛直面日射量	ED27-60%	水平面日射量	度	分	秒	度	分	秒
66	岩内	北海道	2	2	C	3560	81.8	5	190.9	42	59	0	140	32	48
67	蘭越	北海道	2	2	C	3828	84.1	34	175.3	42	48	30	140	32	48
68	倶知安	北海道	2	2	C	3989	84.7	41	169.5	42	53	54	140	45	42
69	寿都	北海道	2	2	C	3397	80.5	36	193.7	42	47	36	140	13	42
70	真狩	北海道	2	1	C	4364	86.0	13	170.2	42	46	24	140	53	6
71	喜茂別	北海道	1	1	C	4352	88.1	22	189.2	42	47	36	140	57	6
72	黒松内	北海道	2	2	C	3844	83.5	7	152.3	42	39	42	140	18	48
73	雄武	北海道	1	2	B	4086	101.7	15	177.8	44	34	42	142	58	6
74	興部	北海道	1	1	B	4326	101.4	8	171.1	44	28	12	143	6	54
75	西興部	北海道	1	1	C	4373	100.6	11	164.9	44	19	48	142	56	24
76	紋別	北海道	2	2	B	3942	108.7	17	177.3	44	20	36	143	21	36
77	湧別	北海道	2	2	B	4225	118.0	17	193.5	44	12	48	143	37	24
78	滝上	北海道	1	1	C	4350	94.0	14	173.4	44	10	30	143	3	54
79	常呂	北海道	2	2	B	4124	118.2	11	193.0	44	6	54	144	3	6
80	遠軽	北海道	2	2	B	4293	105.8	16	173.4	44	3	0	143	32	6
81	佐呂間	北海道	1	1	B	4445	112.8	1	182.9	43	59	6	143	43	36
82	網走	北海道	2	2	B	3887	123.0	2	188.3	44	0	54	144	17	0
83	宇登呂	北海道	2	2	C	4042	97.2	0	171.1	44	3	0	144	59	12
84	白滝	北海道	1	1	B	4502	98.4	0	186.3	43	51	48	143	9	24
85	生田原	北海道	1	1	B	4512	110.9	15	170.2	43	53	6	143	31	36
86	北見	北海道	2	2	B	4252	117.6	17	181.1	43	49	12	143	54	36
87	小清水	北海道	2	2	B	4190	112.9	15	178.6	43	51	6	144	27	54
88	斜里	北海道	2	2	B	4198	111.7	12	184.6	43	53	0	144	42	18
89	留辺蘂	北海道	2	1	B	4715	124.6	3	175.7	43	44	12	143	27	12
90	境野	北海道	1	1	B	4547	124.0	14	159.2	43	42	18	143	38	54
91	美幌	北海道	2	1	B	4310	123.9	17	173.8	43	46	6	144	10	42
92	津別	北海道	1	1	B	4332	117.3	18	169.1	43	41	54	144	2	12
93	羅臼	北海道	2	2	C	4142	105.4	3	163.8	44	1	0	145	11	24
94	標津	北海道	2	2	B	4131	132.7	0	153.2	43	39	30	145	8	6
95	中標津	北海道	1	2	B	4264	136.6	0	152.1	43	32	36	144	59	0
96	計根別	この地点は2010標準気象データから削除													
97	別海	北海道	1	2	B	4356	138.2	0	153.3	43	23	30	145	7	18
98	根室	北海道	2	2	A	3992	134.7	0	177.1	43	19	42	145	35	24
99	納沙布	北海道	2	2	B	4011	125.8	0	171.0	43	23	30	145	45	48
100	厚床	北海道	2	2	B	4346	131.4	0	144.1	43	13	42	145	15	36
101	川湯	北海道	1	1	B	4645	110.2	5	151.8	43	38	18	144	27	24
102	弟子屈	北海道	1	1	B	4511	122.2	0	161.0	43	30	54	144	28	48
103	阿寒湖畔	北海道	2	1	C	4770	118.8	2	179.8	43	26	0	144	5	36
104	標茶	北海道	1	2	B	4453	132.4	7	171.4	43	18	24	144	36	18
105	鶴居	北海道	1	2	B	4327	129.5	5	158.0	43	13	48	144	19	42
106	中徹別	北海道	2	2	B	4381	131.6	7	171.0	43	11	48	144	8	48
107	榊町	北海道	2	2	B	4195	134.0	1	164.4	43	7	6	145	6	54
108	太田	北海道	2	2	B	4246	137.6	2	167.3	43	5	24	144	46	54
109	白糠	北海道	2	2	A	4315	144.6	0	164.2	42	58	6	144	3	54
110	釧路	北海道	2	2	A	3880	140.5	0	181.7	42	59	0	144	22	54
111	知方学	北海道	2	2	B	4169	135.8	0	153.8	42	56	6	144	44	12
112	陸別	北海道	1	1	B	4703	128.8	2	164.6	43	28	0	143	44	30
113	糠平	北海道	1	1	B	4904	118.5	1	177.5	43	21	54	143	11	48
114	上士幌	北海道	1	2	B	4333	133.8	2	144.0	43	14	12	143	18	24
115	足寄	北海道	1	2	A	4301	143.4	19	158.2	43	14	30	143	33	30
116	本別	北海道	2	2	A	4280	142.5	20	165.1	43	7	18	143	36	54
117	新得	北海道	2	2	B	4098	125.5	8	165.6	43	0	30	142	50	42
118	鹿追	北海道	2	2	B	4189	136.9	10	163.3	43	6	18	142	59	36
119	駒場	北海道	2	2	A	4282	147.3	23	163.5	43	2	54	143	11	24
120	芽室	北海道	2	2	A	4235	142.5	26	152.4	42	54	6	143	3	30
121	帯広	北海道	2	2	A	3955	151.2	34	176.9	42	55	6	143	12	54
122	池田	北海道	2	2	A	4319	150.8	3	176.0	42	55	12	143	27	48
123	浦幌	北海道	2	2	A	4057	147.0	14	168.6	42	48	24	143	39	36
124	糠内	北海道	1	2	A	4485	146.1	24	161.7	42	47	6	143	20	0
125	上札内	北海道	1	2	B	4429	146.9	3	165.3	42	38	24	143	6	6
126	更別	北海道	1	2	A	4341	144.5	24	168.3	42	38	48	143	11	48
127	大津	北海道	1	2	A	4368	142.1	7	163.5	42	41	0	143	39	6
128	大樹	北海道	1	2	A	4399	143.6	3	163.1	42	29	54	143	16	42
129	広尾	北海道	2	2	B	3916	133.0	1	181.5	42	17	30	143	19	12
130	厚真	北海道	2	2	B	4108	114.5	1	165.7	42	43	48	141	53	30

地点番号	地点名	都道府県	2019 省エネ基準 気候区分	2021 Q1住宅 気候区分	日射量区分	2010標準気象データ				緯度			経度		
						DD18-18	南鉛直面日射量	ED27 -60%	水平面日射量	度	分	秒	度	分	秒
131	穂別	北海道	2	2	B	4184	113.6	9	160.5	42	45	36	142	9	6
132	大滝	北海道	1	1	C	4475	94.2	23	177.8	42	40	6	141	5	0
133	森野	北海道	2	2	B	4039	91.7	3	143.3	42	37	30	141	15	24
134	苫小牧	北海道	2	2	B	3759	119.5	17	157.1	42	37	12	141	33	0
135	大岸	北海道	2	2	B	3749	100.6	30	178.2	42	35	12	140	38	48
136	白老	北海道	2	2	B	3783	123.3	2	157.5	42	32	30	141	21	18
137	鵡川	北海道	2	2	B	4090	127.1	0	159.0	42	35	6	141	56	6
138	伊達	北海道	2	2	B	3563	102.4	39	181.9	42	29	42	140	53	42
139	登別	北海道	2	2	B	3738	111.3	4	153.6	42	27	24	141	7	18
140	室蘭	北海道	3	2	B	3384	113.2	12	172.2	42	18	36	140	58	54
141	日高	北海道	2	1	C	4368	88.5	8	180.1	42	52	30	142	26	54
142	日高門別	北海道	2	2	B	3907	126.5	2	169.3	42	31	6	142	2	18
143	新和	北海道	2	2	B	4136	112.3	32	166.4	42	32	30	142	20	18
144	静内	北海道	2	2	B	3575	122.5	1	169.5	42	20	36	142	22	24
145	三石	北海道	2	2	B	3927	121.3	2	171.5	42	14	54	142	40	0
146	中杵臼	北海道	2	2	B	4142	105.8	3	168.7	42	13	18	142	57	42
147	浦河	北海道	2	2	B	3520	125.8	2	180.4	42	9	30	142	46	48
148	えりも岬	北海道	2	2	B	3779	123.2	0	149.3	41	55	24	143	14	54
149	長万部	北海道	2	2	B	3757	96.7	4	153.0	42	31	24	140	23	18
150	八雲	北海道	2	2	C	3575	98.8	5	157.1	42	15	6	140	16	36
151	森	北海道	2	2	B	3629	101.2	41	186.3	42	6	12	140	34	24
152	南茅部	北海道	3	2	B	3404	106.6	2	143.9	41	54	18	140	58	24
153	大野	北海道	3	2	B	3524	98.4	49	178.2	41	53	12	140	39	12
154	函館	北海道	3	3	B	3293	109.9	63	185.7	41	48	48	140	45	24
155	木古内	北海道	2	2	C	3336	96.4	9	152.5	41	41	0	140	26	54
156	松前	北海道	3	3	C	2920	84.0	73	188.5	41	25	18	140	5	18
157	瀬棚	北海道	2	2	C	3326	78.0	33	179.7	42	27	0	139	51	18
158	今金	北海道	2	2	C	3694	84.1	38	174.8	42	25	36	140	0	48
159	奥尻	北海道	3	3	C	3044	85.4	36	204.9	42	14	48	139	33	42
160	熊石	北海道	3	2	C	3245	85.3	42	159.9	42	7	42	139	58	54
161	鶉	北海道	3	2	C	3555	87.5	41	164.2	41	55	42	140	19	0
162	江差	北海道	3	3	C	3010	81.2	48	185.2	41	51	54	140	7	42
163	大間	青森県	3	3	C	2993	92.6	52	185.9	41	31	30	140	54	54
164	むつ	青森県	3	3	B	3178	96.3	29	165.1	41	16	54	141	12	54
165	小田野沢	青森県	3	3	B	3213	101.4	7	144.0	41	14	0	141	24	6
166	今別	青森県	3	3	C	3061	81.2	77	180.8	41	10	36	140	29	12
167	脇野沢	青森県	3	3	C	3044	87.4	77	185.2	41	8	36	140	49	30
168	市浦	青森県	3	3	C	2991	80.1	94	179.9	41	3	6	140	21	6
169	蟹田	青森県	3	3	C	3234	91.6	76	181.6	41	2	36	140	38	36
170	五所川原	青森県	3	3	C	3028	81.7	103	184.1	40	48	24	140	27	42
171	青森	青森県	3	3	C	3041	91.7	96	200.4	40	49	6	140	46	18
172	野辺地	青森県	3	3	C	3185	92.3	93	183.0	40	50	54	141	6	36
173	六ケ所	青森県	3	3	C	3240	106.2	67	173.0	40	53	0	141	16	36
174	鰺ケ沢	青森県	4	3	C	2919	82.6	94	183.8	40	46	24	140	12	30
175	深浦	青森県	4	3	C	2846	80.3	125	187.3	40	38	36	139	56	12
176	弘前	青森県	3	3	C	3011	96.1	106	185.2	40	36	36	140	27	36
177	黒石	青森県	3	3	C	3074	92.7	95	174.9	40	38	42	140	35	12
178	酸ケ湯	青森県	3	1	C	4438	79.4	15	161.4	40	38	42	140	51	12
179	三沢	青森県	3	3	B	3004	114.1	87	180.0	40	40	30	141	22	42
180	十和田	青森県	3	3	B	3158	118.2	128	184.5	40	35	36	141	15	6
181	八戸	青森県	3	3	B	2967	112.2	53	165.6	40	31	30	141	31	30
182	碇ケ関	青森県	2	2	C	3367	89.7	107	160.0	40	28	36	140	37	48
183	休屋	青森県	3	2	C	3698	94.5	75	152.3	40	25	30	140	54	0
184	三戸	青森県	3	3	B	3158	107.0	119	188.2	40	22	36	141	15	24
185	八森	秋田県	4	3	C	2621	81.6	131	186.9	40	23	12	139	59	0
186	能代	秋田県	4	3	C	2778	87.4	158	173.2	40	11	48	140	2	12
187	鷹巣	秋田県	3	3	C	3113	94.2	185	171.4	40	13	36	140	22	36
188	大館	秋田県	3	2	C	3280	90.8	124	171.0	40	16	30	140	32	18
189	鹿角	秋田県	3	2	C	3335	94.1	108	167.6	40	12	48	140	47	30
190	湯瀬	秋田県	3	2	C	3376	81.1	101	160.1	40	7	6	140	50	36
191	八幡平	秋田県	3	2	C	3869	90.2	54	170.8	40	0	42	140	48	18
192	男鹿	秋田県	4	3	C	2808	88.6	181	182.1	39	54	36	139	54	12
193	大潟	秋田県	4	3	C	2837	87.0	200	171.8	39	59	48	139	57	6
194	五城目	秋田県	4	3	C	2901	85.3	136	166.6	39	56	0	140	7	6
195	阿仁合	秋田県	3	2	C	3235	79.8	184	163.3	39	59	24	140	24	30

地点番号	地点名	都道府県	2019 省エネ基準 気候区分	2021 Q1住宅 気候区分	日射量区分	2010標準気象データ				緯度			経度		
						DD_{18-18}	南鉛直面日射量	ED27 -60%	水平面日射量	度	分	秒	度	分	秒
196	秋田	秋田県	4	3	C	2658	91.4	257	181.6	39	42	54	140	6	12
197	岩見三内	秋田県	4	3	C	3089	81.0	112	168.6	39	42	18	140	17	30
198	角館	秋田県	3	3	C	3019	89.7	237	173.4	39	36	0	140	33	36
199	田沢湖	秋田県	3	3	C	3229	88.7	156	171.7	39	41	48	140	44	6
200	大正寺	秋田県	4	3	C	3017	76.7	215	166.0	39	31	30	140	14	18
201	大曲	秋田県	3	3	C	3003	84.0	129	174.1	39	29	18	140	30	0
202	本荘	秋田県	4	3	C	2614	79.5	120	182.4	39	21	30	140	3	30
203	東由利	秋田県	4	3	C	3030	82.2	187	161.9	39	18	6	140	17	30
204	横手	秋田県	3	3	C	2904	83.7	264	186.9	39	19	6	140	33	30
205	象潟	秋田県	5	4	C	2325	78.1	256	196.8	39	13	6	139	54	18
206	矢島	秋田県	4	3	C	2849	84.7	252	182.5	39	13	36	140	9	6
207	湯沢	秋田県	3	3	C	3006	84.7	197	172.2	39	11	6	140	28	0
208	湯の岱	秋田県	3	2	C	3249	77.5	148	162.6	38	57	24	140	32	0
209	種市	岩手県	3	3	B	3187	116.0	82	168.6	40	24	6	141	42	18
210	軽米	岩手県	3	3	B	3347	113.5	86	180.9	40	19	0	141	28	24
211	二戸	岩手県	3	3	B	3218	107.1	138	171.4	40	17	42	141	18	6
212	山形	岩手県	3	2	B	3451	110.4	93	172.3	40	8	48	141	34	36
213	久慈	岩手県	3	3	B	3059	125.5	95	192.7	40	11	18	141	46	48
214	荒屋	岩手県	3	2	C	3495	100.9	37	161.0	40	6	6	141	3	18
215	奥中山	岩手県	3	2	B	3773	105.0	101	166.6	40	3	36	141	13	30
216	葛巻	岩手県	2	2	C	3603	91.5	127	163.1	40	2	18	141	26	24
217	普代	岩手県	3	3	B	3070	127.9	79	185.7	40	0	12	141	53	12
218	岩手松尾	岩手県	3	2	B	3409	109.5	51	161.7	39	57	0	141	4	6
219	好摩	岩手県	3	3	B	3293	112.0	127	165.6	39	52	0	141	10	12
220	岩泉	岩手県	3	3	B	3035	121.6	101	175.4	39	50	24	141	48	0
221	小本	岩手県	3	3	B	2980	124.1	76	190.5	39	50	18	141	57	30
222	薮川	岩手県	3	2	C	4214	96.8	35	167.4	39	46	48	141	19	54
223	雫石	岩手県	3	3	B	3303	105.0	128	172.9	39	41	24	140	58	30
224	盛岡	岩手県	3	3	B	3090	116.3	77	178.0	39	41	42	141	10	6
225	区界	岩手県	4	2	C	4195	90.6	34	163.7	39	38	54	141	21	24
226	宮古	岩手県	4	3	A	2825	130.8	103	186.0	39	38	42	141	58	6
227	紫波	岩手県	3	3	B	3147	112.1	134	175.3	39	33	42	141	10	30
228	川井	岩手県	4	3	B	3025	107.5	121	175.1	39	35	48	141	41	0
229	沢内	岩手県	2	2	C	3491	85.5	47	153.6	39	28	42	140	48	0
230	大迫	岩手県	3	3	C	3148	98.2	139	159.5	39	27	54	141	17	36
231	山田	岩手県	4	4	B	2817	131.5	118	192.0	39	26	48	141	57	42
232	湯田	岩手県	2	2	C	3394	81.2	126	163.1	39	18	30	140	46	48
233	遠野	岩手県	3	3	B	3241	106.3	137	176.3	39	20	0	141	32	30
234	北上	岩手県	4	3	B	2861	102.4	160	185.8	39	17	6	141	6	54
235	釜石	岩手県	4	4	B	2627	119.5	146	185.5	39	16	6	141	53	0
236	若柳	岩手県	4	3	B	2996	102.5	127	139.4	39	7	48	141	4	6
237	江刺	岩手県	4	3	B	2902	104.7	163	164.8	39	10	48	141	10	12
238	住田	岩手県	3	3	B	2938	116.7	146	184.7	39	8	18	141	34	42
239	大船渡	岩手県	4	4	B	2615	126.1	106	159.5	39	3	36	141	43	6
240	一関	岩手県	4	3	B	2770	116.3	137	147.2	38	55	54	141	7	48
241	千厩	岩手県	3	3	B	2944	116.7	119	149.4	38	55	12	141	20	0
242	駒ノ湯	宮城県	4	2	B	3412	101.6	65	130.5	38	54	42	140	49	54
243	気仙沼	宮城県	4	4	B	2713	122.4	99	168.2	38	54	18	141	33	36
244	川渡	宮城県	4	3	B	3028	106.4	112	146.8	38	44	30	140	45	48
245	築館	宮城県	4	4	B	2743	119.7	125	151.2	38	44	0	141	0	36
246	米山	宮城県	4	4	B	2723	120.0	125	171.0	38	37	30	141	11	30
247	志津川	宮城県	4	4	B	2708	129.6	108	174.7	38	40	36	141	27	12
248	古川	宮城県	4	4	B	2792	119.9	143	148.0	38	35	42	140	55	0
249	大衡	宮城県	4	3	B	2789	112.5	145	147.7	38	28	18	140	53	0
250	鹿島台	宮城県	4	4	B	2758	121.9	122	163.8	38	27	30	141	5	48
251	石巻	宮城県	4	4	A	2562	130.3	141	178.9	38	25	30	141	18	12
252	新川	宮城県	5	3	B	3093	102.9	134	153.4	38	18	0	140	38	36
253	塩釜	宮城県	4	4	B	2622	123.2	124	172.4	38	20	6	141	1	6
254	江ノ島	宮城県	4	4	A	2479	129.7	69	175.8	38	23	42	141	36	6
255	仙台	宮城県	5	4	B	2376	128.4	161	161.5	38	15	30	140	54	0
256	川崎	この地点は2010標準気象データから削除													
257	白石	宮城県	4	4	B	2540	123.7	153	170.1	38	0	42	140	37	0
258	亘理	宮城県	4	4	B	2401	127.9	160	168.1	38	1	48	140	51	18
259	丸森	宮城県	4	3	A	2528	125.2	150	171.5	37	55	42	140	46	54
260	飛島	山形県	5	4	C	2447	85.3	228	193.4	39	10	54	139	32	48

地点番号	地点名	都道府県	2019 省エネ基準 気候区分	2021 Q1住宅 気候区分	日射量区分	2010標準気象データ				緯度			経度		
						$DD_{18\text{-}18}$	南鉛直面日射量	ED27 -60%	水平面日射量	度	分	秒	度	分	秒
261	酒田	山形県	5	4	C	2369	87.4	278	189.3	38	54	18	139	50	48
262	差首鍋	山形県	3	3	C	3105	77.4	241	186.5	38	54	54	140	12	18
263	金山	山形県	3	3	C	3109	78.8	198	172.4	38	52	30	140	20	18
264	鶴岡	山形県	4	4	C	2388	78.3	298	194.3	38	43	54	139	49	54
265	狩川	山形県	4	3	C	2624	76.7	243	179.2	38	47	54	139	58	36
266	新庄	山形県	3	3	C	2968	77.1	163	171.8	38	45	12	140	18	54
267	向町	山形県	3	3	C	3102	87.2	150	150.3	38	45	18	140	31	12
268	肘折	山形県	4	2	C	3325	82.0	109	152.3	38	36	18	140	10	0
269	尾花沢	山形県	3	3	C	2991	88.0	164	170.4	38	36	24	140	24	54
270	鼠ケ関	山形県	4	4	C	2463	79.5	239	193.0	38	33	12	139	33	30
271	楯岡	山形県	4	3	C	3014	95.7	214	192.0	38	28	18	140	24	12
272	大井沢	山形県	3	2	C	3501	83.9	113	165.3	38	23	24	139	59	54
273	左沢	山形県	3	3	B	3062	98.8	183	186.4	38	22	6	140	11	48
274	山形	山形県	4	3	B	2658	107.4	220	185.1	38	15	12	140	20	54
275	長井	山形県	3	3	C	2955	91.7	184	189.8	38	8	6	140	0	48
276	小国	山形県	3	3	C	2964	76.7	176	186.9	38	4	36	139	44	18
277	高畠	山形県	3	3	B	2929	98.5	200	186.2	38	0	6	140	12	42
278	高峰	山形県	3	3	C	3169	87.8	164	181.5	37	59	48	139	57	42
279	米沢	山形県	4	3	B	2918	98.6	195	204.1	37	55	6	140	7	6
280	茂庭	福島県	5	3	B	2809	101.0	159	172.6	37	53	18	140	26	24
281	梁川	福島県	4	4	B	2508	115.0	219	174.9	37	51	18	140	36	24
282	桧原	福島県	3	2	C	3755	91.7	68	188.4	37	43	12	140	3	48
283	福島	福島県	5	5	B	2240	122.9	250	176.3	37	45	24	140	28	30
284	相馬	福島県	5	5	A	2310	130.0	208	175.9	37	46	54	140	55	48
285	喜多方	福島県	4	3	B	2917	102.5	240	179.2	37	39	18	139	52	12
286	鷲倉	福島県	5	1	C	4295	82.6	10	146.7	37	40	0	140	15	48
287	飯舘	福島県	3	3	B	3043	125.7	169	179.5	37	41	30	140	45	6
288	西会津	福島県	4	3	C	2862	86.8	200	201.2	37	35	6	139	39	36
289	猪苗代	福島県	3	3	B	3191	102.4	212	190.5	37	33	54	140	6	42
290	二本松	福島県	4	4	B	2515	119.2	222	160.8	37	35	30	140	27	6
291	金山	福島県	3	3	C	3073	85.0	195	196.8	37	27	0	139	31	42
292	若松	福島県	4	3	B	2774	98.2	225	211.3	37	29	6	139	54	48
293	船引	福島県	4	3	B	2887	121.7	217	185.5	37	26	54	140	34	12
294	浪江	福島県	5	5	B	2351	127.3	188	181.2	37	29	24	140	58	12
295	只見	福島県	3	3	C	3138	82.5	180	175.3	37	20	24	139	19	0
296	郡山	福島県	5	4	B	2551	111.2	249	184.5	37	24	54	140	22	18
297	川内	福島県	3	3	A	2932	129.2	192	191.9	37	20	0	140	48	48
298	南郷	福島県	2	3	B	3257	96.7	204	211.4	37	15	48	139	32	24
299	湯本	福島県	5	2	B	3396	88.6	123	171.5	37	16	30	140	4	0
300	小野新町	福島県	3	3	B	2912	121.4	224	179.7	37	17	0	140	37	48
301	広野	福島県	5	5	A	2223	148.9	184	189.0	37	13	54	141	0	18
302	田島	福島県	3	3	B	3260	95.5	145	189.4	37	11	36	139	46	30
303	白河	福島県	4	4	B	2643	121.6	262	180.9	37	7	42	140	13	12
304	石川	福島県	4	4	B	2628	122.9	263	183.7	37	8	42	140	27	18
305	桧枝岐	福島県	2	2	C	3685	92.8	109	187.9	37	1	18	139	23	18
306	上遠野	福島県	5	5	A	2289	139.6	245	169.3	37	0	24	140	44	24
307	東白川	福島県	4	4	A	2628	133.2	279	167.9	36	57	12	140	24	18
308	小名浜	福島県	5	5	A	2071	134.0	206	185.8	36	56	42	140	54	24
309	北茨城	茨城県	5	5	A	2110	131.2	226	184.2	36	50	24	140	46	30
310	大子	茨城県	4	4	A	2520	137.8	399	155.9	36	46	30	140	21	0
311	小瀬	茨城県	5	5	A	2352	141.3	400	160.2	36	36	18	140	19	42
312	日立	茨城県	6	5	A	1863	136.7	315	186.1	36	35	48	140	39	18
313	笠間	茨城県	5	5	A	2139	134.9	489	159.0	36	22	54	140	14	30
314	水戸	茨城県	5	5	A	2006	141.0	361	177.9	36	22	42	140	28	18
315	古河	茨城県	6	5	A	1835	159.2	550	158.3	36	11	54	139	43	12
316	筑波山	この地点は2010標準気象データから削除													
317	下妻	茨城県	5	5	A	2066	142.7	476	163.8	36	10	0	139	57	0
318	鉾田	茨城県	5	5	A	2069	133.6	380	189.6	36	9	54	140	31	48
319	長峰	茨城県	5	5	A	1963	142.4	439	184.4	36	3	18	140	7	48
320	土浦	茨城県	6	5	A	1807	142.2	428	164.0	36	5	36	140	12	42
321	鹿嶋	茨城県	6	6	A	1735	133.2	337	213.2	35	57	42	140	37	30
322	竜ケ崎	茨城県	6	5	A	1903	140.7	444	169.8	35	53	18	140	13	0
323	那須	栃木県	4	3	B	3204	110.2	131	152.6	37	7	18	140	2	24
324	五十里	栃木県	4	3	B	3129	116.2	124	166.0	36	55	12	139	42	0
325	黒磯	栃木県	4	4	A	2519	127.4	274	166.1	36	58	48	140	1	24

地点番号	地点名	都道府県	2019 省エネ基準 気候区分	2021 Q1住宅 気候区分	日射量区分	2010標準気象データ				緯度			経度		
						DD18-18	南鉛直面日射量	ED27 -60%	水平面日射量	度	分	秒	度	分	秒
326	土呂部	栃木県	2	2	B	3650	121.4	94	164.3	36	53	24	139	34	18
327	大田原	栃木県	5	5	A	2329	143.5	315	171.4	36	51	48	140	2	54
328	日光	栃木県	4	2	B	3877	123.9	22	171.6	36	44	12	139	30	12
329	今市	栃木県	4	4	A	2620	128.9	250	154.4	36	43	24	139	40	48
330	塩谷	栃木県	4	4	A	2496	135.8	315	144.5	36	46	30	139	51	12
331	烏山	栃木県	5	5	A	2314	143.1	355	172.0	36	38	48	140	9	0
332	鹿沼	栃木県	5	5	A	2296	146.9	360	162.2	36	35	18	139	44	24
333	宇都宮	栃木県	5	5	A	1942	148.4	539	157.4	36	32	48	139	52	18
334	真岡	栃木県	5	5	A	2291	148.2	447	157.9	36	28	30	139	59	24
335	佐野	栃木県	6	5	A	2003	158.4	425	160.5	36	20	0	139	33	54
336	小山	栃木県	5	5	A	1956	149.6	523	164.5	36	20	12	139	50	6
337	藤原	群馬県	4	2	B	3414	93.2	64	184.1	36	51	42	139	3	48
338	水上	群馬県	4	3	B	3031	99.2	130	199.0	36	47	48	138	59	48
339	草津	群馬県	2	2	B	3765	123.3	45	137.7	36	36	48	138	35	42
340	沼田	群馬県	4	4	A	2624	140.0	258	215.9	36	39	0	139	3	54
341	中之条	群馬県	4	4	A	2611	134.7	214	180.3	36	35	6	138	51	18
342	田代	群馬県	2	2	B	3888	130.0	59	179.7	36	27	42	138	28	0
343	前橋	群馬県	6	5	A	1879	157.8	374	176.2	36	24	0	139	3	48
344	桐生	群馬県	6	5	A	1945	159.0	439	179.5	36	22	54	139	20	48
345	上里見	群馬県	6	5	A	2066	160.7	377	171.0	36	22	30	138	54	0
346	伊勢崎	群馬県	6	6	A	1765	167.2	487	163.4	36	20	24	139	11	30
347	西野牧	群馬県	5	5	A	2504	143.9	223	180.2	36	14	36	138	42	42
348	館林	群馬県	6	6	A	1727	158.4	514	165.5	36	13	54	139	32	12
349	万場	群馬県	4	4	A	2607	131.9	243	178.2	36	6	18	138	54	0
350	寄居	埼玉県	5	5	A	2016	153.8	404	179.5	36	6	48	139	11	12
351	熊谷	埼玉県	6	6	A	1751	159.1	620	184.3	36	8	48	139	23	0
352	久喜	埼玉県	6	5	A	1837	156.9	520	160.0	36	5	0	139	38	24
353	秩父	埼玉県	5	5	A	2237	146.6	506	182.5	35	59	12	139	4	36
354	鳩山	埼玉県	5	5	A	2062	148.4	476	164.2	35	59	0	139	20	18
355	浦和	埼玉県	6	6	A	1769	152.9	536	176.3	35	52	24	139	35	24
356	越谷	埼玉県	6	5	A	1774	144.0	606	177.8	35	53	24	139	47	36
357	所沢	埼玉県	6	5	A	1898	151.4	458	172.5	35	46	12	139	25	0
358	小河内	東京都	4	4	B	2485	125.6	115	167.4	35	47	24	139	3	30
359	青梅	東京都	5	5	A	1953	148.7	462	158.0	35	47	12	139	19	0
360	練馬	東京都	6	6	A	1582	151.3	578	161.0	35	44	0	139	40	12
361	八王子	東京都	6	5	A	1888	151.7	471	159.4	35	39	48	139	19	12
362	府中	東京都	6	6	A	1644	153.9	501	167.9	35	40	54	139	29	12
363	東京	東京都	6	6	A	1341	137.9	607	175.7	35	41	12	139	45	54
364	新木場	この地点は2010標準気象データから削除													
365	大島	東京都	7	6	B	1249	131.6	582	194.8	34	44	48	139	22	0
366	新島	東京都	7	7	B	724	130.4	758	177.7	34	22	12	139	15	18
367	三宅島	東京都	7	7	B	654	92.2	843	201.5	34	7	12	139	31	30
368	八丈島	東京都	7	7	B	619	91.5	1128	174.5	33	6	6	139	47	18
369	父島	東京都	8	8	A	31	130.8	1525	255.8	27	5	24	142	11	18
370	佐原	千葉県	6	5	A	1941	130.9	391	182.4	35	51	18	140	30	18
371	我孫子	千葉県	6	6	A	1747	151.0	513	166.7	35	52	30	140	2	0
372	船橋	千葉県	6	6	A	1679	145.3	559	171.4	35	42	30	140	2	54
373	佐倉	千葉県	6	5	A	1880	135.9	592	182.8	35	43	36	140	13	0
374	銚子	千葉県	6	6	A	1387	130.5	372	225.2	35	44	12	140	51	42
375	横芝	千葉県	6	5	A	1746	137.5	598	181.7	35	39	12	140	29	6
376	千葉	千葉県	6	6	A	1375	144.0	652	167.9	35	36	0	140	6	30
377	茂原	千葉県	6	6	A	1604	136.6	601	170.7	35	24	54	140	18	48
378	木更津	千葉県	6	6	A	1538	156.7	508	176.9	35	22	30	139	55	18
379	牛久	千葉県	6	6	A	1720	136.7	637	173.8	35	23	42	140	9	6
380	坂畑	千葉県	6	5	A	1940	130.2	513	173.1	35	13	54	140	6	6
381	鴨川	千葉県	6	6	A	1350	134.8	670	194.6	35	6	36	140	6	12
382	勝浦	千葉県	7	6	A	1369	130.5	412	194.7	35	8	54	140	18	54
383	館山	千葉県	7	6	A	1317	136.1	761	182.1	34	59	0	139	52	6
384	海老名	神奈川県	6	6	A	1549	150.2	544	184.5	35	26	0	139	23	12
385	横浜	神奈川県	6	6	A	1365	146.2	554	184.7	35	26	12	139	39	24
386	辻堂	神奈川県	7	6	A	1419	141.8	364	173.0	35	19	0	139	27	12
387	小田原	神奈川県	6	6	A	1533	143.3	475	183.1	35	15	6	139	9	18
388	三浦	神奈川県	7	6	A	1344	142.9	564	184.3	35	10	30	139	38	0
389	野沢温泉	長野県	3	3	B	3112	105.7	117	209.0	36	55	6	138	27	0
390	信濃町	長野県	3	3	B	3287	106.6	79	178.0	36	48	24	138	12	6

地点番号	地点名	都道府県	2019 省エネ基準気候区分	2021 Q1住宅気候区分	日射量区分	2010標準気象データ				緯度			経度		
						DD$_{18-18}$	南鉛直面日射量	ED27 -60%	水平面日射量	度	分	秒	度	分	秒
391	飯山	長野県	4	3	B	2916	106.6	160	191.9	36	52	18	138	22	48
392	白馬	長野県	3	3	B	3346	109.5	76	190.4	36	41	42	137	51	54
393	長野	長野県	4	4	B	2730	131.1	172	207.5	36	39	36	138	11	42
394	大町	長野県	3	3	B	3200	115.5	90	190.8	36	31	12	137	50	12
395	信州新町	長野県	4	3	B	2971	119.3	130	189.3	36	32	48	138	0	0
396	菅平	長野県	4	2	B	4131	128.8	66	224.7	36	31	48	138	19	42
397	上田	長野県	4	4	A	2718	146.7	204	208.5	36	23	54	138	16	6
398	穂高	長野県	4	4	B	2746	125.4	141	184.3	36	20	30	137	53	6
399	東部町	長野県	4	3	A	3349	138.7	139	229.3	36	22	54	138	23	18
400	軽井沢	長野県	2	3	A	3512	139.1	100	191.6	36	20	18	138	33	0
401	松本	長野県	4	4	A	2708	147.7	115	214.0	36	14	36	137	58	24
402	立科	長野県	3	3	A	3066	142.5	131	214.2	36	16	6	138	19	0
403	佐久	長野県	3	3	A	2996	142.2	126	215.4	36	14	42	138	28	48
404	奈川	長野県	4	3	B	3443	117.5	80	201.5	36	5	18	137	41	12
405	諏訪	長野県	4	4	A	2855	141.6	192	216.8	36	2	36	138	6	42
406	開田	長野県	2	2	B	3770	121.8	59	192.2	35	56	6	137	36	18
407	楢川	長野県	2	3	B	3116	118.3	97	187.7	35	58	54	137	50	18
408	辰野	長野県	3	3	A	2960	136.1	109	194.9	35	58	48	137	59	12
409	原村	長野県	3	3	A	3341	139.6	125	215.6	35	58	6	138	13	24
410	野辺山	長野県	2	2	A	3953	135.8	37	170.9	35	56	48	138	28	36
411	木曽福島	長野県	3	3	B	2917	121.7	148	199.1	35	50	18	137	41	30
412	伊那	長野県	4	4	A	2787	140.9	145	215.3	35	48	30	137	58	42
413	南木曽	長野県	4	4	B	2745	115.1	87	183.8	35	36	24	137	37	24
414	飯島	長野県	4	4	A	2808	134.6	87	200.6	35	39	6	137	54	12
415	飯田	長野県	5	5	A	2332	139.0	228	208.6	35	30	36	137	50	18
416	浪合	長野県	4	3	B	3194	114.8	89	184.8	35	22	18	137	41	48
417	南信濃	長野県	5	5	A	2259	133.8	184	193.7	35	19	12	137	56	6
418	大泉	山梨県	4	4	A	2750	146.6	130	216.6	35	51	30	138	23	30
419	韮崎	山梨県	5	5	A	2100	154.6	319	211.8	35	42	36	138	27	18
420	甲府	山梨県	6	5	A	1879	156.1	422	198.8	35	39	54	138	33	24
421	勝沼	山梨県	5	5	A	2114	153.2	382	197.7	35	39	42	138	43	42
422	大月	山梨県	5	5	A	2231	143.5	385	190.9	35	36	24	138	56	30
423	上九一色	山梨県	4	4	A	2523	126.0	165	188.9	35	31	36	138	37	6
424	中富	山梨県	5	5	A	2144	141.2	375	186.7	35	27	54	138	26	42
425	河口湖	山梨県	4	4	A	2908	144.9	73	196.3	35	29	54	138	45	48
426	山中	山梨県	3	3	A	3301	126.5	51	178.5	35	26	6	138	50	30
427	南部	山梨県	6	5	A	1807	133.7	454	176.4	35	17	6	138	27	0
428	井川	静岡県	7	4	A	2580	131.4	90	192.9	35	12	54	138	14	18
429	御殿場	静岡県	5	5	A	2183	130.1	167	172.1	35	17	54	138	55	48
430	吉原	静岡県	7	6	A	1453	154.7	499	165.7	35	10	42	138	41	18
431	三島	静岡県	6	6	A	1427	152.8	477	181.7	35	6	42	138	55	48
432	佐久間	静岡県	6	5	A	1931	127.9	620	179.3	35	5	6	137	48	30
433	本川根	静岡県	5	5	A	2013	136.5	472	169.0	35	5	54	138	7	54
434	清水	静岡県	7	6	A	1263	156.9	650	168.4	35	3	0	138	31	30
435	網代	静岡県	6	6	A	1345	128.9	495	194.5	35	2	36	139	5	42
436	静岡	静岡県	7	6	A	1234	157.1	754	187.3	34	58	18	138	24	24
437	天竜	静岡県	6	6	A	1471	152.3	736	174.7	34	52	12	137	49	6
438	浜松	静岡県	6	6	A	1326	159.0	661	200.7	34	42	24	137	43	24
439	牧の原	静岡県	7	6	A	1714	150.2	614	182.4	34	46	48	138	8	36
440	松崎	静岡県	7	6	A	1295	138.5	620	178.0	34	45	12	138	47	6
441	稲取	静岡県	7	6	A	1358	147.8	563	214.7	34	46	48	139	3	12
442	福田	静岡県	7	6	A	1369	157.2	825	188.5	34	39	54	137	54	18
443	御前崎	静岡県	7	7	A	1216	155.4	827	212.7	34	36	6	138	12	54
444	石廊崎	静岡県	7	7	A	1061	152.6	530	212.3	34	36	0	138	50	48
445	八開	愛知県	6	6	A	1677	132.7	518	185.6	35	12	54	136	42	6
446	稲武	愛知県	4	4	B	2675	113.8	106	177.4	35	12	36	137	30	36
447	名古屋	愛知県	6	6	A	1547	147.0	518	189.4	35	9	54	136	58	6
448	豊田	愛知県	6	5	A	1790	143.2	620	184.0	35	7	42	137	10	48
449	東海	愛知県	6	6	A	1446	145.3	717	194.2	35	1	18	136	54	12
450	岡崎	愛知県	6	6	A	1664	143.6	642	181.4	34	55	0	137	11	48
451	鳳来	愛知県	6	6	A	1626	141.9	634	173.3	34	55	48	137	34	42
452	蒲郡	愛知県	6	6	A	1430	145.3	676	185.8	34	50	30	137	13	12
453	南知多	愛知県	6	6	A	1503	148.9	633	195.6	34	44	12	136	56	30
454	豊橋	愛知県	7	6	A	1421	146.5	612	203.6	34	43	0	137	27	30
455	伊良湖	愛知県	6	6	A	1400	145.2	710	211.8	34	37	36	137	5	48

地点番号	地点名	都道府県	2019 省エネ基準 気候区分	2021 Q1住宅 気候区分	日射量区分	2010標準気象データ				緯度			経度		
						DD18-18	南鉛直面日射量	ED27 -60%	水平面日射量	度	分	秒	度	分	秒
456	河合	岐阜県	3	3	C	3109	90.4	131	194.8	36	18	12	137	6	12
457	神岡	岐阜県	3	3	B	2832	103.7	172	192.9	36	19	12	137	18	48
458	白川	岐阜県	3	3	B	2931	93.3	88	187.1	36	16	18	136	54	0
459	栃尾	岐阜県	4	3	B	3254	102.9	91	195.1	36	14	48	137	30	36
460	高山	岐阜県	4	3	B	2882	102.8	234	203.2	36	9	12	137	15	24
461	六厩	岐阜県	4	2	B	3912	102.6	68	201.4	36	3	30	137	2	12
462	宮之前	岐阜県	4	2	B	3610	102.7	84	180.1	36	0	48	137	23	30
463	長滝	岐阜県	4	4	B	2677	98.8	158	189.8	35	55	18	136	50	6
464	萩原	岐阜県	4	4	B	2485	115.3	144	171.9	35	53	6	137	12	30
465	八幡	岐阜県	4	4	B	2458	109.5	307	194.7	35	45	18	136	59	0
466	宮地	岐阜県	5	4	B	2660	115.9	135	169.6	35	45	48	137	17	24
467	樽見	岐阜県	4	4	C	2357	99.9	356	169.1	35	38	6	136	36	24
468	金山	岐阜県	4	4	B	2318	113.9	299	167.7	35	39	36	137	9	48
469	美濃	岐阜県	5	5	B	1957	135.3	477	183.6	35	33	18	136	54	48
470	黒川	岐阜県	5	4	B	2685	121.3	122	192.7	35	35	30	137	19	12
471	揖斐川	岐阜県	6	5	B	1751	116.6	579	180.7	35	29	0	136	34	18
472	美濃加茂	岐阜県	6	5	A	1861	135.7	473	184.9	35	26	36	137	0	36
473	恵那	岐阜県	5	5	B	2321	123.8	249	191.6	35	26	36	137	24	24
474	中津川	岐阜県	5	5	B	2159	126.6	285	184.3	35	29	6	137	30	12
475	関ケ原	岐阜県	5	5	B	1968	115.2	479	173.3	35	21	30	136	28	18
476	大垣	岐阜県	6	6	B	1602	133.0	559	185.8	35	21	24	136	36	54
477	岐阜	岐阜県	6	6	A	1560	141.2	529	189.4	35	23	48	136	45	54
478	多治見	岐阜県	6	5	A	1811	141.0	522	193.1	35	20	42	137	6	12
479	桑名	三重県	6	6	A	1522	143.7	630	183.7	35	2	54	136	41	54
480	四日市	三重県	6	5	A	1784	135.8	597	190.6	34	56	12	136	35	0
481	亀山	三重県	6	5	A	1798	130.8	699	184.8	34	52	6	136	27	24
482	上野	三重県	6	5	B	1949	121.9	405	198.0	34	45	30	136	8	42
483	津	三重県	6	6	A	1503	145.0	737	199.6	34	43	54	136	31	24
484	小俣	三重県	6	6	A	1642	143.1	725	187.2	34	31	24	136	40	6
485	粥見	三重県	6	5	B	1803	126.5	603	164.0	34	26	48	136	23	42
486	鳥羽	三重県	6	6	A	1581	146.4	601	183.4	34	28	48	136	49	42
487	南勢	三重県	6	6	A	1508	139.1	642	179.5	34	20	30	136	41	6
488	紀伊長島	三重県	6	6	A	1427	148.3	579	189.2	34	12	18	136	19	48
489	尾鷲	三重県	6	6	A	1350	155.2	801	181.2	34	4	0	136	11	48
490	熊野	三重県	7	6	A	1243	147.4	722	183.6	33	53	18	136	5	48
491	粟島	新潟県	5	4	C	2145	77.8	239	195.2	38	27	36	139	15	24
492	弾崎	新潟県	5	4	C	2142	85.9	273	193.1	38	19	42	138	31	0
493	村上	新潟県	4	4	C	2410	79.0	300	191.8	38	13	24	139	29	0
494	相川	新潟県	5	5	C	1948	83.9	304	209.4	38	1	36	138	14	36
495	両津	新潟県	5	4	C	2094	86.1	291	199.7	38	4	18	138	26	18
496	中条	新潟県	5	4	C	2161	78.7	215	178.5	38	3	24	139	24	48
497	下関	新潟県	4	3	C	2571	82.3	167	176.2	38	5	18	139	34	0
498	新潟	新潟県	5	5	C	2020	94.7	270	203.4	37	54	36	139	3	6
499	羽茂	新潟県	5	4	C	2169	84.2	299	182.9	37	50	24	138	19	0
500	新津	新潟県	5	4	C	2289	89.4	266	176.7	37	47	24	139	5	24
501	巻	新潟県	5	4	C	2366	89.1	246	190.9	37	45	48	138	54	54
502	寺泊	新潟県	5	4	C	2207	86.9	289	189.6	37	38	30	138	46	18
503	三条	新潟県	5	4	C	2219	87.9	329	184.7	37	38	18	138	57	36
504	津川	新潟県	4	3	C	2833	82.8	259	194.2	37	40	12	139	27	6
505	長岡	新潟県	5	4	C	2378	89.1	304	176.2	37	26	54	138	49	36
506	柏崎	新潟県	5	4	C	2250	88.9	289	196.5	37	21	0	138	33	24
507	入広瀬	新潟県	4	3	C	2933	82.5	241	185.5	37	21	18	139	4	30
508	大潟	新潟県	5	4	B	2196	90.4	307	204.5	37	13	48	138	20	12
509	小出	新潟県	4	3	C	2677	86.4	261	177.7	37	14	12	138	57	54
510	高田	新潟県	5	4	B	2140	97.5	443	181.5	37	6	12	138	15	0
511	安塚	新潟県	5	3	C	2733	87.6	242	176.8	37	6	12	138	27	36
512	十日市	新潟県	4	3	C	2780	87.9	218	185.0	37	8	30	138	43	54
513	糸魚川	新潟県	5	5	C	1971	94.3	363	195.0	37	2	6	137	51	54
514	能生	新潟県	5	4	C	2352	89.6	296	179.5	37	4	54	138	1	42
515	関山	新潟県	5	3	B	2703	103.2	114	169.4	36	55	54	138	13	48
516	津南	新潟県	4	3	B	2906	96.1	127	193.1	36	59	42	138	41	12
517	湯沢	新潟県	4	3	C	2755	93.9	236	182.4	36	56	6	138	49	12
518	泊	富山県	5	5	C	1956	89.2	368	195.5	36	57	0	137	33	18
519	氷見	富山県	5	4	C	2256-18	91.2	311	200.3	36	51	36	136	57	48
520	魚津	富山県	5	5	B	2084	97.2	342	191.6	36	49	12	137	25	48

地点番号	地点名	都道府県	2019省エネ基準気候区分	2021 Q1住宅気候区分	日射量区分	2010標準気象データ				緯度			経度		
						DD18-18	南鉛直面日射量	ED27 -60%	水平面日射量	度	分	秒	度	分	秒
521	伏木	富山県	5	5	C	2070	92.0	316	204.9	36	47	18	137	3	24
522	富山	富山県	5	5	B	1997	94.3	470	183.5	36	42	24	137	12	18
523	砺波	富山県	5	4	B	2191	94.5	362	174.3	36	36	30	136	57	36
524	上市	富山県	5	3	C	2739	92.3	210	182.2	36	40	6	137	25	36
525	福光	富山県	5	4	C	2282	95.1	357	159.3	36	32	36	136	52	30
526	八尾	富山県	5	4	B	2281	91.7	365	167.0	36	34	30	137	8	12
527	珠洲	石川県	5	4	B	2270	91.7	300	186.0	37	26	36	137	17	24
528	輪島	石川県	5	5	C	2087	85.5	296	202.8	37	23	24	136	53	54
529	富来	石川県	5	5	C	1990	91.8	377	185.0	37	8	30	136	43	42
530	七尾	石川県	5	4	C	2173	91.9	329	201.1	37	1	48	136	58	18
531	羽咋	石川県	5	5	C	1974	91.9	343	205.6	36	53	18	136	46	54
532	宇ノ気	石川県	5	5	C	2015	93.7	345	207.9	36	42	36	136	41	42
533	金沢	石川県	6	5	C	1845	91.1	395	197.7	36	35	12	136	38	18
534	小松	石川県	6	5	B	1954	95.2	462	181.8	36	22	42	136	26	18
535	鳥越	石川県	4	4	C	2390	91.9	285	193.9	36	21	30	136	37	6
536	山中	石川県	5	4	C	2338	90.8	329	166.7	36	13	18	136	21	42
537	三国	福井県	5	5	C	2003	98.2	345	211.0	36	14	6	136	8	42
538	越廼	福井県	6	5	C	1616	80.3	371	179.4	36	0	30	135	59	36
539	福井	福井県	6	5	B	1959	96.8	463	190.2	36	3	12	136	13	36
540	勝山	福井県	5	4	B	2431	95.2	307	185.7	36	2	6	136	31	30
541	大野	福井県	5	4	B	2348	96.5	405	164.2	35	58	6	136	30	0
542	今庄	福井県	5	4	C	2397	85.3	429	182.4	35	45	54	136	12	12
543	敦賀	福井県	6	5	B	1654	86.2	512	176.2	35	39	0	136	3	54
544	美浜	福井県	6	5	C	1847	91.0	448	176.6	35	35	48	135	55	12
545	小浜	福井県	6	5	B	1881	93.7	449	169.4	35	28	48	135	47	12
546	今津	滋賀県	5	5	B	2116	93.7	468	170.4	35	24	36	136	1	54
547	虎姫	滋賀県	5	5	B	2020	108.7	621	191.0	35	24	42	136	14	54
548	南小松	滋賀県	5	5	B	1914	106.3	451	178.6	35	14	0	135	57	36
549	彦根	滋賀県	5	5	B	1878	103.6	582	192.8	35	16	24	136	14	48
550	蒲生	滋賀県	5	5	B	2007	113.5	558	174.2	35	3	36	136	11	36
551	大津	滋賀県	5	5	B	1837	118.1	500	179.0	34	59	18	135	54	54
552	信楽	滋賀県	5	4	B	2463	113.6	358	166.1	34	54	36	136	5	0
553	土山	滋賀県	5	4	B	2295	108.6	388	177.5	34	55	42	136	18	0
554	間人	京都府	5	5	C	1622	89.7	389	210.1	35	44	6	135	5	30
555	宮津	京都府	5	5	B	1870	100.4	471	171.1	35	32	54	135	14	24
556	舞鶴	京都府	6	5	C	1927	91.2	556	173.4	35	26	54	135	19	12
557	福知山	京都府	5	5	B	2002	97.6	568	177.9	35	17	36	135	7	48
558	美山	京都府	5	4	C	2352	91.9	342	154.3	35	16	24	135	33	12
559	園部	京都府	5	5	B	2176	108.3	479	166.0	35	3	12	135	27	30
560	京都	京都府	6	5	B	1634	116.0	446	185.4	35	0	42	135	44	6
561	京田辺	京都府	6	5	B	1809	127.5	478	209.2	34	48	30	135	46	30
562	能勢	大阪府	5	5	B	2196	113.2	398	167.8	34	56	48	135	27	30
563	枚方	大阪府	6	6	B	1570	118.9	643	182.1	34	48	18	135	40	36
564	豊中	この地点は2010標準気象データから削除													
565	大阪	大阪府	6	6	B	1278	125.0	670	198.7	34	40	42	135	31	18
566	生駒山	大阪府	6	4	B	2528	111.5	192	181.5	34	40	18	135	40	48
567	堺	大阪府	6	6	B	1490	130.4	748	206.6	34	32	24	135	30	42
568	熊取	大阪府	6	6	B	1532	119.2	736	204.4	34	23	0	135	21	0
569	香住	兵庫県	6	5	C	1799	89.1	389	173.9	35	38	12	134	37	48
570	豊岡	兵庫県	5	5	C	1981	91.8	543	180.9	35	32	0	134	49	30
571	村岡	兵庫県	4	4	C	2615	85.6	204	159.5	35	27	54	134	36	6
572	和田山	兵庫県	5	5	C	2123	98.1	533	173.4	35	19	12	134	51	6
573	生野	兵庫県	5	4	B	2245	100.0	369	166.9	35	9	48	134	47	54
574	柏原	兵庫県	5	5	B	1958	100.5	562	167.1	35	8	42	135	3	12
575	一宮	兵庫県	5	5	B	2124	108.6	521	191.7	35	5	48	134	35	12
576	福崎	兵庫県	6	5	B	1815	126.9	713	172.1	34	56	54	134	45	6
577	西脇	兵庫県	5	5	B	2005	115.6	668	165.8	34	59	48	135	0	0
578	上郡	兵庫県	5	5	B	1966	129.6	682	182.7	34	51	18	134	22	42
579	姫路	兵庫県	6	6	A	1689	137.6	639	201.3	34	50	12	134	40	30
580	三田	兵庫県	5	5	B	2131	121.0	599	172.9	34	53	30	135	12	48
581	三木	兵庫県	6	5	B	1850	134.8	634	184.5	34	46	18	135	1	12
582	家島	兵庫県	6	6	A	1629	145.6	593	213.0	34	40	6	134	31	54
583	明石	兵庫県	6	6	A	1576	136.5	782	210.4	34	41	0	134	52	48
584	神戸	兵庫県	6	6	A	1303	129.0	816	201.3	34	41	36	135	12	54
585	郡家	兵庫県	6	6	A	1503	133.2	820	207.2	34	27	54	134	51	6

地点番号	地点名	都道府県	2019 省エネ基準気候区分	2021 Q1住宅気候区分	日射量区分	2010標準気象データ				緯度			経度		
						DD18-18	南鉛直面日射量	ED27-60%	水平面日射量	度	分	秒	度	分	秒
586	洲本	兵庫県	6	6	B	1568	127.2	748	225.3	34	20	6	134	54	30
587	南淡	兵庫県	6	6	B	1375	132.0	689	204.8	34	15	54	134	45	18
588	奈良	奈良県	6	5	B	1820	111.5	547	193.8	34	41	30	135	49	54
589	針	奈良県	6	4	B	2505	107.6	283	181.4	34	36	12	135	57	24
590	大宇陀	奈良県	5	4	B	2303	112.1	454	176.8	34	29	6	135	56	6
591	五條	奈良県	6	5	B	1940	107.4	500	199.8	34	20	36	135	42	12
592	上北山	奈良県	5	5	B	2120	117.7	430	186.5	34	8	0	136	0	36
593	風屋	奈良県	5	5	B	2005	109.1	547	183.7	34	2	30	135	47	24
594	かつらぎ	和歌山県	6	5	B	1880	118.1	544	200.5	34	18	30	135	31	54
595	和歌山	和歌山県	7	6	B	1362	123.7	649	221.9	34	13	36	135	10	0
596	高野山	和歌山県	4	3	B	2843	100.6	197	189.3	34	13	6	135	35	36
597	清水	和歌山県	6	5	B	2091	104.4	509	178.2	34	5	0	135	25	48
598	龍神	和歌山県	5	5	B	2196	111.8	469	182.7	33	56	30	135	33	42
599	川辺	和歌山県	6	6	A	1450	133.9	713	197.1	33	53	30	135	13	12
600	栗栖川	和歌山県	7	5	A	1846	136.1	733	182.6	33	47	18	135	31	0
601	新宮	和歌山県	7	7	A	1055	161.1	856	172.7	33	41	0	135	58	24
602	白浜	和歌山県	7	7	A	1189	145.0	811	200.9	33	40	30	135	21	0
603	西川	和歌山県	7	5	A	1823	140.8	793	168.7	33	38	6	135	42	48
604	潮岬	和歌山県	7	7	A	975	157.2	955	219.9	33	26	54	135	45	48
605	上長田	岡山県	4	3	C	2735	91.8	276	164.4	35	16	54	133	42	12
606	千屋	岡山県	5	3	B	2895	101.5	241	193.4	35	6	0	133	26	12
607	奈義	岡山県	5	4	B	2284	109.0	555	179.6	35	6	36	134	10	24
608	古町	岡山県	5	4	B	2319	112.3	409	196.9	35	7	0	134	19	48
609	久世	岡山県	5	5	B	2186	109.0	596	181.8	35	4	18	133	45	24
610	津山	岡山県	5	5	B	2097	112.6	513	196.1	35	3	42	134	0	42
611	新見	岡山県	5	4	B	2583	117.1	294	179.9	34	56	12	133	31	18
612	福渡	岡山県	5	5	B	2147	120.5	565	174.5	34	51	48	133	54	30
613	和気	岡山県	5	5	B	2070	128.6	578	198.0	34	48	42	134	11	12
614	高梁	岡山県	5	5	B	2022	111.1	497	176.5	34	47	24	133	36	54
615	岡山	岡山県	6	6	B	1514	133.8	768	200.9	34	39	30	133	55	6
616	虫明	岡山県	6	5	B	1840	127.6	583	193.2	34	40	48	134	12	42
617	倉敷	岡山県	6	5	B	1689	135.2	658	182.1	34	35	12	133	46	18
618	笠岡	岡山県	6	6	B	1705	136.8	686	206.2	34	29	54	133	29	54
619	玉野	岡山県	6	6	A	1519	139.1	703	199.6	34	29	6	133	57	6
620	高野	広島県	4	3	B	2902	91.1	221	169.3	35	1	54	132	54	18
621	三次	広島県	5	4	B	2284	108.5	582	188.9	34	48	30	132	51	12
622	庄原	広島県	5	4	B	2499	105.3	377	182.2	34	51	30	133	1	42
623	大朝	広島県	5	4	B	2672	109.2	335	189.4	34	45	48	132	28	12
624	油木	広島県	4	4	B	2764	111.0	237	210.0	34	45	42	133	16	54
625	加計	広島県	4	4	B	2252	104.4	603	179.4	34	36	30	132	19	30
626	可部	広島県	6	5	B	1932	110.3	699	190.0	34	31	0	132	30	42
627	世羅	広島県	4	4	B	2381	116.8	424	184.9	34	35	6	133	3	12
628	府中	広島県	5	5	B	1838	126.5	600	193.6	34	35	6	133	14	42
629	東広島	広島県	5	5	B	2147	121.9	466	185.4	34	24	48	132	42	6
630	福山	広島県	6	6	B	1667	130.9	642	207.3	34	26	36	133	15	0
631	佐伯	広島県	5	4	B	2388	117.4	510	184.9	34	21	42	132	11	36
632	広島	広島県	6	6	B	1482	124.1	846	204.3	34	23	42	132	27	54
633	竹原	広島県	6	6	B	1614	132.1	465	209.6	34	19	42	132	59	6
634	因島	広島県	6	6	B	1562	125.6	632	198.9	34	17	48	133	9	36
635	大竹	広島県	6	6	B	1504	135.5	618	198.4	34	13	12	132	13	24
636	呉	広島県	6	6	A	1363	136.1	609	210.7	34	14	18	132	33	12
637	久比	広島県	6	6	B	1546	123.1	531	197.0	34	10	48	132	50	0
638	西郷	島根県	6	5	C	1824	96.8	396	224.8	36	12	6	133	20	12
639	海士	島根県	6	5	C	1749	87.6	333	182.8	36	5	36	133	6	0
640	鹿島	島根県	6	5	C	1779	87.5	488	185.7	35	31	0	133	1	30
641	松江	島根県	6	5	C	1773	93.4	517	195.1	35	27	18	133	4	6
642	出雲	島根県	6	5	C	1815	93.0	495	207.3	35	19	36	132	44	0
643	大田	島根県	6	5	B	1675	95.2	624	190.5	35	11	24	132	30	18
644	掛合	島根県	5	4	C	2260	91.9	434	180.1	35	11	42	132	49	6
645	横田	島根県	5	4	B	2589	99.4	346	196.1	35	10	18	133	6	24
646	赤名	島根県	4	4	C	2717	96.2	347	171.9	35	0	0	132	42	54
647	川本	島根県	5	4	C	2170	91.3	581	186.2	34	58	24	132	29	54
648	浜田	島根県	6	6	C	1476	91.0	756	206.2	34	53	36	132	4	24
649	瑞穂	島根県	5	4	B	2639	101.0	323	187.9	34	51	0	132	31	36
650	弥栄	島根県	6	4	B	2466	93.7	461	177.8	34	46	24	132	6	42

地点番号	地点名	都道府県	2019省エネ基準気候区分	2021Q1住宅気候区分	日射量区分	2010標準気象データ				緯度			経度		
						DD18-18	南鉛直面日射量	ED27-60%	水平面日射量	度	分	秒	度	分	秒
651	益田	島根県	6	6	B	1567	98.7	790	181.6	34	40	30	131	50	48
652	津和野	島根県	5	5	B	2032	102.1	652	192.4	34	27	36	131	46	24
653	六日市	島根県	4	4	B	2377	106.8	442	202.3	34	21	0	131	56	18
654	境	鳥取県	6	5	C	1680	88.9	532	196.5	35	32	30	133	14	18
655	下市	鳥取県	6	5	C	1697	98.8	390	207.3	35	31	30	133	34	24
656	青谷	鳥取県	6	5	C	1833	100.1	390	183.7	35	30	48	133	59	48
657	岩井	鳥取県	6	5	C	1991	92.5	389	167.9	35	33	18	134	21	54
658	米子	鳥取県	6	5	B	1701	99.5	609	208.2	35	25	54	133	20	30
659	倉吉	鳥取県	5	5	B	1805	99.9	460	196.0	35	28	18	133	50	30
660	鳥取	鳥取県	6	5	C	1802	100.9	458	186.1	35	29	6	134	14	24
661	智頭	鳥取県	5	4	B	2392	91.9	450	193.5	35	15	36	134	14	30
662	茶屋	鳥取県	4	3	B	2829	96.8	234	167.3	35	11	6	133	14	0
663	池田	徳島県	5	5	B	1974	107.5	497	193.0	34	1	18	133	47	42
664	穴吹	徳島県	6	5	B	1766	116.6	515	186.8	34	2	30	134	10	12
665	徳島	徳島県	6	6	A	1344	149.3	793	199.9	34	4	54	134	34	36
666	京上	徳島県	5	4	B	2493	114.6	300	209.9	33	51	54	133	54	24
667	蒲生田	徳島県	7	6	A	1249	157.0	594	214.9	33	50	6	134	44	42
668	木頭	徳島県	6	5	A	2155	139.5	582	187.4	33	46	18	134	12	30
669	日和佐	徳島県	7	7	A	1189	154.2	832	191.9	33	43	42	134	32	36
670	宍喰	徳島県	7	6	A	1226	157.5	874	183.7	33	33	54	134	18	30
671	内海	香川県	6	6	B	1497	138.9	643	190.2	34	29	30	134	18	12
672	高松	香川県	6	6	B	1413	125.7	658	205.4	34	18	48	134	3	24
673	多度津	香川県	6	6	B	1435	131.9	556	224.7	34	16	24	133	45	18
674	滝宮	香川県	6	5	B	1754	126.9	587	205.5	34	14	6	133	55	42
675	引田	香川県	6	6	B	1541	131.1	651	207.6	34	12	36	134	24	36
676	財田	香川県	6	5	B	1758	117.9	545	199.1	34	7	0	133	46	30
677	大三島	愛媛県	6	6	B	1551	129.4	518	201.9	34	14	42	132	59	42
678	今治	愛媛県	6	6	B	1473	135.8	535	217.0	34	4	24	132	59	36
679	丹原	愛媛県	6	6	B	1503	112.4	656	188.6	33	54	30	133	4	18
680	新居浜	愛媛県	7	6	B	1326	126.1	722	183.7	33	57	18	133	17	6
681	三島	愛媛県	6	6	B	1399	115.9	698	184.8	33	58	54	133	34	0
682	松山	愛媛県	7	6	B	1332	122.3	601	216.9	33	50	24	132	46	48
683	長浜	愛媛県	6	6	B	1405	112.1	514	212.8	33	36	30	132	29	6
684	久万	愛媛県	4	4	B	2380	112.9	313	183.2	33	39	42	132	53	54
685	大洲	愛媛県	6	5	B	1595	97.7	708	192.6	33	30	12	132	32	48
686	瀬戸	愛媛県	6	6	B	1328	120.7	410	215.6	33	26	36	132	15	30
687	宇和	愛媛県	6	5	B	1786	113.3	620	195.5	33	21	42	132	30	42
688	宇和島	愛媛県	7	6	B	1205	119.4	807	205.6	33	13	24	132	33	18
689	近永	愛媛県	6	5	B	1653	114.6	756	191.9	33	15	0	132	40	42
690	御荘	愛媛県	7	7	A	1123	124.2	896	199.1	32	57	36	132	34	24
691	本川	高知県	4	4	B	2451	97.5	264	199.9	33	45	48	133	20	30
692	本山	高知県	5	5	B	2014	130.6	514	168.4	33	45	30	133	36	24
693	大栃	高知県	6	6	A	1728	137.6	681	185.2	33	41	42	133	52	36
694	高知	高知県	7	7	A	1120	157.4	986	197.6	33	33	54	133	33	6
695	後免	高知県	7	6	A	1385	154.4	903	188.3	33	35	12	133	38	48
696	安芸	高知県	7	7	A	1032	146.1	949	197.4	33	29	12	133	56	12
697	梼原	高知県	4	5	B	2165	103.9	482	178.2	33	23	18	132	55	30
698	須崎	高知県	7	7	A	1192	156.3	817	197.4	33	23	0	133	16	48
699	窪川	高知県	6	5	A	1771	134.6	794	173.8	33	12	18	133	7	54
700	室戸岬	高知県	7	7	A	1098	150.4	779	220.2	33	14	54	134	10	48
701	江川崎	高知県	7	6	B	1657	122.2	675	177.8	33	10	6	132	47	42
702	佐賀	高知県	6	6	A	1298	148.3	836	196.9	33	4	36	133	6	18
703	宿毛	高知県	7	7	A	1109	143.1	760	199.4	32	55	6	132	41	48
704	中村	高知県	7	6	A	1376	144.6	847	188.7	32	59	12	132	55	24
705	清水	高知県	7	7	A	639	155.1	1206	199.6	32	43	12	133	0	48
706	須佐	山口県	6	5	B	1796	96.1	580	181.1	34	36	48	131	37	24
707	萩	山口県	6	6	B	1491	98.2	801	185.4	34	24	42	131	23	36
708	油谷	山口県	6	6	B	1502	103.0	758	169.9	34	21	54	131	2	48
709	徳佐	山口県	6	4	B	2297	102.7	408	168.2	34	23	48	131	43	48
710	秋吉台	山口県	5	5	B	2041	111.8	424	163.3	34	13	54	131	18	36
711	広瀬	山口県	6	5	B	2024	106.3	624	179.1	34	15	24	131	57	24
712	西市	山口県	7	5	B	1943	107.2	685	174.6	34	11	0	131	4	48
713	山口	山口県	6	6	B	1630	119.8	612	194.5	34	9	24	131	27	30
714	岩国	山口県	6	6	B	1797	140.5	513	202.0	34	9	6	132	10	48
715	防府	山口県	6	6	B	1594	127.1	724	203.9	34	1	42	131	32	12

地点番号	地点名	都道府県	2019 省エネ基準 気候区分	2021 Q1住宅 気候区分	日射量区分	2010標準気象データ				緯度			経度		
						DD18-18	南鉛直面日射量	ED27-60%	水平面日射量	度	分	秒	度	分	秒
716	下松	山口県	6	6	B	1660	132.4	551	201.8	34	1	6	131	52	42
717	玖珂	山口県	6	5	A	1863	126.8	656	193.7	34	5	42	132	4	48
718	下関	山口県	7	6	B	1165	110.6	866	200.6	33	56	42	130	55	42
719	柳井	山口県	6	6	A	1575	137.0	542	197.1	33	57	24	132	7	0
720	安下庄	山口県	6	6	A	1456	135.4	570	210.9	33	54	0	132	17	42
721	宗像	福岡県	6	6	B	1466	109.9	743	198.7	33	48	24	130	32	30
722	八幡	福岡県	6	6	B	1361	116.0	709	190.1	33	51	24	130	44	36
723	行橋	福岡県	6	6	B	1532	122.5	680	195.9	33	42	36	130	58	42
724	飯塚	福岡県	6	6	B	1538	116.0	822	197.7	33	39	0	130	41	42
725	前原	福岡県	6	6	B	1405	118.1	692	200.0	33	33	24	130	11	36
726	福岡	福岡県	7	6	B	1228	111.3	776	182.1	33	34	48	130	22	36
727	太宰府	福岡県	6	6	B	1394	117.4	826	184.0	33	30	36	130	30	18
728	添田	福岡県	6	5	B	1678	111.0	743	185.0	33	33	18	130	51	18
729	甘木	福岡県	6	6	B	1498	117.5	755	190.7	33	24	6	130	42	0
730	久留米	福岡県	6	6	B	1418	128.3	814	201.2	33	18	0	130	29	42
731	黒木	福岡県	6	5	B	1707	129.1	679	180.5	33	13	12	130	39	6
732	大牟田	福岡県	6	6	A	1447	137.2	813	201.4	33	0	48	130	27	48
733	国見	大分県	6	6	B	1412	131.3	589	191.2	33	40	24	131	35	42
734	中津	大分県	6	6	B	1458	129.5	748	194.1	33	35	0	131	13	18
735	豊後高田	大分県	6	6	A	1510	133.7	714	197.9	33	34	0	131	26	12
736	院内	大分県	6	5	B	1829	120.4	513	182.1	33	25	6	131	19	12
737	杵築	大分県	6	6	A	1588	133.5	631	195.8	33	24	54	131	37	24
738	日田	大分県	6	5	B	1696	119.6	624	199.5	33	19	6	130	55	54
739	玖珠	大分県	5	5	B	2040	122.9	553	181.4	33	16	0	131	10	0
740	湯布院	大分県	5	5	B	2240	110.5	315	178.1	33	15	36	131	21	30
741	大分	大分県	7	6	B	1275	127.9	671	175.8	33	13	54	131	37	12
742	犬飼	大分県	6	6	A	1686	137.1	701	184.1	33	3	48	131	38	6
743	竹田	大分県	6	6	A	1805	142.6	616	187.2	32	58	12	131	23	0
744	佐伯	大分県	7	6	A	1222	138.3	831	198.4	32	57	48	131	54	12
745	宇目	大分県	5	5	A	1841	128.8	735	188.9	32	50	42	131	40	48
746	蒲江	大分県	7	7	A	1018	148.5	859	182.9	32	47	36	131	55	30
747	鰐浦	長崎県	6	6	B	1520	138.0	538	185.0	34	41	42	129	26	48
748	厳原	長崎県	6	6	A	1436	126.7	693	164.7	34	11	42	129	17	36
749	芦辺	長崎県	7	6	B	1427	119.3	577	189.9	33	47	48	129	43	0
750	平戸	長崎県	7	6	B	1235	104.3	830	192.9	33	21	24	129	33	12
751	松浦	長崎県	6	6	B	1372	115.6	764	180.7	33	20	48	129	46	6
752	佐世保	長崎県	6	7	B	1127	120.8	945	187.7	33	9	6	129	44	6
753	有川	長崎県	7	7	B	1072	98.6	799	195.1	32	58	48	129	7	12
754	大瀬戸	長崎県	7	6	B	1180	109.6	753	199.8	32	56	48	129	38	12
755	長崎	長崎県	7	6	B	1087	108.5	789	201.7	32	43	54	129	52	12
756	絹笠山	長崎県	6	5	B	2229	111.5	332	193.4	32	44	6	130	15	12
757	島原	長崎県	7	7	A	1057	130.3	925	201.7	32	46	48	130	22	36
758	福江	長崎県	7	6	B	1134	98.3	943	192.2	32	41	36	128	49	36
759	口之津	長崎県	7	7	A	1118	128.9	1071	210.5	32	36	36	130	11	24
760	野母崎	長崎県	7	6	B	1290	109.0	774	196.6	32	34	36	129	44	36
761	枝去木	佐賀県	6	6	B	1574	111.7	543	185.5	33	29	30	129	54	12
762	伊万里	佐賀県	6	6	B	1533	114.7	853	178.5	33	15	48	129	53	0
763	佐賀	佐賀県	6	6	B	1365	122.0	802	189.5	33	15	48	130	18	24
764	嬉野	佐賀県	6	5	B	1726	112.1	817	182.8	33	6	48	130	0	0
765	白石	佐賀県	6	6	B	1530	119.8	810	186.5	33	10	48	130	8	18
766	鹿北	熊本県	6	5	B	1900	125.2	683	185.1	33	6	42	130	41	36
767	南小国	熊本県	5	5	B	2289	115.9	355	166.9	33	5	42	131	4	24
768	岱明	熊本県	6	6	B	1396	130.0	866	192.5	32	54	42	130	30	54
769	菊池	熊本県	6	6	A	1631	127.1	853	182.0	32	56	42	130	46	48
770	阿蘇黒川	熊本県	5	5	B	2237	118.3	441	183.8	32	56	18	131	2	36
771	熊本	熊本県	7	6	B	1227	118.7	989	198.3	32	48	36	130	42	36
772	阿蘇山	熊本県	5	3	B	2919	108.5	69	200.4	32	52	36	131	4	30
773	高森	熊本県	5	5	B	2174	126.7	433	190.7	32	49	6	131	7	36
774	三角	熊本県	7	6	A	1197	123.8	959	190.8	32	36	30	130	28	54
775	甲佐	熊本県	6	6	B	1470	123.1	814	187.9	32	38	42	130	48	42
776	松島	熊本県	7	6	B	1275	125.8	980	192.7	32	30	42	130	27	0
777	本渡	熊本県	7	6	B	1336	119.4	874	194.5	32	28	0	130	11	0
778	八代	熊本県	7	6	B	1207	121.2	945	190.7	32	28	18	130	36	36
779	水俣	熊本県	7	6	B	1209	123.4	1056	206.9	32	12	6	130	24	30
780	人吉	熊本県	6	6	B	1591	118.9	782	206.6	32	12	54	130	45	24

地点番号	地点名	都道府県	2019省エネ基準気候区分	2021 Q1住宅気候区分	日射量区分	2010標準気象データ				緯度			経度		
						DD$_{18-18}$	南鉛直面日射量	ED27 -60%	水平面日射量	度	分	秒	度	分	秒
781	上	熊本県	6	5	B	1691	122.3	844	196.5	32	13	24	130	54	30
782	牛深	熊本県	7	7	B	802	114.2	1142	199.2	32	11	42	130	1	42
783	高千穂	宮崎県	6	5	A	1973	128.5	551	192.3	32	42	0	131	18	36
784	古江	宮崎県	7	7	A	999	154.2	763	190.3	32	42	18	131	49	24
785	鞍岡	宮崎県	5	4	B	2342	113.0	404	183.6	32	38	24	131	9	36
786	延岡	宮崎県	7	7	A	1199	161.5	1007	189.1	32	34	42	131	39	36
787	日向	宮崎県	7	7	A	1244	163.8	974	200.3	32	24	24	131	36	12
788	神門	宮崎県	6	6	A	1776	146.0	698	180.3	32	23	0	131	20	0
789	西米良	宮崎県	6	6	B	1556	130.2	790	178.0	32	13	36	131	9	18
790	高鍋	宮崎県	7	7	A	963	160.5	929	192.8	32	7	48	131	31	36
791	加久藤	宮崎県	6	6	A	1540	134.7	853	198.5	32	2	42	130	48	48
792	西都	宮崎県	7	6	A	1201	148.6	1050	183.3	32	5	48	131	24	6
793	小林	宮崎県	6	6	A	1398	147.7	754	200.6	31	59	54	130	57	30
794	宮崎	宮崎県	7	7	A	982	160.1	1048	188.4	31	53	6	131	25	0
795	青島	宮崎県	7	7	A	807	142.0	1055	189.9	31	48	6	131	27	36
796	都城	宮崎県	7	6	A	1317	141.5	758	178.5	31	43	36	131	5	6
797	油津	宮崎県	7	7	A	722	147.3	1166	195.3	31	34	30	131	24	36
798	串間	宮崎県	7	7	A	995	151.1	1025	189.0	31	27	54	131	13	54
799	阿久根	鹿児島県	7	7	B	978	111.4	1008	204.0	32	1	30	130	12	12
800	大口	鹿児島県	6	6	B	1642	128.7	946	185.0	32	2	42	130	37	42
801	宮之城	鹿児島県	7	6	B	1384	121.3	942	180.3	31	54	12	130	27	30
802	中甑	鹿児島県	7	7	B	667	93.7	1122	189.4	31	49	48	129	52	0
803	川内	鹿児島県	7	6	B	1150	119.4	1026	182.0	31	49	54	130	19	6
804	東市来	鹿児島県	7	7	B	1072	115.1	1068	196.5	31	40	0	130	19	48
805	牧之原	鹿児島県	7	6	A	1571	128.6	614	185.3	31	40	6	130	51	18
806	鹿児島	鹿児島県	7	7	A	645	128.9	1082	194.2	31	33	6	130	33	6
807	輝北	鹿児島県	7	6	B	1455	125.9	681	170.7	31	35	18	130	51	30
808	加世田	鹿児島県	7	7	B	897	107.3	1042	194.6	31	24	48	130	19	42
809	志布志	鹿児島県	7	7	A	1124	146.2	932	182.9	31	28	30	131	6	0
810	喜入	鹿児島県	7	7	A	807	113.2	1133	182.2	31	23	24	130	32	24
811	鹿屋	鹿児島県	7	7	A	1005	137.9	1041	188.6	31	23	18	130	52	6
812	高山	鹿児島県	7	7	A	1061	134.9	918	193.8	31	20	12	130	56	30
813	枕崎	鹿児島県	7	7	B	803	104.9	1031	203.6	31	16	6	130	17	42
814	指宿	鹿児島県	7	7	B	772	120.9	1140	198.2	31	14	48	130	38	18
815	内之浦	鹿児島県	7	7	A	770	123.0	1056	177.1	31	16	24	131	4	48
816	田代	鹿児島県	7	6	B	1341	119.4	859	179.6	31	11	42	130	50	48
817	種子島	鹿児島県	7	7	B	621	113.7	1436	202.4	30	44	6	130	59	36
818	上中	鹿児島県	7	7	B	759	100.6	1236	180.9	30	24	18	130	54	18
819	屋久島	鹿児島県	7	7	A	633	86.9	1373	182.7	30	22	42	130	39	42
820	尾之間	鹿児島県	7	7	B	528	118.4	1353	180.0	30	14	6	130	33	24
821	名瀬	鹿児島県	8	8	B	277	75.4	1670	164.3	28	22	36	129	29	54
822	古仁屋	鹿児島県	8	8	B	252	90.6	1723	181.6	28	8	36	129	19	0
823	伊仙	鹿児島県	8	8	B	304	99.2	2039	190.7	27	40	24	128	58	36
824	沖永良部	鹿児島県	8	8	B	182	98.4	2195	198.2	27	25	42	128	42	24
825	伊是名	沖縄県	8	8	-	167	102.7	2136	199.4	26	55	30	127	56	36
826	奥	沖縄県	8	8	-	312	87.5	1858	180.6	26	49	54	128	16	24
827	名護	沖縄県	8	8	-	186	94.7	2029	178.7	26	35	24	127	58	6
828	金武	沖縄県	8	8	-	175	100.3	2070	172.8	26	27	0	127	51	36
829	久米島	沖縄県	8	8	-	135	91.4	2448	180.4	26	20	6	126	48	18
830	渡嘉敷	沖縄県	8	8	-	243	94.2	1888	191.9	26	12	30	127	22	0
831	那覇	沖縄県	8	8	-	128	100.9	2139	185.3	26	12	12	127	41	18
832	糸数	沖縄県	8	8	-	270	97.0	1822	171.9	26	9	0	127	46	0
833	南大東	沖縄県	8	8	-	75	117.6	2352	217.2	25	49	42	131	13	30
834	伊良部	沖縄県	8	8	-	105	106.6	2249	193.8	24	49	24	125	10	24
835	宮古島	沖縄県	8	8	-	68	98.8	2415	207.3	24	47	24	125	16	42
836	多良間	沖縄県	8	8	-	67	98.9	2375	203.7	24	39	54	124	41	42
837	伊原間	沖縄県	8	8	-	76	84.4	2577	188.0	24	30	12	124	16	48
838	与那国島	沖縄県	8	8	-	62	79.7	2595	190.6	24	27	42	123	0	36
839	西表島	沖縄県	8	8	-	65	84.8	2596	193.1	24	23	6	123	44	54
840	石垣島	沖縄県	8	8	-	41	105.1	2845	210.6	24	19	54	124	9	48
841	大原	沖縄県	8	8	-	63	95.5	2643	191.8	24	15	36	123	52	24
842	波照間	沖縄県	8	8	-	41	92.6	2669	193.4	24	3	30	123	46	6

［監修者］　鎌田紀彦　Norihiko Kamata

1947年　岩手県盛岡市生まれ
1971年　東京大学工学部建築学科卒業
1977年　東京大学大学院博士課程修了
1978年　室蘭工業大学建築工学科助教授
2004年　室蘭工業大学建築工学科教授
2015年　室蘭工業大学名誉教授

現在
室蘭工業大学名誉教授
一般社団法人新木造住宅技術研究協議会（新住協）代表理事
高断熱・高気密住宅の第一人者であり、地域の工務店、設計事務所と高断
熱住宅の設計・施工を重ね、現場に精通。「良質な住宅をより安価に」を
モットーに新住協の指導等でも活躍。

［原稿執筆者］

鎌田紀彦　Norihiko Kamata
　　新木造住宅技術研究協議会
久保田 淳哉　Jyunya Kubota
　　新木造住宅技術研究協議会
大浦 豊　Yutaka Oura
　　三協立山株式会社　三協アルミ社　商品技術部
大橋 貴文　Takahumi Ohashi
　　三協立山株式会社　三協アルミ社　商品技術部（原稿執筆時）

本書及びQPEX Ver.4.0プログラムには
株式会社　気象データシステム　の拡張アメダス気象データ
　　　　　　標準年 EA 気象データ 2010年版を使っています。

Q1.0住宅　QPEX ver.4.0　マニュアル

2021年8月20日　初版印刷
2021年8月20日　初版発行

監修者　鎌　田　紀　彦
発行者　澤　崎　明　治

発行所　株式会社市ヶ谷出版社
　　　　東京都千代田区五番町 5（〒102-0076）
　　　　電話 03-3265-3711（代）
　　　　FAX 03-3265-4008
　　　　ホームページ http://www.ichigayashuppan.co.jp

©2021　　　　　　　　　　ISBN978-4-87071-997-2